ポスト全体主義時代の民主主義

ジャン=ピエール・ルゴフ 著
渡名喜庸哲・中村督 訳

青灯社

ポスト全体主義時代の民主主義

装幀　眞島和馬

目次

第3部　道を誤った反全体主義——169

凡例

一　本書は、Jean-Pierre Le Goff, *La démocratie post-totalitaire*, Éditions La Découverte, Paris, 2002 の全訳である。

一　原文においてイタリックで強調された箇所には傍点を付けた。

一　原文において頭文字が大文字の語は〈　〉でかこんだ。

一　［　］は原著者自身による補いである。翻訳者による注や補いは〔　〕を用いた。

一　原注は（　）に章ごとの通し番号で示し、巻末にまとめた。訳者による注は〔　〕に同じく章ごとの通し番号で示し、章末にまとめた。

一　原注に指示された引用文献については、邦訳のあるものはなるべく参照させていただいたが、文脈の都合上必ずしも既訳に従っていない場合もあることをお断りしておく。邦訳書の書誌情報は、基本的に初出の際に原注で示した。

ジャン・コニルへ

はじめに

「世界は商品ではない」。経済至上主義が支配的なときに、こうした文句を耳にするのは心地よいことだ。だが、この文句だけでもって先進民主主義社会に存在する居心地の悪さが説明されるわけではない。「グローバル化」、「経済市場」、「多国籍企業」、「ジャンクフード」、「失業」等々に対する闘争を主題とすることによって、一部の若者は、なかなか名づけがたい一種の反抗のはけ口をそこに見いだすことができるかもしれないし、より年上の世代では、あたかも過去の三〇年間が一時停止の期間にすぎず、以前とまた同じように闘争を「再開」できるかのように振る舞うことで、そこに活動家向けの慰めを求める者もいるかもしれない。

「市場独裁」から「新たな全体主義」へ

「市場独裁」という語は、政治がもはや明白で一貫した返答を与えることのできない一定数の現実やメカニズムを批判的に説明してくれる。だが、こうした説明によって理解されるのは、社会的活動の総体がいまや市場の論理や金融の論理によって統御されており、こうした論理こそが社会的な病理の主たる原因であるということである。とすると、ここで問題となっているのは、批判されている事象の実態ではなく、犠牲者的な告発姿勢と、こうした事象を取り込む思考の枠組みということになる。これは、私にとっては決定的な要因であるように思われる政治的・文化的次元を排除しているのである。こうした図式は経済至上主義にとらわれたままであり、この観点では、社会問題へのアプローチという点で自らの敵と根本的には異なってはいないだろう。市場とは、そこから何でも説明することが可能な現実の場であり、そしてそこに政治的、法的、文化的といった諸々の事象が、一種の上部構造のようにして、接ぎ木されているというわけである。一世紀以上も前から社会批判に広く浸透してきた思考図式を捨て去ることはそれほど容易なことではあるまい。

こういうわけで、人は、かつて福祉国家と呼ばれたものが今日遭遇している諸々の困難、さらにはまた教育、医療、文化等々が直面している危機、そして次第に社会の諸問題の全体を自分は説明できると思ってしまうのである。ちなみに、こうした言説は、新たな急進的な抗議運動だけのものではなく、マスメディアの多くのジャーナリストによってもとりあげられている。「この世界の強国」は、嘲弄や皮肉ばかりのテレビ番組によって人気となった「ワールド・カンパニー」の人形たちにあまりにも似ているのだ[1]。

こうして新たな「既成概念」となった「市場独裁」は、実際に作動している文化的・社会的変動の意義を覆い隠してしまい、あらかじめ問いを抑圧するものにもなりうる。というのも、今日、金融の論理や市場の論理が人間の活動の領域全体に浸透しているというのが正しいとしても、問いは残るからである。どうしてこの論理は、見たところかくも容易に、社会全体に広まることができたのか。どうしてこのようなことが可能だったのか。こうした問いに答えるためには、経済至上主義を脱する必要があり、民主主義社会の現況について、さらに市場を統御することを可能にする文化的、政治的、社会的な資源について問う必要があるだろう。

われわれの社会の諸悪についてのこうした経済至上主義的な態度は、新たな全体主義に服した世界という見方としばしば結びつけられる。「市場全体主義」ないし「全体主義的自由主義」というのがそれである。民主主義を今日再び問いただきなければならないという考えが幅を利かせるのである。この考え自体は、その経済至上主義的な覆いをとり払うならば、仔細に検討するに値する。このような検討は、「全体主義的」という形容詞の用法が今日では凡庸なものとなり、その内容も変質してしまっているだけになおさら必要なものであろう。全体主義は、あらゆる独裁や抑圧と混同されるようになってしまった。誤った用法によって、どのような抑圧も、さらにはどのような権威的権力ないし原理も「全体主義」の嫌疑をかけられてしまうのである。問題をはっきりさせるためには、この概念のもともとの定義に立ち戻る必要があるだろう。

全体主義という事象の還元不可能性

戦中期に口火を切られた全体主義についての議論は、冷戦のあいだに広がり、今日もとどまることを知らない。ナチズムと共産主義とを結びつけることには異議が唱えられ、何度も議論の的となった。批判者は、この概念の説得力の限界を強調し、ナチズムと共産主義の理論的比較はあいまいなものだとみなし、[1]社会的ないし歴史的な諸条件が考慮に入れられていないこと、さらにナチズムないし共産主義への参画はそれぞれ異なる理由を持つことを指摘している。[2]

しかしながら、これら二つの事象を混同してはならないとしても、全体主義についてのさまざまな解釈から浮かび上がるのは、ナチス体制とソヴィエト体制とに共通するいくつかの特徴である。これらは、次のようないくつかの鍵となる要点において合流する。すなわち、唯一政党の存在、社会と国家の混同、イデオロギーが担う中心的役割、単に敵対者に関わるだけではなく、人口のカテゴリー全体に適応される抑圧とテロルの進展等々である。いずれの場合であっても、内部分裂ないし内部抗争の兆候はすべて排除され、国家、党、その指導者は、均質的な社会を具現化し、それと一体となる……。こうした共通の特徴は、新たな支配様態としての全体主義という概念を効力のあるものとするには十分説得的なものであろう。

『全体主義の起源』の第三巻において、[3]ハンナ・アレントは、まさに全体主義の徹底的に新しい――歴史において比べられるもののない――側面を強調している。非全体主義世界は、全体主義に対して、手慣れた解釈図式を張りつけようとするが、しかしそうすることでこれまでよく知られたどんな枠組みからも独立して作動する「精神性」を捉えることができなくなってしまうのだ。しかし、見かけというのは人の目を欺くものである。全体主義は、そこにもともと属していたわけではない多くのテーマを借用しながらも、それにまったく新たな意味と射程を与えるのであり、これが思考に対する脅威となるのである。

アレントによれば、こうした見地からすると、テロルとは、単に「方法」としてではなく、まさに「全体支配の本質」として考慮すべきものである[4]。強制収容所は、「組織という点では、全体主義権力の真の中心制度である[5]」。ここでは人間が、忌わしい苦痛や死体の大量生産と引き換えに「忍従した動物」へと変質する[6]。この破壊の論理は、身体的なものばかりではなく精神的《プシケー》なものをもめざす。強制収容所に拘禁された者たちは、アレントによれば、基礎的な反応機能に還元された「生きた屍」のようになるのである。

この実験場を描くにあたり彼女が用いる表現はとりわけ驚くべきものである。「問題は、存在しないものを作り出すことである。すなわち、ほかの動物種に似た、「種を保存する」ことのみをその唯一の「自由」とするような一種の人類種を作り出すことである[7]」。収容所にかつて拘禁されていた者たちにとっては、自分が経験したことを語るのはきわめて困難である。それはまさに信じることも語ることもできないものだからである。アレントはこう書いている。「実際、あたかもそこでは死のプロセスそのものが永続的になり、そして生と死とが等しく無意味なものとなるような状態を強制してくる可能性があったかのようである[8]」。「強制収容所および絶滅収容所の真の恐怖とは、囚人たちが、たとえそこから脱出できたとしても、自分たちが死んでしまった場合よりもいっそうはっきりと生者たちの世界から切り離されてしまうということだ。テロルは忘却を強制する。そこでは、殺人は、蝿を叩くのと同じくらい非人称的なものになるのである[9]」。

こうしてわれわれは、「その現実にわれわれが呼びかけられもしない、われわれの見知ったあらゆる基準を断ち切る事象」を前にして、[10]思考可能なものの限界に居あわせることとなる。われわれの省察は「収容所のおそるべき経験」につまずいてしまうのである。全体主義という事象とともに、われわれは、アレントが「根源悪」と呼んだ、理解を可能にするツールの外部で思考しなければならないものに直面させられる。この究極の要点こそ、まずもって全体主義という事象の境界を定めるものであり、これを凡庸なものとしたり、あるいはわれわれが以降検討していく現代の諸事象と混同したりすることを禁じるものなのである。

民主主義の否定の新たな様態？

こうした本質的な区分がなされることによって、次のような問いが開かれることになる。先進社会における民主主義の現況は、つまるところ、いかなるものか。二〇世紀のただなかにおいて、ヨーロッパのファシズム独裁、ナチスとソヴィエトの全体主義は民主主義を決定的に廃絶しようとしたが、最終的には失敗した。今日われわれは新たな様態の民主主義の否定に直面しているのか。

先行する拙著で展開した考察において、私は八〇年代に現れた現代化の言説[2]とそのいくつかの道具立てを特徴づけるために、「穏やかな野蛮[3]」という観念を強調した。[11]これは民主主義社会に現れるもので、明白な暴力行為や残虐な行為をともなわないものである。とはいえ、それは独自の仕方で全体主義と現代社会とのあいだの関係についての問いを提起するものなのである。

　本書はこの点を明らかにしようとするものであるが、その際、ハンナ・アレントとクロード・ルフォールという二人の全体主義の決定的な解釈者の分析に立脚したい。彼らの解釈は、全体主義という現象のイデオロギー的かつ象徴的な次元に中心的な位置を与えながらその意義を考えようとする点で、歴史学的読解とも[12]、類型論的な分析とも一線を画する[13]。両者は、さらに、全体主義の残虐性がヨーロッパの民主主義社会の歴史とは徹底的に異質なものであるとする解釈とも袂を分かつ。ハンナ・アレントは、全体主義という事象を可能にした社会的かつ実存的な条件を明らかにしようとする。クロード・ルフォールのほうは、民主主義と全体主義の逆説的な関係を分析する。彼らの問題構成は、したがって、全体主義と民主主義社会との照合にとりわけ適しているのである。

　とはいえ、私は本書でハンナ・アレントとクロード・ルフォールの解釈の体系的な祖述をするつもりはなく、彼らの書いたものを仔細に再読し、彼らとの対話を行ないたいと考えている。問題になるのは、現代化の言説やその道具立ての特徴と符合するように思われる全体主義の特徴を明るみに出し、そしてそれらを支える特殊な論理がいかなる性質なのかを問いただすことである。こうした比較考察の各段階においては、私が前著で展開したいくつかの主要なテーマを総括的にもう一度とりあげているところもある。だが、この比較考察が目的としているのは、こうした特徴の見かけ上の類似を超えて、これら二つの事象を支えている論理が実際にはどれほど逆のものであるかを示すことである。この比較考察によって、現在の民主主義が含み持つ新たな危険が示され、それが今日どのような状況に置かれているかが浮き彫りになるだろう。

第二に、本書は、現在進行中の社会的・歴史的変化の起源として私には決定的なものと思われる二つの歴史的契機に立ち戻りたい。すなわち、六八年五月と続く抗議の時代、そして自由主義の波と現代化によって特徴づけられる一九八〇年代である。これらの時期を検討することによって、当時作動していた社会表象の解体‐再構築のプロセスがどのようなものだったのかをより適切に捉えることができるだろう。実際、七〇年代後半の全体主義批判[4]は、概してポスト六八年世代による権力批判および制度批判と、民主主義による自らの歴史の総決算とを特徴とする土壌のもとで展開した。こうした条件のために、反全体主義は、多くの場合評判を落とし、左側での政治的なものの刷新にはいたらなかったのである。

もちろん、この進展はフランス社会にのみ関わるものではない。だが、本書がそこから出発してこの進展の意義を示そうとしているのは、フランスという事例を、二〇世紀の最後の三〇年のあいだに転倒を見せることになるとりわけ民主主義社会に関わる一つの歴史的な変化を証言する状況であると考えているからである。経済学的ないし心理学的な説明は、どれほど批判的なものであれ、こうした変化を過小評価しており、それゆえにこそ、この見地から、リュック・ボルタンスキーとエヴ・シアペロの『新たな資本主義の精神』[14]やクリストフ・ドジュールの『フランスの苦しみ』[15]の二書の主張を分析することが必要と思われたのである。

われわれは、第3部において、一部の「反グローバル化」の潮流によって提示されている世界観、とりわけ彼らが新たな「市場とメディアの全体主義」として告発するものについて批判的に検討してみたい。この観点では、オルダス・ハックスリーの『すばらしい新世界』とジョージ・オーウェルの『一九八四年』を再び読みなおすことによって、これらの二著の鋭さが——今日とりざたされる紋切型やその影響などとは別のところで——示されるだろう。

民主主義社会の実存的・社会的な居心地の悪さは、実際、単なる「市場独裁」やメディアによる操作の問題ではない。それは、自らの文化的・政治的な遺産と格闘するヨーロッパの民主主義社会の盲点のようなものを構成する脱人間化、解体化のプロセスに関わるものなのである。大テレビメディアの支配的な役割もこの枠内に置きなおすべきであろう。最後に、結論として、ありうる再構築の基軸を明晰に素描してみたい。

本書を統べる中心的な問いは以下のものである。われわれが生きている新たな歴史的状況は、われわれの文化的・政治的な遺産の一種の内的解体によって特徴づけられるのではないか。いかにこうした事象を理解するべきなのか。こうしたことが全体主義とどのような関係にあるのか。私はここでこれらの問いに決定的な回答を与えようとは思っていないが、これらの問いが妥当であることを示し、現代の知性に寄与できればと考えている。

どのような批判的方法論を用いるか

本書が採用する方法論は、専門家的な査定でもなければ科学性を重視したものでもなく、社会に浸透している多かれ少なかれ意識的な表象に対して反省的かつ批判的な距離をとり、その構成プロセスを明るみに出すことをめざすものである。

現代化の言説は、社会全体について、さらにその過去や未来との関係について何らかの表象をもたらし、諸々の権力、指針、選択などを正当化するが、この意味においてこそ現代化のイデオロギーについて語ることができるだろうし、またこれを分析することが重要であるように思われる。このイデオロギーは、かつてそう見分けることができたものとはまったく似通っておらず、その新奇さこそが、民主主義社会の文化的・政治的遺産と対照させながら検討するに値するのである。したがって、問われているのは、現代化が必要かどうかではなく、共生のあり方を脱構造化しているその諸々の表象なのである。したがって、本書が提案する分析がフランス社会に根ざしたものであったとしても、こうした現代化の言説はヨーロッパ連合（ＥＵ）の諸々の制度においても見いだされるのであり、まさにヨーロッパの民主主義全体に関わっているのである。加えて、こうした表象は単に現代化の言説のなかに存在しているばかりではない。ほかの社会的事象の分析をすることによって、民主主義社会の「新たな時代の空気」を明らかにすることができるだろう。

こうした方法論が含意しているのは、社会的事象の解釈についての哲学的問いへと開かれた社会学という考えである。社会的事象そのもの、さらにはその根底にある論理を検討することを通じてこそ、それに特有の考え方を見分け、哲学的なレヴェルでの問いを開くことが可能になり、また人間および共生という観点からその意義を示すことができるのである。こうした社会学についての私自身の考え方を最もうまく説明しようとすれば、アラン・カイエがその『聖職者たちの任務放棄』において行なった定義が私のものに最も近いように思われる。この定義は、さまざまな政治制度や企業が表明していると思われる「社会的要求」に呼応する専門家的な査定や検証に特化した社会学とは袂を分かつ。カイエによれば、社会学とは、一つの学問分野である前に、まずもって「社会自身による社会に対する問いかけの場であり、その機会であり、その手法」である[16]。本書は、この見地から、民主主義の現代の状況についての批判的問いを提示するものである。

訳注

〔1〕 ワールド・カンパニー（World Company）は、フランスのテレビ局カナル・プリュスが放送している、かなり過激な風刺で知られる人形劇番組「レ・ギニョール・ドゥ・ランフォ」（Les Guignol de l'info）に出てくる、アメリカにあるとされる架空の多国籍企業。本書第13章（一八四頁）も参照。

〔2〕 現代化（modernisation）は、本書のなかで「現代化の言説」、「現代化のイデオロギー」などとして用いられる中心的な概念であるが、直接的には、一九八〇年代のフランスのフランソワ・ミッテラン政権において、

とりわけ一九八四年以来、ローラン・ファビウス首相のもと進められた経済政策を指す。ミッテラン政権初期の社会主義的な経済政策から一転し、緊縮財政などの自由主義的な政策を推し進め、同時に「企業」に中心的な地位を与えた。こうしたポスト全体主義社会における左翼勢力と自由主義的イデオロギーの「邂逅」が本書の中心的なテーマをなしている。本書第10章（一四八頁）および訳者解説も参照。

〔3〕穏やかな野蛮（barbarie douce）とは、ポスト全体主義ないし「現代化」の時代における新たな社会形態のあり方を批判的に描くために著者ルゴフが独自に提示する概念である。同名の前著（原注（11）を参照）において主題的に扱われた概念であり、本書でも随所に、とりわけ第5章においてまとまったかたちで触れられている。そこで述べられているように、「現代化」の言説は、通常の支配／被支配という関係を曇らせ、人間的な活動や制度を無意味化し、混沌とした世界という世界観を示すなど多くの点で「全体主義」との類似点を持つが、しかし暴力性や残忍さをまったく見せないところにその「穏やか」さがある。とりわけ本書の第1部では、ハンナ・アレントやクロード・ルフォールの解釈をもとに、いわゆる「全体主義」と現代のこの「穏やかな野蛮」がどう重なり、どう異なるかが論じられ、第2部において現代の「穏やかな野蛮」の起源および進展が、「六八年五月」という学生運動に端を発する社会的・文化的な情勢の変化および「現代化」を旗印にした自由主義的イデオロギーの浸透とどう重なるかが論じられる。

〔4〕七〇年代後半の全体主義批判とは、本書第9章で述べられるように、「新哲学者《ヌーボー・フィロゾフ》」と呼ばれた哲学者たちによる全体主義批判を指す。

第1部 全体主義と現代化のイデオロギー——共通点と差異

第1章　永続運動する社会、確実性で満ちた世界

現代化のイデオロギー

現代化の言説は、社会や諸個人に対して適応すべしという要請を強調してくるあらゆる領域における諸々の進化を、中立的かつ客観的に確認するものとして提示される。だが、こうした確認は、単なる――とはいえ、非常に一般的な――確認にとどまるものではない。この言説が提示するのは一つの現代的な世界観であって、そこで展開される諸々の主題はライトモティーフのように繰り返し現れ、現代化のイデオロギーの祖型と言うべきものを描き出すのである。

第一に、現代化の言説は、世界や社会についての力動的で混沌としたイメージを描き出す。世界や社会を理解不能なものと描き、それらを変革する意志をすべてあらかじめそぐようなイメージである。これによると、進化は、誰も手をつけることのできない自然的で不可逆的な運動の現れとして描き出される。世界は「複雑」であり、少なくとも、安定的要素を据えたり、進化の行

く末を予期したりすることが困難になるほど、絶えず加速する諸々の変化によって突き動かされている。知識、技術、能力などはつねに新しいものが求められ、それに適応するにはいくら時間があっても足りないようにも見える。雇用も不安定となり、同様に変形していく。現代は、未来が不確実な時代なのだ。

こうした状況において、われわれが望みうるのは、せいぜいのところ、この「複雑さ」を管理しようとすることである。コンサルタントや経営者の幾多の道具箱はそのためにある。こうした流動的な状況にあって、不明瞭な未来をどうやって予期できるのか。こうした大動乱のなかに、どうやって身を置くことができるのか。そこでは、あらゆるものが自己参照的になってしまい、目標も意味もなくなり、身のよりどころにする固定的で持続的な指標もなくなってしまう。われわれが生きる社会と自然は、その親しみやすさ、人間らしさを失い、もはや識別可能なものではなくなってしまうのである。

第二に、現代化の言説は、こうした進化に対して、われわれの伝統的な生活、行為や思考のあり方に根本的な断絶をもたらすような社会的かつ文化的な射程を与える。良かれ悪しかれ複数の世代を通じてわれわれに伝達されてきた人間観や共生についての考え方、社会における「伝統的な」生活様式や行為様式などは、完全にすたれたものとみなされる。断絶とか「白紙状態《タブラ・ラサ》」といった革命的な問題系は、言うなれば、戦線を変える。今後は、現代化のイデオロギーに組み込まれることになるのである。だが、革命のイデオロギーと異なり、この現代化のイデオロギーは輝かしい未来を約束することはない。適応するということ自体が革命的なこととなるのである。あらゆる領域において、進化は完全に新しい生き方、行為や思考のあり方を課すものとみなされることになる。どのような変化も根底的《ラディカル》で革命的なものとみなされる。「技術革命」、「情報革命」、「知性の革命」、「教育革命」等々である。トロツキーと毛沢東をもじれば、現代化の革命とは、同時に永続的、世界的、文化的なものとなるのである

この言説の一部をなしているのは、新たな状況に適応した新たな人間の制作という考えである。社会と個人は、「能動的《アクティヴ》」に「参加する」ことをつねに強いられる。両者とも「変化の主役《アクター》」、しかも、集合的であると同時に個人的な変化の主役とならなくてはならない。というのも、その各々は、それぞれの次元において現代化に責任を負っているとみなされなければならないのと同時に、「自分自身の変化の主役」ともみなされなければならないからである。現代化はこうして、一種の永続文化革命の様相を呈する。ここで各人は、新たな世界について自覚し、自分自身の思考の枠組みや能力、振る舞いがいかなるものかを評価し、進化に対して自分自身がどれくらい適応できているのか推し量るようつねに要請されるのである。あらゆる種類の道具立てや専門家がそろっており、あけすけに「助言」し、「評価」し、「動機づけ」し、「関わりあい」、「コミュニケーション」をとる。「個人的な計画」から「企業計画」にいたるまで、諸個人や集団は、社会の現代化の運動全体に参与する。彼らはどうやってそこから逃げることができるというのか。

現代化の言説は、実際、生き残りと緊急性の適応論理として現れる。進化はあまりにも速く、その射程もあまりにも広いため、社会は、自らの消滅を避けたいのなら、できるだけ速くそれに適応することのほか選択の余地は残っていない。こうした変革の世界にあっては、「可動性」、「反応性」、「柔軟性」が基準となる価値である。逆に安定を求めることは、不動性や変化の拒否と同義語となる。この論理に対する抵抗や対立はどれも、狭小な集団主義的な特権や利害を守るものと同一視され、「懐古趣味」とか「時代遅れ」と呼ばれることになる。文化や精神性、経済構造や社会構造、職業や技能などの進化は、世界に影響を与える変化に比べてつねに時差がある。この遅れをとり戻すための抑えがたい流れは限界を知らない。そして、もちろんのこと、この永続運動においては、誰も道端で突っ立っていてはいけないのである。

永続的な不安定と運動の法則

こうした現代化の言説の諸々の特徴は、ハンナ・アレントによって描かれた全体主義の特徴を想起せずにはおかない。全体主義とは、実際のところ、限界を知らない運動である。それは、「永続的な不安定状態」を生み出し[1]、「絶えず新たな目的をめざしてつねに前に進むこと」のみが重要となる動的状態において社会を維持する[2]。全体主義は、「人間に固有な意志を動員し、人間を〈歴史〉および〈自然〉というこの巨大な運動のなかへと入らせる。この生も死も知らぬ運動に対して、人類は素材として仕えるものとみなされる」[3]。人間は、「固有の法則に従って前に進み」、「長きにわたって阻止されることなどない」[4]、限界を知らない運動に従属し、その一部をなすことになるのである。

どのような人間の活動も、肯定的な意味を持つためには、この運動に入り込み、この運動が加速することに資するほかはない[5]。自由はこの運動を遅れさせる障害物となるが、これこそが全体主義が抹消しようと欲するものなのである。見てとられるように、こうした条件のもとでは、何らかの理由でもってこの運動を妨げる者はみな客観的な敵とみなされ、そのようにとり扱われる。「有罪や無罪といった概念は意味を有さなくなる。「有罪」であるのは、自然的ないし歴史的な進歩に対して障害をなす者なのである」[6]。

アレントはさらに続ける。全体主義は、法という概念に対し、その機能を逆転させることによって、新たな意味を与える。法は、安定性の担い手であるどころか、永続的な社会的不安定性をもたらす従属すべき「運動そのものの表現」となる。こうして、人間の条件の諸特徴のうちの一つが問いに付されることになる。「死すべき生のはかなさ、人間的時間のはかなさに対して」、人間は永続性や世界との親しみを求めるのだが[7]、これが問いに付されるのである。世界の永続性と親しみが人間に与えられるのは、「死すべき人間に、彼ら自身よりも安定的で持続的な滞在地を供する」物質的および精神的な作品〔仕事《ワーク》〕に加え[8]、さらに「政治的組織を創設し維持することに捧げられる」という意味での政治的なものの本質的次元たる活動によるのである[9]。

ハンナ・アレントは、実定法が「公的事柄に対して安定性を授ける」ものであったことを強調している。[10] これは諸々の境界を定め、人々のあいだに一つの空間を開く。人間の特異性や複数性を認め、絶えず変わりゆく人間的な事象において歴史的な連続性を保つ空間である。この実定法によって境界づけられた人々のあいだの空間こそ、人間が歴史的連続体のなかに何か新しいものを創始することを可能にする自由の空間なのである。[11]

現行の世代が「世界を救出」し、後続の世代に対し、彼らが何か新しいものを創始することができるようにこの世界を伝達するというこうした考えは、白紙状態《タブラ・ラサ》ないし根本的な断絶という考えの対極にある。活動、新たなものとは、破壊ではなく遺産から出発したはじまりであり、共同世界の刷新である。活動、新たなものは、この共同世界の安定性をその本質的な条件にしていると同時に、それを豊かにするものなのである。全体主義と現代化のイデオロギーの共通点は、どちらもこうした考え方の対極に位置するという点にある。

現代化の言説は歴史的連続性と断絶する。権力が絶えず法を定めるよう仕向けられることで、法の機能が逆転するにいたる。法は、安定性の担い手であることをやめ、安定性を揺るがす適応の運動に仕えるものとなるのである。現代化の要請は、同じように限界を知らないように思える歴史的運動に呼応するわけである。だが、文化的遺産に対する結びつきを強調する者、従属しようとはしない者、彼らはみな、同じように、運動を妨げる客観的な敵という地位を得ることになるのだろうか。

「永続的な社会創造」と「透明性」

クロード・ルフォールが全体主義体制の「イデオロギー的母型」と呼んだものを構成する諸々の鍵となる表象のなかでも、[12]「永続的な社会的・歴史的創造」および「社会の自己透明性」という表象もまた、同様に現代化のイデオロギーと近しい。

前者は、ルフォールによれば、「組織者に委ねられた素材としての社会という神話に立脚」していると同時に、「まったく新たな社会、新たな人間の創造」という考えにも立脚している。[13]全体主義のイデオロギーがもたらすのは、白紙状態《タブラ・ラサ》から作りはじめられ、恒常的な構築状態にある社会という表象である。こうした社会の創造という考え、より具体的には「社会の自己創造」という考えこそ、「あらゆる時に自らを作りあげる歴史」というイメージと対をなしているのである。[14]

永続的な創造は、社会をあますところなく認識し、掌握するという点で、まったくの透明性においてなされる。この観点からすると、全体主義的権力の手法は特殊なものである。この権力は、実際、つねに露出趣味を掲げている。これは、自らが設定した目的を知らしめようと熱心に喧伝活動を行なうが、その際この目的を社会のなかから生じたものとして提示するのである。とりわけ「〈計画〉という幻想《ファンタスマゴリ》」こそ、こうした手法を明らかにするものである。〈計画〉は、権力によって現実が認識され掌握されていることとして呈示されると同時に、絶えず大衆に由来し大衆が作り出すものとして描かれ、強調されるのである。

こうした特徴もまた、現代化の言説と近いものであるように見える。この言説も同様に、根本的な断絶や新たな社会や人間の構築といった考えをとりあげている。そこでは、各々の成員がみな現代化の主役であり、その責任を負う、締切が迫った大きな作業場に似た社会というイメージが作り出される。諸々の「憲章」や「計画」が掲げる、同じ価値や同じ目標のもとに固く結びつき一体となり、共通の営為のためにつねに動員される集団というイメージである。権力は、「経験」や「実験的な作業」を評価し、それを社会の総体において一般化しようとする。市民であるということそれ自体もまた、参加、関わりあい、能動的活動と一体となり、各人は自らがその証拠を示すべきものとなるのだ。

最後に、「透明性」が現代化の言説のキーワードの一つとなったことをいかに無視できようか。世論調査や聞きとり調査は、社会の現況を何も隠すことなく反映するとみなされる。設定された目標は、つねに助言を求められる社会から生じるものとみなされる。そして、どのような変化も、まったく明白なかたちで行なわれなければならない。実際、マスメディアの多くのキャンペーンにおいて、現代化への参加が描かれ、喧伝され、権力の目標とは社会自体の目標でもあると提示されるのである。クロード・ルフォールの次のような言葉はこのことに強く共鳴するものである。「あたかも、権力は、社会的な共同の行為を開陳する力を持っているかのようであり、あるいはまた、こうした媒介手段を通じて、社会は自らを自分自身の前に開陳するかのようである」[15]。

確実性という新たな言説

政治権力は、現代化の言説を通じて、自らの選択を抗いがたい進化から直接生じるものとして提示し、そうすることで、これを優位のものとみなす傾向にある。かつてこうした選択は、人間という観念や何らかの計画において具現化された共生についての観念に緊密に結びついていたように思われるが、今日では、こうした観念がまだ唱えられるにせよ、掌握不能とみなされた運動に対しては、それらはもはやほとんど何の効果も及ぼさないのである。

倫理や、人間主義、共和国、社会主義等々の価値や原則を喚起することは、自らの選択を押しつけてくる進化を前にすると、ますます形式的なものになる。政治家が政治的な計画、さらには社会的な計画を急ぎ足で練りあげようとするのは、選挙の期日間近になってからである。同様にして、右翼と左翼との分裂ないし政治的論戦の争点も曇ってくる。これは、本質的には、進化に適応する最善の方策は何か、どのようなタイプの社会を随行させるべきかに関わるものとなるのである。

しかし、より根本的に変化したのは、民主主義における政治的言説の地位そのものである。現代化の言説は、ほかの可能な選択肢に対してあれこれの選択肢をとるなどと主張することはもはやなく、まったく別の地位を要請する。この言説は、それについては論駁することなど問題にもならないような「現実」のなかに書き込まれた必然性を反映するのである。したがって、現代化の擁護者が、自分自身はあらゆるイデオロギー的言説の外部にいると主張することは可能である。彼は確実性という視点から主張しており、これは逆説的なことに、それに対するあらゆる反対意見、あらゆる批判的問いかけをイデオロギーの範疇へと差し戻すからだ。彼の選択は、みなの意見が合致するとされる「現実」の確認から帰結するものとなる。そこで問題になりうるのは、どう説明するか、どう教育するか、あるいはコミュニケーションの技術をどうするかということくらいでしかない。

そこから浮かび上がるのは、経験による打ち消しも含めどのような矛盾も受けつけない視点である。進化について繰り返しなされる確証や、そこから帰結する客観性や中立性を自称する諸々の選択、これらは、議論の余地なき、それ自身で満ち足りた現実のなかに根づいているがゆえに、まさに根こぎにすることができないものとなるのである。これこそが、現行の権力や現代化の擁護者たち（経営者、人材育成の指導員、教育者）が証言している、新たなかたちの尊大さ、狭隘さの源泉なのである。

現代化のイデオロギーは、ここでもまた、クロード・ルフォールが分析しているような全体主義の言説と合流する。というのも、全体主義の言説は、物事のなかに書き込まれ、それゆえに避けて通ることのできないような、すでに存在する意味の純粋な集積として自らを提示するからである。ルフォールによれば、「全体主義の言説は、自らが現実のなかに刻印されているという確信のもとで展開する」[16]。この言説は「真なることについて真なることを語り」、さらには「物事のなかに刻印された真理を反映する」のである。[17]

全体主義の言説は、社会的なものについての言説ではない。つまり、それが社会と名指しするものについて、そこに対して距離をとって語るものではない。そうではなく、社会全体において具現化され、したがって自分自身の地位も忘れてしまうほどの「社会的言説」として自らを提示するのである。ルフォールの説明によると、全体主義の言説は、「どのような表象機能を有しているか突き止めることのできない記号体系」を練りあげる[18]。可能な解釈の場を開くはずの、言表行為と言表とのあいだの間隔がなくなってしまう。言い換えれば、全体主義の言説は、自分自身の象徴としての地位を否認し、「表象と現実との同一性を乱暴に肯定」するのである[19]。「現実は透明」であり、言うなれば、開かれた書物において読まれる。言説と現実のあいだには、いかなるずれも曇りもない。主体にとって、世界は「まったく可視的」になり、「まったく理解可能」になるのであり、解釈の必要も、多元主義に陥ることもなくなる。全体主義の言説は、思考することの必要性を消去するのである。

こうした特徴によって、主体は確実性という視点に固くつなぎとめられることになる。実際、全体主義の擁護者はあらゆる対立者に対して存在論的な優位を持っている。彼のみがイデオロギーの領域から逃れ、現実を読む、あるいはむしろ現実そのものから出発して現実を読むと思っているからである。『余分な人間』において、ルフォールは、ソヴィエトで起こったことに関する、歴史的状況、誤謬、逸脱などの観点からの果てしない説明を例に挙げる。こうした説明は、ソヴィエトの官僚によっても、フランス共産党の闘士によっても、さらには「われわれの進歩的な左翼の卓越した代表者[20]」によってもなされるものである。「この種の言説は、〈思考するな〉という命令に従ってはたらく思考についての手がかりを与えてくれる。こうした思考は自らの空間を慎重に封鎖し、返答に対してさらなる問いが侵入してこないようにするものである。この思考は、変更することのない道筋をたどり、――拒否するためであれ、偶発時とみなすためであれ、事実の次元を超えた必然性の領域に書き込むためであれ――共産主義的な構成に背きかねない記号をすべて捉える。〈まだ思考されていないもの〉を〈すでに思考されたもの〉へとたゆむことなく還元するのである[21]」。こうした言説の閉域と同じものが、現代化の擁護者においても見いだされるのではないだろうか。

新たな紋切型と虚構的世界の創造

マネジメント、コミュニケーション、人材育成をとりまく環境は、固有の言語を持っており、これによって、現実の試練を経ることなく、通常の感覚から切り離された閉じた世界が形成されている。こうした世界への新参者は当惑してしまうだろう。語彙や言説の形成の仕方が日常言語から隔たっており、用いられる概念もほとんどはっきりしておらず、その形式たるや厳密さや一貫性の要求を軽蔑するものであるかにも見えるのである。理論的な準拠もあいまいかつ折衷的であり、切り貼りや分類に対する熱狂を感じることもある。疑似方法論的なぼやけた概念が、通常の感覚を混乱させるまさに揚げ足とりの議論において互いを参照しあう。多くの図式で飾られた実践的な手引書やカードが、到達すべき目標やさらにその下の目標を告げ、あらゆる可能な状況や適用すべき方法についての一覧表をこしらえているのである。こうした隠語《ジャーゴン》や形式主義が、公権力から支援や助成を受けた諸々の制度、組織、団体において幅を利かせることになるのである。

マネジメントや教育に関する文献、人材育成などは、こうした新たな紋切型およびその多くの「道具箱」を伝達するものである。教師、生徒、労働者、失業者らに対して教えられるのは、「動機」、「自律」、「適性」、「評価」、「企画」等々に注目する現代化の新たな言語をいかに語るかということである。専門的ないし人間的実践や経験は、意味のない空虚な範疇や凝りすぎた図式とされ、どうでもいいものとみなされるようになる。

幼稚園からすでに適性が評価される。「自己評価」し、「目標についての契約」を交わすよう求められる児童の年齢はますます下がっていく。システムそれ自身も再生産される。人材育成の指導員の育成、教育法の指導者の育成、さらには社会部門での職業、「都市の仕事」に就くものの育成もまた同一の思考の枠組を形成するものである。新たな世代は、人間的経験や実践的知恵に依拠することのなくなった同じ一つの鋳型のなかで、できるだけ速く、何も感じずに行為するように育成されるのである。

公権力からお墨つきを得た現代化のイデオローグたちは、自分たちの重要性を確信する。彼らは別の世界に生き、自分たちのあいだで集会やセミナー、講演会を何度も開き、研究や大学といった外的な記号を生み出す。そうした記号は、日常の労働において彼らの言説や道具立てに従うことになった者たちの現実からは切り離されているのだが。

まさにハンナ・アレントが強調するように、全体主義とは一つのシステムであり、これを構成する諸々の要素は、想像世界を作りあげ、「事実の衝撃」からこのシステムを守ることに貢献する[22]。「永続的な不安定状態」を――組織や制度の内部で、また社会のただなかで――維持することはこの論理に与するものである。こうした見地からすると、中心的な役を担うのはプロパガンダと組織化である。プロパガンダは「所与の文明において万人が共有する、受け継がれてきた知恵と精神」たる「常識をひどくあざけり[23]」、大衆を現実から切り離し、「虚構の世界[24]」、「一貫した、虚偽」の世界[25]、「無意味の上に生きる」世界を創造しようとするのである[26]。

そのため、プロパガンダの言説は、自らが本当らしくなるために、現実の諸々の要素に立脚しつつ、これらの要素を虚構へと統合する。「その技法は、検証可能な経験や現実から、虚構にふさわしいいくつかの要素を活用し、同時にそれを乗り越えることで一般化し、個人的経験をどのように統御しても決して到達できないものにすることにある[27]」。

こうしたプロパガンダは、虚偽を現実とみなし、実際に虚構の世界を構築し、これを外的世界からは隔絶したかたちで保持しようとする組織と不可分である。「あらゆる事実や現実を極度に軽視[28]」するよう叩き込まれたエリートたち――彼らは完全な積極行動主義を実践し、現実からは完全に隔絶している――から、活動家、通常の党員、支持者にいたるまで、全体主義運動の内的構造は、その各々の成員を現実の試練から保護する複数の層からなっている。これは、周縁の最も現実世界に近い層から、完全に虚構のなかにとり込まれた中心核まで、「玉ねぎの薄皮」のように同心円的に構造化されているのである。

この点で、ハンナ・アレントは、同職者団体のレプリカである「前面組織」〔正式な党員ではないいわゆる党友やシンパからなり、外界と党のクッションの役割を担う組織〕の意義を強調している。これは、党員を「外部の正常な世界から遠ざける防壁」でとり囲むものである[29]。外部の世界はこの組織のプリズムを通じてしか見ることはできない。「この種の組織によって、その成員は、外部世界と直接対面することが妨げられるため、外部世界の敵は単なるイデオロギー的うぬぼれにすぎないように映る。彼らは非全体主義的世界の現実から身を守られているため、全体主義的政治の巨大な危険をつねに過小評価するのである[30]」。あらゆる構造が党によって二重化されていること、「情報の伝達役」の増加は、「現実というつねにおそるべき流れ[31]」から身を守ることをめざすこの論理に資するものなのである。

現代化の言説もまた虚構の世界を構築し、社会というものを、自律的かつ責任を負う諸個人、動機がはっきりし、つねに自らのパフォーマンスを最大限発揮する諸個人からなる、永続的な進化および運動状態にあるものとして描きだす。こうした言説は現実の諸々の要素に立脚しているとはいえ、これを認識できなくするのだ。この言説はまさに現実的なものの機能不全を強調し、実験的とされる経験を評価し、状況の違いを無視してこれを一般化する。そこに見られる揚げ足とりの議論、疑似的な学問的ないし技術的隠語、マネジメントや教育に関する多くの道具立ては、これもまた、常識をひどくあざけり、あらゆる問いかけを避けるあいまいな概念でもって現実を覆うのである。現代化の擁護者たちが証言するマネジメントやコミュニケーションの積極行動主義、労働への過剰投資、これらは現実の試練を避けるという論理に与するものである。彼らは一種の精神的ゲットーに閉じこもり、自分たちの宇宙と通常の世界とのあいだに存在する隔たりには目を閉ざすのである。

第2章　無定形な権力

場所と地位の混沌

現代化のイデオロギーにともなって、新たなかたちの脱集権的権力が生じてくる。政治権力は管理的になり、社会において、透明性を旗印にした活発なコミュニケーション活動を展開する。同時に、権力はあらゆる領域で改革を行ない、社会と諸個人とをその主役になるよう強いる。

あらゆる部門において、現行の権力は、聞きとり調査、コンサルティング、人材育成を専門的にとり扱う団体や企業などの組織に訴えかける。彼らの活動は単に技術や組織化、専門的な能力に関わるばかりでなく、「ライフスキル」、つまりより広く言えば現代化に直接関係する人々の日常生活における精神状態や意見に関わる。これによって、個人であれ集団であれ、多数の仕方で評価され、「参加」し、新たな規範に自らを適応するよう呼びかけられるのである。

権力は、抗いがたい進化を管理すると主張し、あらゆるヒエラルキーを解消すると主張する。

実際これは奇妙で矛盾した権力である。というのも、それを代表する者たちは、自らは権力であると認めると同時に、自分たちが世話をしている相手に向かって次のように言って、同じことを否認するからである。「われわれは進化を体験しているのであり、われわれがよりよくそれに適応できるように努めているのである」。そしてすぐさまこう付け加える。「この件に関しては、あなた方もわれわれも同じ船に乗り込んでいるのだ」。自律と責任へと訴えかけることによって、同様にして諸々の指標も曇らされる。各人が自律的かつ責任を負う者と想定されるが、その際に彼らの社会条件や、その役割、ヒエラルキーのなかで彼らが占める場所などは軽視されるのである。

現代の企業において、権力は、かつて労働者からそれを隔てていたはっきりとしたしるしをこれ見よがしに掲げることはもはやない。権力は、競争による戦場に身を投じた一つの合意《コンセンサス》に基づく集団全体から生まれるものとなる。経営者側の言説を信じるならば、権力はもはや人間を指揮するのではなく、一連の道具立てや専門家たちが扱う方法論でもって、「人的資源」を管理し運用するのである。規範や到達すべき目標、各人に割り当てられる場所や役割はもはや権威的に決められるのでも、外的に強制されるのでもない。それらは、あらゆる種類のバランスシートや聞きとり調査の結果、労働者もまた自由にそこに参入するよう呼びかけられている結果であるとみなされるのである。こうした現代的なマネジメントに基づく新たな種類の権力は、今日、ほかの多くの領域でも見られるのではないだろうか。さらにそれは、多くの特徴によって、全体主義的な権力とも類似しているのではないだろうか。

全体主義の「無定形の権力」

ハンナ・アレントにとって、全体主義の権力とは、権威的な原則、明白に同定可能なヒエラルキー的原則が一切存在しないこと、媒介、権限、責任感が一切破壊されていることを特徴とする。それは、まさに無定形なのである。この点でアレントは、全体主義を権威的人格による独裁やヒエラルキーシステムの優位と結びつける通常の解釈に対立している。アレントによれば、権威、権力、支配を混同することによって、全体主義のシステムの新奇さが捉え損なわれる。真の権威は、強制によっても説得によっても生まれない。それが存在するのは、権威の元となる制度なり人格なりが尊重されるかぎりにおいてでしかない。権威とはもともと伝統に結びつくものなのである。これに対し、見かけにもかかわらず、全体主義支配は権威の原理に対立し、あらゆるヒエラルキーを不安定化させる。真のヒエラルキーは、全体主義の論理とは逆に、明瞭さと安定性とをその要素とするからである(1)。

さらにアレントが言うには、権威主義的な体制と異なり、全体主義のシステムにおいては、「権威と従属のちょうど適当な位置を受け持つことのできる責任ある」中間段階が本当には存在しない(2)。与えられる命令は故意にあいまいなままである。ヒエラルキー的な組織は、絶えず多くの再編成を被り、罷免と昇進が相次いで起こる……。全体主義的な権力はさまざまな公的部局を絶えず競争させ、古い部局を廃止せずに新たな部局を創設しもする。そのため、それぞれの権限がぶつかりあったり、重複して混乱したりもする。諸個人もまた、このようにして不安定な状態に置かれ、また実際に権力がどこにあるかということに関しては知らないままでいさせられるのである。

アレントによれば、「全体主義国家において、唯一確実な規則とは、政府機関が目に付けば付くほど、それが与えられている権力は大きくなく、ある組織の存在が知られていなければいないほど、実はこの組織は権力を持つことが明らかになる、というものである〔…〕。秘密がはじまるところで、実際の権力もまたはじまるのである」[3]。部局を増やし、気ままに昇進させたり降格させたりすることは、「あらゆる責任感やあらゆる権限」を破壊することになり、「まじめに共同で作業をすることを不可能に」する[4]。全体主義的な権力は、それが信じさせようとするのとは反対に、反–生産的なのである。さらに、部局を増やすこと、諸々の責任の所在を混乱させることによって、個別化し、アトム化した各々の個人が至上の指導者の意志に直接に対面するという事態が生じる。無定形の権力は、こうして指導者による権力の絶対的な独占を可能にするのである。

ハンナ・アレントの解釈に依拠しつつクロード・ルフォールは次のように強調している。全体主義的な企てが展開されうるのは、「官僚制の空間そのものにおいて、権限による保証をすべて破壊し、責任の所在をあいまいにもつれさせ、全知の権力を闇のなかに宿らせることによってにほかならない」[5]。権力は自らの決定を包み隠し、これを最大の秘密とし、諸個人については、彼らにどのような運が割り当てられるかについては不確実なままにしておくのである。

現代化におけるマネジメントもまた、それなりの仕方で反権威的であいまいさを維持しようとする無定形の権力を課してくる。専門家に助言を求め、有識者や「外部の人間」からなるグループを配備する。これは、評価の対象となり、変化にさらされた制度と重複するようなグループである。改革を進めるにあたって、彼らが正確にはどのような権限を持っているかはあいまいなままである。世論調査や聞きとり調査によって、この権力は、「社会的要求」を統御することができ、自らがその解釈の鍵を握っていると自称してはいないだろうか。さらに、強く主張される「透明性」が、ここでもまた、権力の場所、選択、決定についての不透明性をともない、直接これらに関わりあいのある諸個人に対し、実際に決断しているのは誰であるかを知らないままにさせておくのである。

いくつもの層からなるヒエラルキーを問いに付し、これを避けるということもまた現代化におけるマネジメントの実践の一つである。ヒエラルキーと媒介が評価されない傾向にあるのは、指示する側とされる側とのあいだの直接的で人格的なつながりのためである。さまざまなコミュニケーション手段によって、指示は改革の正当性とそれに従うことの必要性とを説明するために、人格的とされるかたちで個々人に伝えられる。個人はこうして、保護してくれる媒介なしに権力に直接向かいあうのである。こうしたシステムは、責任および権限の不安定化を生み出し、行き詰まり、結局は反生産的になるだろう。

新たな支配様式

クロード・ルフォールによれば、全体主義はまったく新たな支配様式を作動させる。すなわち、何よりもまず社会と国家との未分化を特徴とする支配様式である。「吸収」、「体内化」あるいは「国家と市民社会の一体性[6]」といった用語でもって、ルフォールは全体主義のこうした性格を描いている。「一体性」とは、国家が社会へと解消するということではなく、逆に国家が「自らのうちに市民社会を吸収」し[7]、これを自らの規範に従って統合するという試みである。ここから以下のような全体主義的国家の二重の特徴が帰結する。

一方で、権力は社会と一つになり、自らを社会の単なる表現だとするようになる。権力の言説は社会の言説であるというわけである。権力は「社会的権力」となり、その決定や行動は社会全体のものとなる。ルフォールによれば、全体主義とは、「権力の所在がどこにあるか位置づけられない体制」なのである[8]。だが、他方で、権力は、この社会を支配し、それに諸々の規則を課す変化の遍在的な主体としても現れる。これは新たな社会を作り出すために強い力を発揮し、積極行動主義の美徳を称え、「規範とその超克を欲する」理想的市民を作り出し、見せびらかす[9]。こうして、権力は「自らの意志を社会に刻印し、社会を結集し、その活動の多様性や細部を同一の規範に従わせ、共通の目標のイメージに社会を従属させるのである[10]」。

全体主義は単に社会と国家とを区別する諸々の指標を消失させるだけではなく、あらゆる内部分裂を撤廃する。諸々の利害、意見、信仰が共存し、自由に対立しあうことは認められない。全体主義は「相互承認や同胞同士の関係の土台」や、「社会関係の潜在的な力や、相互関係の根本的紐帯」を切り崩そうとするのである。[11] 内部分裂の否認は極限まで推し進められ、統合された社会の外部にしか存在しない「邪悪な〈他者〉」を生み出すにいたる。非順応の兆候、対立のかすかな形跡はどのようなものであってもすぐさま社会の一体性を問うものと考えられ、消失したはずの社会の生き残りや異国の密使とみなされる。敵とは、「つねに払いのけるべき脅威を有した他性を持つ者」なのである。[12]

こうした論理は「各々の活動様式やそれが働く制度を規定する諸々の規範の差異を否認すること」に存する。[13] 社会的活動の多様性を同一の目標、同一の規範に従属させることで、権力は政治、経済、法、芸術等々あらゆるものの差異を撤廃する。スターリン体制はこうして「全体にわたって結集し、いささかの内部分裂もなく、まったく活動的で、その多様な活動を通じて共通の目標へと向かうべく動員された人民という表象を実現しようとした」のである。[14]

全体主義の論理を全体にわたって駆り立てているのは、差異のない統一の幻想的な探求である。「したがって、全体主義的という言葉は、支配する者とされる者とを区分する指標、権力、法、知を区別する指標がすべて消失し、現実と想定されたもののなかに社会制度の原理を解消させる、あるいは言い換えれば、社会をそれ自身へといわば閉じ込めるという支配様式の到来を示すにはふさわしい言葉である」[15]。

ここでもまた、現代化を推し進める権力との比較対照が可能ではないだろうか。すでに見たように、権力とは、社会と同一の平面に位置すると自称することで、自分自身の地位を隠すものであった。より広く言えば、指揮する者とされる者、「上にいる者」と「下にいる者」との隔たりを、自律や一般的な責任という名において消去するものであった。したがって、ここでもまた、「権力の所在がどこにあるか位置づけられない」。コンサルティング企業が行なう多くのアンケートにおいても、集められた意見が伝えられる際、意見を聴く側の発言とインタヴューされた側の発言との区別はなくなる。インタヴューされた側の意見が経営者側の指針と合致するためである。企業の憲章や計画においても、規範や目的が経営者側から出てくるものとして明白に示されることはない。それらは、多かれ少なかれ意識的に労働者全体に浸透している共通の文化や進化の確認から生じるものとみなされるのである。

こうした規範は純粋に機能的なものであるが、他方でさまざまな人間の活動の特殊な目的を変質させ、同じタイプの言説、同じ経営基準に従属させることになる。さらに、これに続く再編成によって、諸個人が自分自身の労働のなかで結ぼうとする共同的、社会的な自由な連帯が標的にされる。こうした試みを司る論理は、やはり他性、分割、抗争の否認を特徴としているのである。

改革は、進化への不適合の確認および、アンケート、講演、集会などを通じたあらゆるコンサルティングのプロセスの産物として提示される。各個人は、まったく透明なコミュニケーションを通じ、決定に——逆説的なことにこれは決定としてはもはや示されないのだが——自由に参与できるよう促される。権力は、真理や自明のものとして課される諸々の要請が生じる源泉である「社会的要求」に答えると言うのである。権力は、自らがすでになした決定を示しながら自らの論理のうちに社会と諸個人とを包摂するが、この決定に対し社会や諸個人は何ら影響を及ぼすことはできない。この決定は彼ら自身の反映なのだから。権力は、逆説的にも万人と同じ状況にあると主張し、また各人に発言権を与えつつも、自分自身の立場とは異なるあらゆる立場の正当性を否定するのである。ここにわれわれが生きる民主主義の奇妙さがあるのだ。

隙のないパフォーマンスと人間—機械

こうした現代化の無定形な権力は、すでに見たように、注意深い検討に値するとされた諸個人の適性やパフォーマンスを評価し、完成へと導くさまざまな道具立てを活用する。この道具立ては、科学的正当性と中立性をひけらかしているが、しかしこれによって人の目がごまかされることはない。科学的であるとの主張は、互いにほとんど共通するところのない折衷主義と知的混同とを覆い隠す表面に塗られたニスであり、[16] 教え込もうとしている振る舞いや適性についての長いリストには実際には多くの価値判断が満ち溢れているのである。

ここで前面に押し出されるのが、欠点のない個人のパフォーマンスというモデルである。個人のいかなる部分も労働との関わりから逃れることはなくなる。ここで問題なのは、単に職業的・技術的な能力を伸ばしたり、「知識に投資」したりすることだけではない。かつては私的領域や自由な社会活動に属していた態度や振る舞いが考慮に入れられるのである（このことは、すでに喚起した「ライフスキル」というどのような操作にも好都合な概念への依拠が示すとおりである）[17]。専門家たちは、「動機づけに働きかけ」、人間の存在の全体を動員しようとする。創発性や想像力も高く評価されるが、それはこうした能力が迅速な「反応」を可能にし、変革の「リーダー」たることを可能にするからのことである。

諸個人は、こうした欠点のない個人のパフォーマンスという幻想的なモデルに身を合わせるよう求められる。このモデルに魅了された者にとって、この同一化の過程は終わりがない。この世界では、失敗は、避けられないもの、成長させてくれるものとは決してみなされない。失敗は耐えがたいものであり、不安を生み出し、人格を破壊するものとされるのである。この論理を極限まで推し進めると、個々人は、何度も繰り返され、へとへとになるような競争へと駆り立てられ、労働における協調関係、相互扶助関係は破壊され、現実的なものの指標や自己の尊厳すら解体されてしまうのである。

こうした隙のないパフォーマンスというモデルは、人間の存在を機械とみなす考えに基づいている。動機づけやコミュニケーションの際に用いられる道具立ては、人間の存在を解体し、人が操作することのでき、好きなだけプログラムできる基礎的な振る舞いの寄せ集めにしてしまう[18]。

適応型の機械へと還元された人間の行動は、その「最適化」をめざす分類や基準化をもたらすことになる。「内部状態」、すなわち感情や価値観などは、考慮すべき単なるパラメーター、しかも望ましい振る舞いを得るために適切に刺激してやるべきパラメーターとみなされる。ここに、実験科学の人間存在への適応というおぞましい主張を見いだすことができるだろう。観察、通知、コード化、実験、これらがその都度適応されるべき方法論であり、これによってその都度各個人が自分自身の行動に対して持つ関係や、それに与える意味や表象が否認されるのである。

人間存在の基礎的な行動への還元

こうした現代的な道具立ては、ハンナ・アレントが人間を「つねに同一の反応の塊」へと還元すると言う全体主義の試みの道具立てと比較対照することはできないだろうか[19]。全体主義は、人類を特殊化する複数性（これは唯一性と不可分なものである）および創発的な自発性（これは自由と結びつく）を攻撃する。全体主義は「人間を単なる物に、動物ですらない単なる物に変えよう」と欲するのである。「パブロフの犬は、周知のように、腹が空いたときではなく鈴が鳴ったときに餌を食うよう仕込まれた、本性をねじ曲げられた動物だった」のだ[20]。

人間を相互に交換可能な一群の行動様式へと還元するこのような試みは、「科学性というイデオロギー的偏見」に基づいている。これは全体主義にはじまるものではなく、科学主義や実証主義にさかのぼる。これらは全体主義の可能性の条件をなしていたのだが、全体主義はその帰結を極限まで推し進め、このイデオロギー的偏見を実際に実験してみせたのであった。

この科学性というイデオロギー的偏見は、「人的資源」を活用し、評価しようとする現代化の道具立てにおいてもまさに存在している。実際、現代化の道具立ては特定の心理学的アプローチに依拠している。アメリカの行動主義理論がそれである（この教説は、その創設の父たるジョン・Ｂ・ワトソンが書くところによれば、「多くの学者たちが、人間よりも劣る動物についての研究において有益なものとみなしたのと同じ記述的な方法論や手法を人間の実験的研究においても適応すること」に存している）[21]。自己や他者、状況への関係は、刺激—反応という単純な土台からなる図式に従って描きだされる。もちろん、行動主義の創始者たちが考えていたのとはちがい、この場合の刺激はもはや物理学や化学の領域には属さず、反応もまた単に感覚、神経、筋肉ないし腺の反応には限定されない。いまや感情、思考、言語等々のもっと複雑な状況や現象が考慮に入れられることになる。しかし、根底ではつねに同じ機械的図式に基づいているのである。

同様にして、評価の道具立ては人間の存在を機能的で適応型の機械へと還元する。細分化され、「平板化」された各人の能力は、「適応性」や「利便性」をめざして獲得すべき目的たる規範に応じて分類される。評価するとは、行動を数量化することのできるいくつかの指標を用いて、この目的からどれくらい隔たっているかを測ることなのである。さらに、パフォーマンスのモデルは完全であることを求める、すなわち到達することが実際には不可能であることを求めるため、この評価および新たな目的の設定は際限のないものとなるのである。

こうした道具立てを通じて、人間の労働経験は、一群のデータへと還元され、人間の知性は情報をとり扱うメカニズムへと、その専門知識は、専門家たちが熱心に表明する諸々の情報や手続きを獲得するプロセスへと還元される。こうしたアプローチにおいて否認されるのは、まさに、最も機械的なものも含めたあらゆる現象に意味を与え、人間の特殊性をなしている意味を有した世界としての文化である。言語それ自体もまた、一個の道具、刺激剤となり、その扱いは単なる学習の問題とされてしまうのである。フランスの実験心理学者のアルフレッド・ビネーは一九〇三年の『知能についての実験的研究』においてこう書いていた。「刺激ということで理解すべきなのは、単に物質的動因がわれわれ感覚器官に作用を及ぼすということだけではなく、われわれ実験者が、被験者の意識に好きなように変化を引き起こすことができるということである。こうした言語は心理学者にとって非常に貴重な、そして感覚的な刺激物とまったく同じくらい明晰とも言いうる刺激剤となるのである[22]」。

変化させるべき無形の素材としての社会

こうした還元主義的アプローチに関わりあっているのは単に個人ばかりではない。実際、社会全体が変化の対象となっているのである。この点で、クロード・ルフォールが明らかにした全体主義的な組織体の表象は特に明快である。

これは、ルフォールによれば、「純粋な受動性と純粋な能動性」のイメージを同時に凝縮するものである。権力およびその指揮者は純粋な必然性に由来する匿名なものとして現れ、同時に「社会は組織すべき無形の素材、組織可能なもの、共産主義の技術者や建築家の絶えざる介入にさらされた素材であることが明らかとなる[23]」。こうしたイメージによって、全体主義の闘士ないし指揮者の両義性を捉えることができるようになる。彼は、現実に刻まれた必然性の「名義人」であると同時に、「〈主人〉の地位、つまりすべてを見、すべてに名をつける者の地位、あるいは組織者、活動家、大衆を動員する者の地位を占める」のである[24]。このイメージには裏側がある。「組織化の美徳は、脱組織化という観念、つまりつねに脅威となるカオス、攪乱者、社会主義の法に対する妨害者という観念を前提としている[25]」。社会を組織すること、これはすなわち絶えず社会を変化させることであるのと同時に、それに敵対する者たちとつねに戦うことなのである。

　こうした表象は現代化の言説においてもまさに見いだされる。実際、この言説は社会を一種の加工すべき無形の素材とみなしている。多数のコンサルタント、経営者、教育者らによって引き継がれてきた権力は、絶えず改革の新たな「作業場」を開く。彼ら専門家たちは、自分たちは進化の一介の代弁者にすぎないと主張する真の闘士である。ここにクロード・ルフォールが見てとった「純粋な受動性と純粋な能動性」のイメージが再び見いだされる。多くの経営コンサルタント、人材育成の指導員は、多かれ少なかれ意識的に、新たな時代の解放者を自任している。彼らはまさに、「自発性《イニシアティヴ》と刷新《イノヴェーション》の精神を教え込み[26]」、「諸個人の行動様式を定め[27]」、あるいは「賃金労働者の精神に鋳型を刻み込む[28]」ことで、現代社会が必要としているとみなされている新たな人間を形づくろうとしているのである。こうして現代化の鍵となる要素として人的資源を重視することには、「人間は最も貴重な資本である」というスターリンの文句が響いているのだろう。

第3章　生き残りの論理対幸福の約束

とはいえ、こうした全体主義という現象と現代化のイデオロギーとに共通の特徴を全体的にいくつか捉えたとしても、言及された諸々の論点について、両者の混同を禁ずる本質的な差異を見失ってはならない。いずれの場合においても、社会を動員し、自己目的と化した歴史運動へとこれを統合するという意志が問題となっているが、しかしこの運動およびそれに付随する諸々の主張は同じ性質を有するものではないのである。

生き残るために適応すること

ハンナ・アレントにとって、全体主義的な運動観は、歴史を人間的自由の外部に見る近代的な見方に依拠している。この場合の自由とは、内的自由としてではなく、あらゆる予期や決定論から逃れ、新たなものを創始し、刷新する能力として理解されるべきものである。これに対して、近代的な歴史観においては、歴史とは、オーギュスト・コントやサン・シモン主義者らが信じたような実証主義的な認識によって到達することのできる、固有の法則を持った、あらかじめ決定され予期可能なプロセスなのである。

全体主義は、人類の完成をその究極まで導くはずの自然や歴史に内在した法則へと社会や人間を従属させようとする。自然に訴えかけるのがナチスであり、歴史がボルシェヴィキである。いずれの場合でも、さまざまなかたちで人間の変革をもたらす巨大な歴史的運動の存在が公準となっている。「〈自然〉ないし〈歴史〉の法則とは、わずかでも正しく適用されたならば、人類を作り出すことをその究極の産物とするものである。[…] 全体主義的な政治は、人類という種を法則の無謬かつ能動的な媒体へと変質させる。さもなければ人間は、やむをえずこれに受動的に従属するほかなくなるのである[1]」。そして、全体主義がこの歴史運動の法則に現実味を与えるのは恐怖《テロル》によってである。恐怖《テロル》は、障害物を抹消し、運動を加速させ、この法則に完全に従属し、一体となった新たな人類を創造する。「恐怖《テロル》はその鉄の箍によって、諸々の人間の複数性を破壊し、多数の者から〈一者〉を作り出す。あたかも自ら歴史ないし自然の流れに参与しているかのように、誤りを犯すことなく振る舞う〈一者〉である。これは、歴史や自然の力を解放するだけでなく、こうした力を、それだけでは決して到達できないほどの速度にまで加速させる方法なのである[2]」。

現代化が援用する運動はこれとは別である。それは、全体主義のように「地上に正義の支配を打ち立てる手段を見いだした[3]」などとは主張せず、人種間の闘争にも階級間の闘争にも言及しない。現代化の運動とは、生き残るために適応しなければならない際限なき流れとしての社会および世界の進化の同義語なのである。その言説は、プロメテウス〔原義は「先見の明を持つ者」〕とは何の関係もなく、あらゆる歴史哲学や預言主義の外部で展開する。未来は確定されておらず、衰退もありうる。さらに権力は、強制や恐怖によってではなく、説得によってこそ、社会が進化に適応できるように動いていくようにする。自律や責任に訴えかけることは、本当はそのようなものは存在しないことを知らせつつも、選択の自由を前提としているのである。ほかにも多くの特徴的な要素によって、現代化の運動は、全体主義に固有の超人的な法則、人類種を根底的に変質させようとする意図から区別されるだろう。

現代化のイデオロギーは、その主要語たる「適応」および「管理」を二重の旗印として展開する。この適応および管理の言説は、経済法則、市場法則、グローバル化の法則に依拠するが、しかしこうした法則を統御しようなどとは言い出さない。逆に、この言説は自らの無力を認め、抗いがたいものとして現れる進化、できるだけ速くしかもできるだけ上手に適応すべき進化を眼前にひかえ、選択の余地のない、生き残り論理を主張するのである。経済における「特異な思考」と呼ばれるものですら、最悪の状態を避け、雇用に最も適した条件を作り出すための唯一可能なものとして提示されるのである。

不確実な歴史、漂う現在

現代化は、概して予見不可能な経済情勢の偶発性に従った、統御しようもない歴史という見方をともなっている。もちろん、各個人は「未来にむけて積極的に身を繰り出す」ことを促され、現代化とは明日の社会を構築するための経済的・社会的なゆとりをもたらすために進化を統御するという目的を持つとされる。しかしこうした言葉は、いまや危機に瀕した社会主義の輝かしい未来についての心和ませる言説とはほとんど何の関係もない。同様にして、新たな歴史的段階として二〇〇〇年代に頻繁に言及されることがあっても、これは、搾取や抑圧が終わり、新たな治世がはじまるという歴史の進行についてのものではなく、進化が乗り越えるべき新たな挑戦の数々を強調するためなのである。「未来にむけて積極的に身を繰り出す」という計画は、何よりもまず、適性に基づく適応という狭い論理において、各個人の職業的な経歴に関わるのである。

フランスにおける近代化の「栄光の三〇年」において重要な役を担っていたフランス政府計画局は、その役割について評価を大きく下げた。長期経済予測は未来を統御するつもりはなく、いくつかの可能な指針や選択肢を示して、社会が今後直面するはずの試練を強調するのみである。そこで用いられる手法は聞きとり調査に近いものであって、全体的な統御という主張は含んでいない。未来はしたがって、その概略をすべて描くことができるものではなく、情勢の偶発的成り行きに従ったものとなる。こうした未確定の未来という見方は、つねに声高に求められ公然と示されるある種の主意主義――これは自らの無力さを隠しおおせてはいないが――と一体となっているだろう。

「現在の行為をすべて正当化し、とりわけ移行期の世代に犠牲を課す「輝かしい未来」という見方[4]」とは逆に、現代化の名のもとに求められる犠牲は、対立しても無駄な、抗いがたい生き残りの必然性を後ろ盾にして示される。「より公正で友愛にあふれた社会」という展望が、かすかな希望のようにしてこれに接ぎ木される。現行の世代に求められる犠牲は、もはや「輝かしい未来」に結びついていないだけではない。この「輝かしい未来」がどのようなものかも見分けがたくなるのである。緊急性を帯びた社会問題に対して「管理」や「運営」という語がつねに用いられているということ自体が、その法則を統御できるかもしれない広大な歴史的運動という表象の対蹠点にある論理を証言しているだろう。

さらに、未来が不確実性という指標のもとに位置づけられるばかりでない。歴史を参照することそれ自体が問題をはらむものとなる。現代化は、永遠の変化という指標のもとに位置づけられ、歴史に人間的な装いをもたらす意味を有した歴史的連続体のなかにはもはや根を下ろすことはない。現在は、もはや資源を有していないように見える過去からも、退行にもなりうる未確定の未来からもつねに断絶し、それ自身宙吊りになって「漂う」ものとなる。現代化はもはや歴史と関係づけられることはないが、こうした歴史的意味の喪失によってこそ、ビッグ・バン、動植物の進化、経済的、技術的、社会的、文化的変化等々を漠然と混ぜあわせる雑然たる進化論的言説が幅を利かせるようになったのだろう。こうした表象は、進歩という一九世紀的な実証主義的観念の危機を経て登場する。この観念のもとでは、進歩とはものごとの移り行きのなかに機械的に書き込まれているものであり、そこでは科学こそ人類に関わる本質的な問題を解決するものと信じられていたのである。

変化に対する熱狂、マネジメントやコミュニケーションにおける積極行動主義は、「空回りする」現代化の兆候である。すなわち、麻薬のようにして現在時を増強することによって、この空虚を満たさなければならないのである。「無為の時間」ですら駆り立てられ、できるだけ早い反応が求められる。情報は、じっくり考えるのに必要な時間と空間をなくすためであるかのように、「リアルタイムで」経巡るものとされる。こうした緊張と動揺からなる存在様態は、労働にとどまらず、余暇や日常生活にもおよび、希望を失ったわれわれの現代の実存的な虚無を前にした逃避ないしパスカル的な気晴らしの役を担うだろう。ピエール＝アンドレ・タギエフはこう書いている。「現代のエートスである「現在主義」においては、なにがしかのニヒリズム的なものがもちろん認められる。混沌とした、しかしそれ自体宿命と化した世界における「理由なき」熱狂的な動揺に加え、不確実性を乗り越えることができず、「何に向かって」を想像できない、つまり未来がどのようなものか（予見可能なもの）ではなく、未来はどのようなものであるべきか（望ましいもの）を想像できないという身を苛む確実性があるのである」(5)。

「大いなる知」の不在

現代化の言説は、全体主義的イデオロギーにならい、自らは諸事物の次元に刻まれた進化を純粋かつ単純に記録しているだけであるとし、また同様に、表象の象徴的地位を否認し、現実を現実から出発して読みとっているのだと主張する。だが、こうした主張は全体主義と同じような確実性という観点に基づくと言うことはできるだろうか。現代化の言説は、全体主義に固有の、現実と歴史とを統御しようとする常軌を逸した主張と同一のものと言うことができるだろうか。

クロード・ルフォールにとって、全体主義の言説は、自らを現実のなかに刻印されたものとみなすのと同時に、知の優位、すなわち、現実を現実から出発して読みとるという「マルクス主義的科学」の優位を認めるものである。「現実から理論へ、また同様に理論から現実へ、移行はつねに明白である。これが移行であることもほとんど問題にならない。両者は同じ光に照らされているからである。マルクス、エンゲルス、レーニンが聖なる書物の代わりになるとしても、ここには奇跡の起こる余地はない。聖書が啓示しつつ隠し、注釈を求めるのに対し、マルクス主義は真なることに基づいて真なることを告げ、あるいは、よく言われるように、諸事物のなかに刻印された真理を反映するのである［…］。というのも、これこそが驚嘆すべきことなのだが、創始者の言説は、社会的現実と同じように読まれるからである。この言説には、不確実とみなされることは一切ないし、共産主義的構成を乱すおそれのあるものも一切ない。この構成が、すでにこの言説の諸特徴を定めているのだ」[6]。

このように、歴史と社会の法則を統御するという全体主義の主張は「大いなる知」に依拠している。この知は、あらゆる矛盾の痕跡を消し去り、どのような問いや新たな経験もすでに予期し包含している、完結し閉じたシステムとして示される。それは「全体的」かつ「一」なる知なのである。社会と歴史はこうして全体的に認識されたものとみなされる。出来事は否定され、仮借なく「既知」のものへと連れ戻される。こうして、「大いなる知」は「社会の全体」を認識し、社会に散在するあらゆる言説を自らの手中に収める。さらにこれは、固有の目的や法則を有した特殊な（政治的、法律的、芸術的等々の）活動の存在を否定し、あらゆる特殊な知は自らが握り、それら相互の関連もすべて自らが統御していると主張する。この知は、社会のいかなる部分も逃れることのできない一体的社会という表象を構成するのである。

クロード・ルフォールがさらに強調するところによれば、この「大いなる知」は権力を握る極と融合し、まったく新しいタイプの党のうちで具現化される。この党は「知を握る、あるいは、自らのうちにあらゆる物事についての知を凝縮する」[7]。党は、知、能力と行為、理論と実践が合流し混じりあう極であり、そこから歴史を解読することが可能になる場である。党への参加は同時に「大いなる知」への参加であって、このことによってこそ主体は、幻想の上では、絶対知およびその実践に到達できることになる。そして、「そこから排除された者は、同時に権威を失い、思考することができなくなる」[8]。党は、現実的なものと想像的なものが混じりあい、全能という幻想が繰り広げられる「自己愛的享楽《ナルシシズム》の極」なのであり、こうした表象を有するがゆえにこそ、党は人を惹きつける力と支配する力とを行使できるのである。

これに対し、現代化の言説においては「大いなる知」の痕跡は見当たらないばかりか、その逆である。この役を担っていたマルクス主義は危機に瀕し、いまだこれを標榜する者ももはや全体性などは要求しない[9]。現代化の言説は特殊な知の多様性を尊重すると語り、一なるものへと全体化する何らかの総合を求めようとはしない。この言説は、破裂した複雑な社会の確認であり、理論的な典拠も折衷的である。彼らが押し出す知は「専門家」やエンジニアの次元のものである。そこでは、進化に適応するという枠内で最大限に有効性を発揮するために、さまざまな知を「道具化」し、それを「操作的様態」へと変えることが問題なのである。

同様にして、今日われわれはもはや、全能ないし全知を自称し、あらゆるものを認識し支配することを求める国家や党に関わってはいない。逆に現代の権力は世界の複雑さに対しては慎み深い。刻一刻と移り変わる社会的要求や進化に最大限応えようと専門家に助言を求めるのである。クロード・ルフォールの定式を逆転させて、現代化の言説は、不確実性と統御不可能性という特徴を有した「大いなる非-知」として現れると言うことすらできるかもしれない。

「複雑」で「開かれた」社会

同様にして認めざるえないことは、クロード・ルフォールが描いたような全体主義社会の構造は、現代化の構造と類似するというにはほど遠いということである。現代化のイデオロギーによれば、社会は、「各々の要素が関連づけられ一体となって動く大きな器官」というイメージより[10]も、環境との相互作用のなかを生きる有機体の、多くの作用と反作用とを含んだ、ほとんど統御できない複雑なシステムというイメージでもって捉えるべきだろう。このイデオロギーは、たとえ――すでに見たように――社会をこれから組織すべき無形の素材とみなす誘惑を免れていなかったとしても、とかく社会を「管理すべき複雑性」、あるいは「駆り立て」、「動機づけ」、「動員す」べき生きた存在とみなすのである。こうして、企業や社会を、社会活動や生産に内属した合理性を体現し、各々に明確な地位と役割を与え、権力でもってその歯車をすべて制御しうる巨大な組織体とみなす見方を抜け出すことができる。細胞という生物学的モデル、すなわち環境とつねに連結した生きた有機体というモデルが、全体主義に固有の身体-機械という組織モデルにとってかわるのである。

現代化の言説は、地位や役割の固定的な割り当てとは逆に、障壁がないこと、流動的であることを求める。硬直した歯車組織という観念とは逆に、この言説は障壁がないこと、各人が自律していることを求め、「順応性」、「多目的性」、「多機能」、「反応性」等々を称える。こうした新たなモデルにおいては、実のところ、設計者やエンジニアはもはやモデルとはならない。その代わりに、経営者や教育者、あるいはさらにこの両者を兼ねる社会教育指導員《アニマトゥール》〔1〕というモデルが現れることになる。そこで言明される自律と差異の尊重においては、かなり多様な「道具箱」でもって、倫理や説得によって「複雑性を管理」し、「人的資源を活用」することが求められる。もしエンジニアという形象を援用すべきであるとすれば、これはきわめて特異な種類のものであろう。それは、「魂のエンジニア」という、レーニンやスターリンが、共産主義への歩みへとソヴィエト社会を動員するために芸術家たちに与えた役割に相当するのだから。ただし、次のような本質的な差異は残る。個人と集団との関係はもはや同一ではなく、また概略が描かれた肯定的な未来ももはや存在しないのである。

最後に、全体主義に固有の人間存在を基礎的な行動様式へと還元するという試みは、「人間の本性を変質させる[11]」ことをめざすその企図と不可分なものである。この企図そのものは、「すべてが可能である」という「根本的な信仰」に結びついていた[12]。全体主義は、強制収容所という極限状態において、「科学性というイデオロギー的偏見」によって開かれた実験可能性を究極まで推し進めた。強制収容所とは、ハンナ・アレントが語るように、「すべてが可能である」という信仰が実際に適用された「全体支配の実験場」である[13]。こうした全体主義は、「人間が想像力によって思い描くことができたが、どのような人間の活動ももちろんのこと実現することはできなかったもの[14]」をその究極の帰結まで推し進め、実際に実験したのである。

こうした見地は、現代化の評価道具との同一視を一切禁ずるものである。現代化の道具立てもまた、まさに人間存在を一群の基礎的な行動様式へと還元するような人間観を持っているが、しかしこれは全能性に対する同じ信仰、同じ企図によってもたらされたものではない。そこに実証主義や科学主義に結びついた科学性の偏見のかすかな残響のようなものを見ることはできるかもしれない。だが、実証主義や科学主義が社会が約束するとされていた進歩や幸福という観念と不可分なのに対して、現代化の評価道具のほうは、生き残りの論理への適応を推進することを選ぶ。問題は幸福を約束することでも、人間の本性を変質させることでもなく、各人の「適応可能性」と「利用可能性」とをめざし、その能力と振る舞いをできるかぎり評価し、改善することなのである。

こうした道具立ては、諸個人が「変化に直面」することを可能にし、自らをよりよく認識すること、自らの能力を評価し、自分自身の企図を練りあげる手助けをする。こうした手法は、「すべてが可能である」の対極に位置する。個人は抑圧や恐怖によって強制されているのではない。まさにすべては可能ではない世界において自らが何をできるかということをよりよく見積もるために「自己評価」するよう促されるのである。

訳注

〔1〕 社会教育指導員（animateur）とは、地域社会において教育・文化・スポーツなどの社会活動の活性化（animation）を担う専門職である。具体的な活動としては、青年の家、社会センター、ボーイ・スカウトなどの青少年に対する余暇活動を組織することなどがある。日本語で読めるものとしては、ジュヌヴィエーヴ・プジョル、ジャン＝マリー・ミニヨン『アニマトゥール　フランスの社会教育・生涯学習の担い手たち』（岩橋恵子監訳、明石書店、二〇〇七年）を参照。

第4章　非一貫性と権力の否認

すでに見たように、現代化の言説は、全体主義のイデオロギーと同じように、現実の諸々の要素に基づいて、現実や常識から切り離された虚構の世界を構築しようとしていた。だが、こうした虚構がどのような内容や構造を有するか、さらにはそれがどのような種類の参加様式を内包しているかという点に関しては、両者は同じ性質を有しているわけではない。

全体主義の容赦なき論理

ハンナ・アレントによれば、全体主義のイデオロギーが打ち立てる世界は、おそるべき仕方で虚構的かつ一貫している。全体主義は自らのイデオロギーやプロパガンダを真剣に捉え、「最初の前提が受け入れられるやいなや、すべてが理解可能かつ必然的とすら言えるかたちで連鎖する」[1]という妄想にも似たシステムに到達するまでになる。不条理とも言うべき「論理一貫性以上に重要なものはない」[2]のである。

ナチズムの論理は容赦がない。「拘留者が虫けらだとすれば、それを有毒ガスで殺さなければならないというのは論理的である。彼らが精神異常者だとすれば、人々が彼らによって汚染されないようにせねばならない。彼らが「奴隷魂」(ヒムラー)を有しているとすれば、それを再教育しようなどとして時間を無駄にしてはならない」[3]。事実は徹底的に軽視される。ソヴィエトのシステムがほかのどのシステムよりも優れているという主張から出発して、たとえば、偉大なことを成し遂げるのはこの国をおいてほかはない、資本主義諸国はそういうことをするのはまったく不可能だからだ、と演繹できるだろう。こうした「人工的に作られた狂気」はスターリン裁判のいくつかの事例において顕著である。そこでは、「虚構と現実とを分かつ線が、告発の内的一貫性やそのおぞましさによって濁らされてしまう」のである[4]。

クロード・ルフォールによれば、スターリン裁判の犠牲者となった共産主義者たちの告白——これは自分たちが対象となっている虚偽に満ちた告発を結局自分自身で反復することになるのだが——は、圧迫や拷問からだけでは説明がつかない。迫害を受けた共産主義者は、全体主義のイデオロギーの支配から逃れるにはいたらなかったのであり、社会や歴史の解釈の鍵を握り、その外部にはいかなる救済もないという党の表象に従属したままであったのだ。

こうした支配は、ソヴィエトの収容所に拘留された共産主義者らの態度においても見ることができる。かつての官僚機構における彼らの状況は、社会における支配という現実を彼らの目から覆い隠すものであった。いまやこうした現実が目に見えるものとなり、彼ら自身が「パーリア」

と同じようになる。しかし、それでも彼らはこうした現実を承認するわけではない。まったく逆に、彼らの目には、自分たちの拘禁は特段の理由のない、まちがいか誤解によるもののように見える。スターリンは異論の余地なき指導者のままなのだ。彼らは、自分たちの生を自由に操ることのできる収容所の権威を尊重しさえする。収容所の法規はいずれにせよソヴィエトの法であり、それに対立する拘留者は敵とみなされるのである。彼らは、あいかわらず共産主義の布教者を自認しながら、お互いを知的エリート層として相互に承認し、収容所の内部で自分たちの世界を再構築するのである。

こうした「唯物論の法則に明らかに収まらない精神的力」とは何かとクロード・ルフォールは問うている[5]。ルフォールによれば、それは従者たちに対する「岩のイデオロギー」の支配にほかならない。すなわち、党およびその指導者のうちに具現化された「大いなる知」の支配である。「〈大いなる知〉が収容所の試練を受けても傷つかないのは、そこに閉じ込められていた者たちはすでにこの知のなかに閉じ込められていたからであり、これが不落の要塞となるからである。彼らはしたがって壁を修繕する必要はなかった。自らの囲いから外に出ることなく、一つの世界からもう一つの世界へと移ったのである[6]」。

一貫した虚構？

現代化の言説は、これほどおぞましい不条理を主張することはない。そこに支配者の人種や共産主義といった中心的な虚構に相当するものを見つけようとしても無駄だろう。すでに見たように、この言説は、強く構造化された、妄想的に堅固な全体という見方とは反対に、混沌とした世界ないし社会という見方を提示するのである。

現代化が依拠するのは、プロパガンダではなく、あらゆる党派的精神にかかわらず情報を伝えるとされる「コミュニケーション」である。これは、党への参加によってではなく、不安定、動揺、緊張を通じて機能するものである。現代化の立役者たちは、秘密結社のような、はっきりとした構造を有した運動を作るのではなく、自らを自律的かつ開放的な個人、あらゆる教条主義や党派性から解放された個人とみなす。彼らは、道徳を冷笑するとしても、全体主義組織の成員とは異なり、必ずしも「人間の全能に対する固くまじめな信仰」によって結ばれているわけではない(7)。彼らはすべてが許されるとかすべてが可能だとは思っておらず、自分たちは進化を管理し、人格を尊重する倫理や道徳の擁護者だと思っている。彼らは、人権や現行の法規を尊重し、あらゆる物理的強制を禁じ、非暴力的に振る舞おうとするのである。

しかも、現代化の主役たちが自分たちの言説を完全に真剣に捉えているとみなすことはできるのだろうか。これに魅了されている者がいるとしても、それを一般化することはできないし、生が織りなすあらゆるものを現代化のイデオロギーに適合させるということを必ずしも含意するものではない。そのレトリックには、しばしば、ヒエラルキー組織の新たな紋切型の表現を猿真似する出世主義や皮肉な態度が見られる。事情通のダイナミックな若い経営者は、たいしたことを思い込みもせず、何にでも臨機応変に対応し、愛想笑いをして悠々と部下を指揮するが、決して妄想家なわけではない。さらにまた、現代化の主役たちの大部分は、彼らにとっては「実際的な」態度として、現代化に「やむをえず」あるいは「人に合わせて」参加しているのではないだろうか。現代化のイデオロギーは決して「岩のイデオロギー」なのではない。妄想を駆り立てるのではなく、むしろ雑多なものや相対主義を好む柔らかなイデオロギーなのである。

　こうした比較考察を推し進めながらも確認せざるをえないのは、この言説は、その内容やその主張の仕方の点で全体主義のイデオロギーと対立するばかりではないということである。ハンナ・アレントが思い描いたようなイデオロギーという概念そのものがそれには適用しえないのである。実際、アレントにあっては、イデオロギーとは歴史に適用される「観念《イデー》の論理」[8]である。前提として措定された観念から出発して、イデオロギーは、過去、現在、未来という歴史の流れ全体を論理的に説明するにいたる。イデオロギーによって、アレントが「第六感」と呼ぶものがもたらされ、思考が経験や現実から解放され、事物の背後に隠れているが、それをうまく説明してくれるより真なる現実に到達できることになるのである。イデオロギーは諸々の事実を完全に論理的なステップとして秩序立てるため、前提となる観念の論理的帰結とみなされえない事実や出来事はなくなる。[9]この論理は、「自己抑制」をまねく矛盾に対する恐れから力を汲みとっている。かような説明体系においては、人間の自由に結びついたあらゆる創造、あらゆる新奇なものが禁じられるのである。

あらゆるイデオロギーに固有のこうした特徴を、全体主義は不条理にまで推し進める。全体主義のイデオロギーは、その狂気じみた前提（「世界の支配を狙う人種間の争い」や「諸国での権力奪取のための階級間の闘争[10]」）や論理的帰結を特徴としているのである。現代化の言説は、この点においても同様に、その対蹠点に位置する。すべてを説明するとの主張に対しては、謙虚さを装う言説が対置される。この言説は、過去、現在、さらに「未来の確かな予期」をも含めた歴史の全面的な説明を求めたりはしない[11]。まったく逆にこの言説は歴史から分離する。問題なのは、混沌とした世界の「複雑性」を統御することではなく、単にできるかぎり管理することなのである。

同様にして、現代化の言説は、全体主義のイデオロギーとは異なり、諸事物の移り行きを規定し、「より真なる」現実に到達させてくれる「第六感」をもたらすなどとは主張しない。持ち出される査定報告書も、明白な機能不全を「平板化」することに役立つのみであり、それに対処するための解決策も、さらなる議論にはかられるべき単なる提案にすぎないのである。

そればかりか、内的な構造という点では、こうした言説は絶対的に論理的な手続きに従うものではない。非一貫性がその実体をなすとすら言える。現代化の主役たちは、矛盾することに対する恐れと結びついた自己抑制にかかずらうことはない。マネジメントや教育に関する文献は、教義集以外には何でもある。それは、寛容を旗印に掲げた折衷主義と相対主義を特徴とし、布教の主題である自律と責任、開放と対話などは至高の自由を前提とする。ただし、その内容においても形式においても、こうした言説が表明しているのは、筋道を見分けるのが難しい「チューインガムの思考」なのである。

矛盾した命令と非一貫した言説

権力が発する言説の非一貫性にはとまどわされる。権力は、諸個人に自律と責任とを求める一方で、彼らが順応すべき良き振る舞いのモデル（「自律性」、「自発性」、「創造力」、「反応の良さ」等々を証するもの）を提示する評価道具やコミュニケーションのキャンペーンを増やしていく。自律を命じる命令はそれ自身意味をなさないだろう。というのも、これは、目的と矛盾した振る舞いを命令的に課すものであり、諸個人はこの命令に従うことで自律的であることをやめるからである。

こうした状況は、アメリカの人類学者にして精神科医のグレゴリー・ベイトソン（一九〇四年―一九八〇年）が明らかにしたダブル・バインドという現象に固有なものである。この現象は、互いに矛盾した二つのメッセージを同時に与え、それを受けとった者を、分裂症にもいたりかねない困難な状況に置くものである。現代の権力はこうして、社会や諸個人を逆説的な命令に従わせ、これらを不安定化し、緊張と不安とを生み出すのである。

言説の非一貫性および言説と実践とのこうした乖離は、企業ばかりではなく、活動の領域の総体や国家の頂上部にすら関わる。フランスの大統領フランソワ・ミッテランが一九八三―八四年の経済政策の転換期に行なった演説がその驚くべき例であり、また「社会の断絶」に対する戦いを争点として選出されたジャック・シラクが一九九五年に行なった演説もまた、自らの計画と矛盾する政策を推し進めるものであった〔1〕。いたるところで唱えられる柔らかなレトリックは、すべてを、その反対のことまで語り、否認という完璧な技術を用いている。言説はとらえどころのないものとなり、つねに一種のジグザグ運動をする。この言説は、自らが語りかけている相手を、理性的な指標や現実感覚を失わせる不明瞭な論理のなかに閉じ込める。ここでは、権力の新たな指針が幅を利かせ、指針を失った対立者は自分が何をしているのかわからなくなるのである。

すでに見たように（上記第2章を参照）、この現代化の「無定形な権力」は、一見すると全体主義のシステムと共通した特徴を示している。しかし、現実にはそれぞれが従う論理は同じではなく、指導する者と従う者とのあいだの関係も同じではない。全体主義は指導者、党、国家の至上の権力を肯定することを恐れない。これら三者は自らの権力を誇示し、対立者や反対者に直面すると正面から抑圧する。もちろんのこと、現代化の権力はこうしたケースには当てはまらない。

唯一の党および指導者の全体支配

クロード・ルフォールは、全体主義はまったく新しい種類の党を創り出すことがなかったら可能ではなかったと言う。レーニンによって創設されスターリンによって強化された党は「あらゆるものおよびあらゆる人の上」にいることを欲し、権力の専有を狙って構成されている。それは

「全体主義の試みの鋳型」ないし「母型」をなし、[12] その主たるイメージを担い、社会全体の均質化プロセスを予兆する。党およびその行為を通じてこそ、全体主義の論理は社会のなかで十全に展開することができるのである。

全体支配は、同様に、クロード・ルフォールがソルジェニーツィンに倣い「エゴ支配《クラット》」と呼ぶものが表しているまったく新たなかたちの人格的権力をもたらす。スターリンとともに現れるこの現象は、最高指導者を「存在するものの無条件な読解者」とするものである。「エゴ支配」は「〈一〉なる〈人民〉」を体現する。それは「〈一者〉の完全な鏡」であり、[13]「一つに集結し、たった一つの有機的同一性を保持する社会というイメージ」を表すものである。それは、絶対的エゴとして、自己愛的《ナルシシズム》な支配に完全に委ねられる。「観念の上で社会と融合したこのエゴ支配は、自らの〈自我〉のうちにあらゆるものの法を見いだす。言い換えれば、自己の外部には何も認めないのである」[14]。

今日われわれは、こうした唯一の意志のもとで行為し、自らの軌跡以外には何も残すことのない、唯一合法なものとしての党という「〈一〉なる〈党〉」の痕跡を見ることはほとんどない。こうした党の観念は社会において大きく拒絶されるため、あらゆる権威や政治参加を軽視する個人主義を特徴とした社会的・文化的領域ではほとんど根を下ろすことはないだろう。ある党が、「知を握る」あるいは「自らのうちにあらゆる物事についての知を凝縮する」[15] ことを自称しようものなら、それは猜疑心や嘲弄、さらには笑いを引き起こすことになろう。自らの内的機能を気にかける政党にとって、活発行動主義がどれほどまで危機を及ぼすかについては周知のことである。こうした政党はいまや諸々の「潮流」や「感性」の多様性を尊重するようになる。政治勢力にとっても社会全体にとっても「多元主義」が不可欠となるのである。

もはや「至高の導き手」も存在しない。「権力や知の全体を体現し、〈法〉の原理を表し、さらには――この滑稽な特徴も漏らさずあげておこう――詩の鍵すら握り、永遠の若さないし身体の力の美徳も有する」ことを使命とした何らかの政治家がいるなどとは考えにくいだろう[16]。

ハンナ・アレントは、不安定なヒエラルキー、さまざまな部局の競合、すでにある制度を二重化する組織の創設などが、結局唯一決断を下すことのできる指導者という存在を認めるシステムへと統合されていったことを強調している。こうした支配は現代化の無定形の権力にあっても不在なわけではないが、しかし現代化の権力のほうは、いっそう構造的な非一貫性および指導者の存在そのものの否認によって特徴づけられるのである。全体主義においては指導者が専有する絶対権力の探求が問題になり、不明瞭なことや雑多なものが保持されるのも、何よりもまずこの支配をよりよく定着させんがためであった。現代化とともにわれわれが直面するのは、ますます見えなくなる権力、ますます自らの役割を引き受けず、責任をかわすようになる権力なのである。

ますます見えなくなる権力

全体主義とは逆に、現代化の権力は、下位の階層に、しかも最終的には社会や諸個人に対して、担いがたい責任の重みを送り返すことで、自らは姿を消そうとする。社会や諸個人は、明白に自らの姿を現し正面から支配を課してくる指導者に直面するのではなく、自らの働きの外的指標を消去し、逆説的な命令を発する権力、矛盾や抗争を避けつつも一貫してない言説を発する権力を前にするのである。

現代化を担う諸々の職務の名称はいくつもの意味ずらしが見られるのだが、このことはこうした権力の再編成にとって大きな意味を有する。現代の企業にいるのは、もはや「指導者」ではなく「人的資源」の「管理」者であり、監督官ではなく仕事場のリーダーである。人的資源のサーヴィスはいまや多くの人材育成の指導員、心理学者、社会学者も利用することができる。学校においても、「教師＝主人」という形象にとってかわり、「案内者」、「社会教育指導員《アニマトゥール》」、「仲介者」あるいは「人的資源」という形象が現れる。もはや「学監」や「生徒監」ではなく、「進路カウンセラー」や、これに加えて心理学者などがいるのである。

「自己評価」や「自己抑制」に対する日常的となった言及も同様に意義深い。評価と抑制は、他者の言葉や判断によって明白に行なわれるものではなくなった（他者とは単に私自身とは別の個人のことではなく、何らかの制度によって表現され、それ自身として認識可能な要請や規範を代表する、標定可能なヒエラルキーの審級である）。外部の専門家がいるにせよ、それは各個人がまったく自律的に自分自身の「個人計画」を構築する手助けと助言をもたらすためにすぎない。さらにこの計画自体から、各個人が自らの目的を達成するために結ぶ「契約」が生じてくる。こうした段階の各々において、規範はもはや外部から個人の意志へと課されるようには見えない。あたかも、規範はいわばこの個人自身から生じるものとされ、規範に対して距離があるとすれば、それはこの個人自身の脆弱さか内的欠陥によるものであるかのようになるのである。それに対処するには、(良かれ悪しかれ) 各人の意志によるほかはなかろう。

能力評価の道具立てが導入する手法はとりわけ狡猾である。こうした道具立ては何かモデルを課すわけではなく、個人を制御するなどとは主張しない。単に、任意の時点での個々人の能力を映し出し、推定するものとされる。それでもやはり、各個人の能力についての長い一覧は、彼らが評価される際の根拠となるモデルを構成しており、これは、順応すべき規範として彼らに送り返される。だがモデルや規範はそのものとして提示されているわけではなく、制御が課せられているようにも思われないのだ。

このような評価は、社会的条件・関係を考慮の外に置き、個々人を自分自身に直面させるのだが、このことによって、人は罪悪感を感じるようにもなる。これによって、個々人は、自らの能力、自らが置かれている社会的・職業的条件、自分自身の未来について責任を負うものとされるようになる。こうした評価に基づいて、個々人 (とりわけ最も困難を抱え、最も優遇されない最も弱い者たち) は、自分たちに欠けている能力を獲得させてくれる訓練「計画」ないし「課程」を自分自身で立てることができる (あるいは立てなければならない) のである。

個々人がこの「計画」を進めるために個人的に結ぶ「契約」は、自分自身の状況は自分自身に完全に依存しているというこうした考えを補強する。活発な道徳的言説（「腕を下げないように」とか「手をとりあう」とか「自分の計画を作る」等々）が最後にこのプロセスに添えられる。これに関わるのはとりわけ「求職者」である。一九八〇年代、失業者数が拡大していった時代に、社会問題担当大臣は、求職活動にあまり熱心なようには見受けられない失業者たちに対し講義も行なったのである……。

このようなタイプの権力によって、各人は自分自身に送り返され、担うこともできないほどの責任を負わされる。「変化」――しかも自分自身の変化ばかりではなく、各人が働く集合体の、さらには現代化を進める社会全体の変化――に対して「責任」を負う「主役」たれという命令は、深刻な不安定化をもたらすものである。権力がかつて有していた、明白な指針と選択を発信したり引き受けたりし、各人に自らの位置を定めることを可能にする極という象徴的な機能こそが消え去ったのである。

もはや諸個人は、自分たちが対面しうる堅固で一貫した対抗者も、保護してくれる中間的な集合体も持たず、逆説的な状況を生きることになる。彼らは、一貫していない指針を引き受け損ねたことの成功ないし失敗について責任を負わされる。集合体は解消し、社会関係は悪化し、個人間の関係だけが残される。そこではもはや、これまで幸運にもやる気をそいでいた第三者審級によって対面関係が調整されるということもなくなるのである。こうして各個人は、すべてが自分自身の能力に依存するような状況に置かれることになる。ここではその人格すべてが直接問題となり、感情や欲動の奔放な表現が好まれるようになる。「モラル・ハラスメント」と呼ばれるものが、社会関係の心理学化を明らかにしてくれるだろう。さらにあらゆる種類の治癒行為が、権力の危機や、ますます自らの役割を引き受けなくなっている諸制度の危機に対して、一種の社会的な臨床医務室として現れてくるのである。

訳注

〔1〕ミッテランの経済政策の転換とは、当初社会主義的政策を掲げていたミッテラン政権が、緊縮財政へと転換し、産業の再編成など新自由主義的な「現代化」政策を推進するようになったことを指している（訳者解説も参照）。また、ジャック・シラクは、一九九五年の大統領選挙において「社会の断絶」に対する戦いをスローガンに掲げ、雇用政策を優先課題としたが、大統領就任後、社会保障費を中心に緊縮財政へと転換した。とりわけ公務員の年金制度改革に対しては、六八年以降最大のゼネストが引き起こされた。

第5章　全体主義と穏やかな野蛮

こうした比較考察を経ることで、全体主義に固有の特徴のうちのいくつかが、異なる論理に従うものとはいえ現代化のイデオロギーの特徴と重なるものであることが確認できる。まさにこれこそがわれわれが直面する逆説であり、理解すべきことなのだ。以上の分析から引き出される共通点と差異とを要約しておこう。

現代化は、永続運動と永続的な歴史的創造の過程にある社会というイメージをもたらし、現実や常識からは切り離された虚構の世界を形成する。また現代化は、無定形の権力に依拠し、国家と社会、統治する者とされる者との区分を曇らせる。さらに、さまざまな手段によって、人間を基礎的な行動様式の総体へと還元し、社会を、専門家らの絶えざる介入に従属した無形の素材とみなすのであった。こうした現代化の諸相は、まさに全体主義のことを思わせるものである。

しかし同時に本質的な差異が残る。現代化の言説は、歴史の運動法則を統御するなどとは主張せず、不確実な未来という歴史観を提示する。また、すべてを知る知を掲げることもせず、逆に実践的な管理人であろうとする。「すべてが可能」という信仰とは逆に、現代化の言説は統御することのできない世界において生き延びるための論理を提示するのである。さらに、全体主義の「岩のイデオロギー」の容赦なき論理とは逆に、雑多なものや相対主義を保持した非一貫したものとして現れる。この言説が結びつく権力は、もはや唯一の党や指導者の至上権を肯定するのではなく、多元主義や多様性を要求する。この権力は、その無定形な性格ゆえにますます目に見えないものとなり、責任をかわすことができるようになるのである。

こうして、見かけ上多くの類似点が存在するとはいえ、これら二つの論理は逆を向いているようにも思われる。こうした一致と差異とが逆説的に混じりあっていることをいかに理解するべきだろうか。

抗争の否定と「〈一者〉幻想」の逆転

クロード・ルフォールの解釈はここでもわれわれの助けとなるだろう。彼がとりあげる全体主義の特徴はすべて、差異のない統一体の探求という幻想的な論理に基づいている。全体主義のシステムを全面的に司っているのは「非-分裂という表象」、「〈一者〉幻想」である[1]。全体主義の「イデオロギー的母型」をなす主要な表象（「〈一〉なる人民というイメージ」、「組織体というイメージ」、「永続的社会の創造」、「社会の自己透明性」[2]）、さらには支配システムの骨組（「〈一〉なる〈人民〉」、「〈一〉なる〈権力〉」、「〈一〉なる〈党〉」、「〈エゴ支配〉」[3]）などはすべてこの幻想によるものである。この幻想は、その反対物をも有している。「邪悪な〈他者〉」という、均質で一体となった社会の外部に排斥されたものである。

内部分裂の否認と拒否もまた、ルフォールによれば、全体主義の核心にある。こうした否認と拒否はどのようなイデオロギーにおいても見られるものだが、全体主義のもとではこれらが究極にまで推し進められ、社会において前例なき力を発揮する。これらはもちろん現代化のイデオロギーにおいても見いだされるが、それらが主張される仕方は全体主義とまったく逆である。分裂や抗争の否認は、全体性や統一体という旗印のもとでなされるのではなく、逆に混沌とし破裂した社会という見方をもたらすものなのである。あらゆる領域における「差異」の尊重と承認に対する恒常的な参照がその最もはっきりとした特徴である。

この意味で、このイデオロギーは、社会の分裂や抗争の否認の、まったく新たな、ポスト全体主義的なあり方とみなしうるのである。ここで考えざるをえないことは、自由や自律、さらには多元主義について、これらを絶えず価値あるものとみなし、称揚しつつも、同時に非難することは可能だということである。

社会関係をなんとしても平穏なものとし、「良き」行動様式のモデルを内面化させるという主張こそ、諸個人と社会を画一化する意志を特徴づけるものである。これこそが、正当な権利でもって穏やかな野蛮と形容することのできるものである。このことは、夢想主義や言語の柔和さによる幻想は長く続かないだけにとりわけそうである。ここでもたらされる平穏化は、ある種の攻撃性を帯びており、誘惑が失敗した場合には、領域を変え、公然と現れることもある。このとき、コミュニケーションや教育の言語に続いて、強制と抑圧が現れることもある。夢想的な言説と権威主義的な手段の援用とが混じりあい、両者のあいだで揺れ動くというのが今日のマネジメントおよび教育の特徴なのである。この観点では、穏やかな野蛮とは、権威の象徴的指標の衰退を特徴とする社会的・歴史的状況において、「人間存在を構成する他者に対する攻撃性[4]」を今日的に示す、新たな錯綜した形態とみなすことができる。

だが、こうした次元が現実のものだとすれば、強調しなければならないのはこの新たな現象の特異性、すなわちその見かけ上の穏やかさである。諸個人が同じ鋳型に流し込まれるのは、自律、創発性、多様性という名のもとにおいてである。現代化の言説は、多元主義や差異への権利という主題を――その内容と真に直面することは避けつつ――、民主主義の明白なしるしのようにして振りかざす。こうして「民主主義的」な行動様式が導出されるわけだが、これは交流を行なうことは避けつつも、開放と寛容とを外的な、つまり目に見えるしるしとして顕示するものなのである。「コミュニケーション」の増殖的発展はこうした論理に完全に与するものである。「コミュニケーション」はつねに対話や協議を賞賛しつつも、一種の隠蔽を行なうことによって、当の対話や協議を不可能にするのである。

この言説は、すでに見たように、一定の領域では人を魅了しうるが、広範かつ積極的な参加を求めるものではない。それは、未分化の全体のなかで諸々の意味を目立たなくさせる柔らかなイデオロギーなのである。現代化の言説が、全体主義の言説と同様に、「あらゆる議論から養分を吸いとり、あらゆる手段に訴え、矛盾をものともしない」としても、[5] それは「大いなる知」に基づく確実性という観点を肯定するためではない。それは、現代化の言説の屁理屈が、意味を有する対立を一切拒否し、虚無を追い払おうとすると同時に保持しようともする回避の論理を顕示するからなのである。そしてまさにこうした手段によってこそ、この言説は解体作業を推し進め、「相互承認や同胞同士の関係の土台」や、「社会関係の潜在的な力や、相互関係の根本的紐帯」を切り崩す。[6] 交流の象徴的次元を狙うことで、人間的なものの構成要素を狙うのである。

こうした解体という次元は、粉々に分散するまでにいたる混沌とした社会ないし世界というイメージにおいても見いだすことができるが、さらにまた、評価道具によって自分自身との不安を募らせる対面関係のなかに位置づけられた個人の断片化されたイメージにおいても見いだすことができるだろう。

割れた鏡の効果

現代化の言説においては、すでに見たように、権力は匿名となり、言うなれば、社会の、あるいは個人全員ないし各人の変形《デフォルメ》された顔を持つようになる。国家、社会、個人は、逃れることのできないように見える全般的な混乱の構成要素となり、そこに自らを適応させるしか選択はなくなる。こうした包括的な見地に参入するには、破裂した世界を永遠にさまよう小片ないしアトムとして参入するのでなければどのようにすべきなのか。

こうして、社会と個人が目の前に自分自身の変形《デフォルメ》された像を見るという奇妙な鏡の効果が成立する。こうした自己愛的《ナルシシズム》な二元関係から外へと脱出させてくれる第三者に対する参照はすべて消去され、他者は自分自身の形象、それが生み出す捕捉‐魅了（captation-fascination）の形象にほかならなくなる。(7) とりわけ――そしてここに穏やかな野蛮の最も面くらわせる、まさに狂った側面があるのだが――、こうした自分自身の形象は、未分化であり、意味も有さない。この行程は特異なものである。これは、社会や諸個人に対して自分自身の脱人間化された像を見せるわけだが、そこで彼らは自分の姿を認めないのにもかかわらず、それでもそこに自己同一化するよう促されるのである。社会や諸個人は、自己同一化を不可能にし、あるいはまさに致死的にする鏡の前に居あわせる。そこに映った自分の姿を破裂した小片としてしか認識できないのである。この同一化的解体という論理は自己破壊の不安をはぐくむのみであろう。混沌とした世界という表象が、ますます空虚で、未分化になる言語と一体となるだけになおのことそうである。

クロード・ルフォールは「身体イメージと全体主義」という論文のなかで、「全体主義の閉ざされ、画一化した想像空間において鎖を解かれた」「死の衝動」に言及している。(8) 穏やかな野蛮は、全体主義とは異なり、破裂した世界という見地を通じた解体および細分化の作業を成し遂げるのである。

現代化の権力が行使する支配は、それが隠されているだけにいっそう強く現れる。だが、実のところ、この新たな現象を理解するには支配という用語はふさわしいものなのか。この現象は、社会学の古典的なカテゴリーではうまく説明できない。マックス・ウェーバーの考えを使えば、[9]支配とは、支配と従属とを内包するある社会審級と諸個人ないし諸個人からなる集団とのあいだの非対称的関係と考えることができる。この結びつきは単なる強制ではなく、支配されている側がこの状況を受け入れるという正当性を内包するものであった。

現在の新たな状況はこのようなものではない。非対称的関係は、「社会的要求」に依拠するとされるある種の正当性のために否認される。こうした正当性は、マックス・ウェーバーが描き出した諸類型には呼応しないものである。[10]この正当性は、管理という観点で、権限や手続きを絶えず参照するものであり、この点で合理的・合法的なタイプの正当性と形式的特徴を同じくするものであるが、しかし諸々の権限領域を区切る境界やヒエラルキーの体系をあいまいにするという点でそれとは一線を画する。この正当性の言説は、ウェーバーが近代社会がうまく機能するために不可欠のものと考えた安定性や予期可能性の逆を行く、反官僚主義的なものなのである。

エミール・デュルケムのアノミーという概念は、われわれが検討している現象により適しているように思われる。[11]それによれば、安定した行動の枠組の不在が、集団的な次元においては「有機的連帯」の断絶を、個人的な次元においては意気喪失と狼狽をもたらすのである。われわれが生きている時代は、集合的権威が有する統制的な力が働かなくなり、社会的生についての強制ももはや簡単には受け入れられなくなった混沌とした時代である。だが、現在の状況の新しくまた逆説明的な側面は、明白な規則の不在こそが、制度を担う当の人々によって、社会的組織化および枠づけの新たな様態のなかに統合されたという点に存する。アノミーによる管理ということが人間に対する統治の新たな様態となったのだろうか。あるいはまた、われわれはここで社会的存在の人間学的次元のよりいっそう構造的な危機に関わっているのだろうか。

この問いに答えるのに先立ち、われわれは比較検討をさらに進め、ハンナ・アレントやクロード・ルフォールが解釈した、全体主義を可能にした諸条件およびその発生を検討してみなければなるまい。この検討によって、われわれは穏やかな野蛮の特殊性と新奇さとをよりよく理解できるようになるだろう。

第6章　似たような可能性の条件？

ハンナ・アレントの解釈は、全体主義の徹底的に新奇な側面とその内的論理とを明るみに出すばかりでなく、それを可能にした特有の歴史的、社会的、心理的条件をも明らかにするものである。『全体主義の起源』第三巻の第一章において、アレントはこうした条件の総体を提示している(1)。ここでもまた、まずこれが現代の民主主義社会の条件とどの点で比較しうるかを強調し、さらに両者の差異を示したい。

アレントによれば、全体主義という現象が生じるためには、家族や階級への帰属といったこれまでの諸個人の指標であったもの、諸個人を保護していたものが次々に破断され、アトム化された諸個人からなる大衆の時代が到来し、「孤独化（désolation）」の経験が生じるとされていた。

一貫した虚構を渇望するアトム化された諸個人からなる大衆

ハンナ・アレントは、こうした条件がいかに生じてきたのかをなぞりながら、特に産業革命が果たした役割を強調している。産業革命によって、それまで生の強制から身を守る指標であった家族や所有権が解体される。さらに続けて、人口の多くのカテゴリーにおいて、根無し草、無用な者になったという感情が生じる。しばらくのあいだは、階級への帰属意識およびその社会的連帯のメカニズムが、家族集団というかつての連帯感にとって代わることができた。だがこの階級システムはヨーロッパのいくつかの国において崩壊し、集団における連帯感の消失をまねくことになる。こうした階級という保護壁の破壊が、「社会的アトム化および極端な個人主義化」や、「孤立や通常の社会的関係の欠如」にいたるのである。(2)

こうした人々を統合する紐帯は、「否定的でおそるべき連帯」、すなわち共通の利益に基づく組織(労働組合、異種職業組織、政党、地方議会等々)には統合されないような連帯である。「階級という保護壁の崩壊によって、これまで政党の背後で眠っていた多数派が、激高した個々人からなる無定形の一つの大衆へと変容した。彼らは、次のような漠たる意識のほか、何も共通ののものを持っていなかった。すなわち、政党に所属する者たちの望みは虚しく、したがって、共同体の最も敬われ、最も教養のある代表的な成員たちは愚か者であり、あらゆる既成の権力は、道徳的に悪いとは言わずとも、ばかげたインチキだという意識である(3)」。

この状況は、第一次世界大戦後、とりわけドイツやオーストリアのような、失業とインフレが軍事敗北に続く社会の解体と結びついた国々で広がった。根無し草となりアトム化された諸個人、「どの政党も、あまりに無感覚でばかげており注意を払うに値しないとあきらめていた、政治的なまったく無関心だと思われてきた群衆」[4]が、全体主義の運動の主要部分をなすことになるのである。

ハンナ・アレントの解釈は社会的条件に限られない。彼女によれば、こうした条件は、心理学的、あるいはより正確に言えば実存的な次元に緊密に結びついている。すなわち世界に対する新たな関係性の経験が問題なのである。根無し草となり、自らを無用なものだと感じた個々人は、共通の世界に帰属しておらず見捨てられているという隔絶感を抱く。自分自身、他者たち、そして世界に対する信頼という根本的な関係性が損なわれる。彼らは、ハンナ・アレントが「孤独化（désolation）」と呼ぶ経験を持つようになる。これは、孤立（isolement）や独居（solitude）とは異なる。孤立は人間が活動することを妨げるものであり、独居のほうは、自らの思考に随行するものとしての自己という感覚の喪失や、われわれを世界に結びつける信頼の喪失において現れるものである。これに対して「孤独化」は、人間の生全体に関わり、「人間の最も徹底的かつ最も絶望的な経験の一つである、世界に帰属していないという隔絶の経験」をなすのである[5]。

この孤独化の経験は、かつては老いなどの極限状況においてのみ経験されるものであったが、二〇世紀に入り大衆的な現象となった。諸個人は、自らのうちに引きこもり、自尊心も失い、何も重要なものはないと考え、次のような特有の心理を示す。すなわち、「個人的利害の根底的欠如、死やほかの個人的な災害に対する皮肉な、あるいはうんざりした無関心、生の規則といった最も抽象的な考えに対する情熱的な傾倒、そして最も明白な常識的な規則に対する全般的軽視」

である。[6]

こうした孤独化という大衆的な経験の上にこそ、「一貫した虚構の渇望」に応える全体主義的イデオロギーが接ぎ木されることになる。おそろしいまでに虚構的な世界を作りあげる全体主義のプロパガンダは、こうした根無し草となった大衆の欲求に合致するのである。「全体主義の支配の理想的な主体は、筋金入りのナチや共産主義者ではなく、事実と虚構の区別(たとえば、経験の現実性)や真と偽の区別(たとえば、思考の規則)がもはや存在しない人間である[7]」。

今日においても、ハンナ・アレントが描いたのと同じような社会的・心理的条件を見いだすことができるのではないか。

同じ条件?

伝統的な家族や階級への帰属の破壊はまさに現在的な現象である。また、「福祉国家」の危機と呼ばれているものによって、社会保障を支える連帯の制度的メカニズムが侵食されることとなった。これに六八年五月がその一つの主要な契機となっている文化の危機の諸効果が組みあわさり、さらに一九七〇年の後半以降の大幅な失業者数の増加などによって、それまで共生のありかたを構造づけていた社会的・文化的指標がかなりの程度弱体化されたのである。

政治組織や組合組織を蝕む危機が、現代という時代のもう一つの特徴である。労働組合の成員数は七〇年代の終わり以降減少し、活発行動主義の危機が組合や政党などの組織全体に影響を及ぼすことになった。これらの組織は、裏金問題や内部分裂などが明らかになることで、きわめて信頼を落とすようになる。さまざまな政府が行なってきた管理的政治は、左翼／右翼という区分を侵食し、政治的な活動が何かを変革させる力を持つということに対する深い疑念を惹起した。投票に行かず、政治を好まない傾向の増加が民主主義社会の特徴となる。より広く言えば、指導する者とされる者とのあいだに隔たりが刻まれたのだ。ハンナ・アレント曰く、「あらゆる国に大衆が潜在的に存在し、めったに投票に行かず、政党にも所属しない政治的に無関心かつ中立な人口層の多数派を構成するのである(8)」。こうしたものが、全体主義を可能にした諸条件と近いと見られる要素である。

とはいえ、二つの社会的・歴史的条件の差異はそれでもやはり明記すべきものである。連帯を支える制度的なメカニズムは、排除という現象を根絶するにはいたらないものの、それでもやはり持たざる者たちに社会的援助を供する。今日の失業者が置かれた状況は戦間期のそれとは一緒にできない。より根本的には、民主主義的社会は広い同意《コンセンサス》を目的とする。この社会は、革命的展望によって内部から問いただされることはもはやない。階級闘争ももはや過去のような中心的位置を占めてはいない。諸々の社会関係の相対的な平隠化、対外的にも対内的にも同定しうる敵の喪失といった特徴を有した状況においてこそ、穏やかな野蛮の言説は姿を現すのである。こうした状況は、過去のいくつかの全体主義が再び出現するのに最適であるようには見えまい。

ハンナ・アレントは、さらに全体主義的体制の境界を次のように定めていた。『全体主義の起源』第三巻を書いている時点では、アレントは、全体主義的体制を一九三三年から一九四五年のその崩壊までのナチス・ドイツ、さらに一九二九年からスターリンの死までのソヴィエト体制に限定している。(9) ソヴィエトについては、この場合、全体主義の後に一党独裁が来るとされ、またナチス・ドイツは、ムッソリーニのようなファシズムからも、またほかの全体主義的な独裁体制からも区別される。

今日では、アレントが描いたような条件はむしろ旧共産諸国において見られるだろう。そこでは旧体制の解体と経済危機にともない、狂信主義、外国人排斥や人種主義などに適した土壌が生まれ、大衆のあいだで共鳴し、新たなタイプのカリスマ的指導者が姿を見せている。だが、こうした結びつけについては、新たなデータも考慮に入れることによって、かなりニュアンスをつけるべきだろう。世界的な情報化の時代における民主主義モデルの影響、単にヒトラーやスターリンの反復にとどまらない新たな指導者像などである。

同じタイプの個人?

今日個人が置かれている状況を検討しようとすれば、「大衆的人間」と近しい特徴を挙げることができるかもしれない。家族の危機、階級への所属意識の解体、失業の膨大な増加は、新たな根無し草の感情や各個人のアトム化に行きつくのではないだろうか。

精神分析家や精神科医が明らかにした新しい型の精神病理は、大衆的人間の心理と合流するようにも見える。アメリカの社会学者、クリストファー・ラッシュは、六〇年代のアメリカの医学文献をとりあげながら、この新しい症候について次のように語っている。「患者は「あいまいで混乱した実存的不満」を訴え、「自らの生が、形を持たず、とるに足りないもので、目的を欠いている」と感じる。彼は「しっかりしてはいるがしつこく残る空虚さと沈鬱という感情」や、「自分を評価することに激しく躊躇し」、「他人と打ち解けることが概して困難」であることを表現する。彼は、強く、賞賛される存在に自らを結びつけることによって安心し、彼らに受け入れてもらえることを強く願い、彼らの助けを受ける必要性を感じる。彼は日常生活において責任を果たし、また場合によってはある程度の成功を得ることもあるが、しかし幸福感が欠けており、自らの生が生きるに値しないもののように見えることもしばしばある[10]」。

これに対し、アラン・エランベールは、その著書『自分であることの疲労』において、現代の鬱病的状態の新たな兆候を、恥や罪の感覚の不在、自分自身に対する内的空虚感や不安定感などに見ている[11]。ここに、アレントが描いた「大衆的人間」の心理にふさわしい特徴が見いだされるのではないだろうか。とはいえ、次の二つの、互いに深く関連している差異については強調しておく必要がある。新たな個人主義の病理は、強固な自己同一化の不在や活動の抑制に結びついた、内的減退、空虚感によって特徴づけられる。アレントが描く孤独化の経験とは異なった、「自己同一化プロセスの危機[12]」や「内的空虚さ」の病理が存在するのである。新たな個人は、「個人的利害の根底的欠如」を顕わにするのではなく、ラッシュが強調したように、自分の個性やイメージが開花することを気にし、その振る舞いがどのようであるかに不安を抱く。他者は「彼に対してつねに賛同や賞賛を注がねばならない」のである[13]。現代の先進社会に生きる個人は、アレントが語るような「個人的利害の根底的欠如」も「死やほかの個人的な災害に対する皮肉な、あるいはうんざりした無関心」の証左とはならない。まったく逆に、この個人は自分自身の利害を気にし、老いることや死ぬことの恐れを強く感じるのである。

この個人は一種の内的憤怒を感じることもあるが、これはまずもってばらばらの個人的な欲動行為として現れることになる。その居心地の悪さは「自分であることの疲労[14]」という深いアパシー状態と不可分であるが、いかなる虚構や組織、指導者があったとしてもそれに対する救いとはならないだろう。こうした抑鬱状態こそ、この病理を特徴づけるものである。この病理は、悲しみと疲労、活動を創始することの困難が支配的となった存在様態によって示されるのである[15]。

こうした要素は、なんらかのモデルに自己同一化することのできない新たな個人の特徴である。今日の個人は、おそろしく一貫した虚構を有した一枚岩の党に大勢で参加することはしないし、「至高の指導者」に自己同一化することもない。逆に、彼らは多少なりとも自分たちの「自律」を損なう政治参加をおしなべて疑い軽視する。こうした新たな個人主義こそが、われわれが後にその起源を追うことになる社会的解体‐再形成と一体となっているのである（下記第8章参照）。

とはいえ、このことは必ずしも新たな虚構や新たな扇動家《デマゴーグ》の魅力を排除するものではない。ただし、こうした虚構や扇動家は過去そうであったものとは同じではない。民主主義が長く根づいている国にあっては、極右勢力、外国人嫌悪、人種主義の再出現は全体主義と同一視できまい。フランスにおけるルペン主義、オーストリアのイェルク・ハイダーやイタリアのシルヴィオ・ベルルスコーニといった人物の台頭は極右的主張の進展の兆候である[16]。しかし、今日の扇動家は、過去の煽動家と同じ言説や同じような権威的なルックスを持ってはいないのだ。よりリラックスし、ほほえみを浮かべた彼らのイメージはよりメディア的である。もちろん彼らが民主主義に対して危険を示すことにかわりはないが、しかしそれでも彼らは全体主義に属するわけではない。全体主義にこだわることは、民主主義の否定の新しい、より仔細な形態に対して目を閉ざすことになりかねないだろう。

だがこの点をより深く考察する前に、クロード・ルフォールの解釈をとりあげながら、検討をさらに続ける必要がある。

全体主義と民主主義の逆説的な系譜関係

クロード・ルフォールによれば、全体主義は歴史のなかで無から出現するのではないし、民主主義社会とは何の関係もない一種の新たな残虐性でもない。「全体主義はある政治的な変異に由来する。それは民主主義的モデルを反転させるが、しかしそのいくつかの特徴を幻のように延長するのである」[17]。こうしたアプローチは、全体主義をわれわれが生きる社会に対して根底から異質で異常な現象とする通常の解釈とは一線を画すものである。この意味で、ルフォールは、全体主義と今日の民主主義とのあいだに存在しうる関係を明らかにするうえで貴重な貢献をもたらしている。

ルフォールによれば、民主主義は歴史的に規定される一連の諸制度のうちの一つの政治体制に限られるものではない。それは、自らが歴史的に到来したことの「メタ社会学的」な検討に照らしてその意味を明らかにすべき社会的現象として理解されるべきものである。それゆえに、ここではこうした系譜関係において全体主義を理解し、民主主義の到来を未聞の社会の創設として、全体主義がまさに覆い隠そうとした問いのかたちを開くものとして考えるべきなのである。この中心的かつ複雑な主題こそ、ルフォールの解釈の概要をなぞることで明らかにすべきだろう。

民主主義の形成は、社会がかつて典拠としていた宗教的ないし神話的世界から社会が引き離れていくことと不可分である。社会はかつて、不変のもののように思われた社会秩序の原理や指標を引き出す結節点を有していたが、いまはもはやそうした結節点は有してはいない。社会そのものの基礎づけについての究極の保証がもはやないのである。社会秩序の正当性についての問いがこうして開かれる。「社会的なものの原因は社会的なものに連れ戻され」、社会は人間的世界の地平の枠内で理解されることになる。

民主主義とともに打ち立てられるのは、こうした不確実性を原理とし、したがって常なる問いかけと意味の探求とを原理とする社会である。さらに、かつては社会の外部の秩序から自らの正当性を引き出すことでヒエラルキー型の社会の全体で覆い隠されていた人間間の分裂が目に見えるものとして現れる。こうして社会的なものが思考可能となり、それに内属する不確実性および分裂が思考可能となるのである。結局のところ、民主主義とは「権力、法、認識が根本的な不確実性によって試練にかけられる社会、統御しえない冒険の舞台となった社会である。そこでは設立されたかに見えるものは決して樹立されず、既知のものもつねに未知のものによって浸食を受け、現在という時間は、それぞれ同じ時間から少しはみ出した——未来という虚構においてのみ名づけうるものとなる——多様な社会的時間を含み持つ、何と呼んでいいかわからないものとなる。この冒険においては、同一性を探求しても、分裂の経験を捨て去りはしないのである[18]」。

民主主義は、こうした未聞の状況に対する可能な返答としての全体主義を自らのうちに含んでいる。社会は、こうした不確実性や分裂を廃するための想像上の解決策として全体主義的な幻想に与するのである。社会が超越的秩序への依拠をなくしてしまった後で、全体主義は社会に対して新たな絶対的基礎づけをもたらそうとし、一種の超越の内在への反転をもたらそうとする。肯定的に捉えられた社会それ自身が、ここでは第一の基礎づけとみなされるのである。全体主義はこうして社会を自己自身に閉じ込める。全体主義は「権力と社会とを再び接合し、社会的分裂のあらゆる兆候を消し去り、民主主義の経験につきまとっている不確実性を禁じ」ようとするのである[19]。

イデオロギーの誕生

民主主義と全体主義とのこうした逆説的な系譜関係は、イデオロギーの形成を検討することによって捉えることができる。これは近代国家の誕生とも関わるが、イデオロギーとは超越的な知への依拠を一切忌避することを特徴とする新たな言説を構成する。イデオロギーとともに、社会についての説明は、もはや神話的ないし宗教的な基礎づけに結びつけられるのではなく、社会をそれ自体から説明しようとすることになるとルフォールは強調する。ここで浮かび上がるのは、社会やその法則を現実的なものの基礎とみなし、さらにはそれらをすべて統御しようと主張する実証的認識の企図である。この企図から出発してこそ、全体主義的イデオロギー、社会や歴史をその全体において解明し統御することを求めるこの〈大いなる知〉が生まれることになるのである。

全体主義の言説がもたらす以下のような諸々の表象もまた、民主主義が創設したこの新たな「世界経験」に起原をもつ。まず、正当化のための宗教的ないし君主的なよりどころが解体され、「有機的社会のヒエラルキー」が破壊されることによって、「権利上均質な空間」という社会の表象が生まれる。ここで形成されるのは、あらゆる分裂や矛盾の解消という幻想である。ここから、人民《プープル》という形象が生まれる、すなわち、いまだ曖昧模糊でありつつも主権を保証し、とはいえ「自己同一性の常軌を逸した肯定という脅威」をも含み持つものが生まれるのである。(20) 同様にして、伝統的な社会的枠組の解体や社会的条件の画一化の進展にともない、「世論」——強力かつ匿名で、規範を有し、それゆえに潜在的に全体主義的なものである世論——が形成される。これらの表象はしたがって新たなものではない。民主主義においてもこれらの表象は潜伏していたのだが、ルフォールによれば、全体主義は「社会的なものの存在を力強く認める」ことでこれを引き受け、「それにまったく新たな実効性を授け、新たな運命へとさらけ出す」のである。[21]

しかし、ルフォールが指摘するように、イデオロギー的言説は、もはや社会に対して神話的ないし宗教的基礎づけを結びつけないとはいえ、それでもやはり〈人類〉、〈進歩〉、あるいはさらに〈秩序〉、〈祖国〉等々といった観念や規範の超越性を認めている。こうした言説は「同語反復《トートロジー》にとりつかれている」。「「家族」、「所有権」、「社会」といった語、あるいはまた「自由」、「平等」、「進歩」や「科学」といった語は、正当化を一切要しない知を凝縮する」からである。[22]だが、こうした「話す必要性もなくなるほどの確実的な地点」を探求しても無駄である。というのも、「探求されているものは、到達できないものだからである。すなわち、それは社会的なものを超えた地点、社会的なものそれ自体についての確実性なのである。そして、この参照されている当のものの消失自体がイデオロギーの起源にあるのである」。[23]〈人類〉、〈進歩〉、〈秩序〉といった観念は、それ自体で足りるということはなく絶えず自らの正当性の根拠を供し続けなければならない。こうして言説の連続的な自己正当化のプロセス、「言葉のひけらかし」が続くわけである。イデオロギー的言説はそこで絶えず事物を名指し続け、多数の考えを表明し、議論を引き起こし、そして、自らの内的不和の効果ゆえに、「知らないうちに」、社会的なものと言説との隔たりを生み出すのである。

クロード・ルフォールによれば、「ブルジョワ・イデオロギー」は、たった一つの言説を作り出すのではなく、むしろ「複数の支配的言説の分散」をその特徴としている。(24) たとえこのイデオロギーが、民主主義とともに浮かび上がってくる多様性を全体的表象のうちに包含しようとしたとしても、それでもやはり、出発点においては、こうした差異化の過程の正当性を認めており、そこでは、あらゆる言説を手中に収めるという意志は潜在的なものにとどまっていた。これに対し、全体主義のイデオロギーは、「ブルジョワ・イデオロギー」の散在した言説を同じ規則へと従属させ、一つの全体のうちに統一し凝縮しようとするのである。

現代化と不確実性

こうした解釈によって、現代化のイデオロギーは新たな光のもとで照らされることとなる。現代化は実際のところ、民主主義に随行するイデオロギー的言説の多くの特徴を備えている。現代化は、社会に対して外的な秩序に依拠するのではなく、逆に自らの正当性の土台を内在的進化に求め、絶えず自らの妥当性を証明しようとし、その一方で、形式的にはあらゆる領域で多様性を承認し、個人や社会の自律を訴え、つねに対話を呼びかけるのである。この意味で、現代化のイデオロギーは民主主義の枠内にしっかり収まるものである。しかし、それでもやはり、その特殊性を構成するのは何かという点を見ずにこうした確認にとどまるわけにはいかない。

より仔細に見てみると、現代化のイデオロギーは「ブルジョワ・イデオロギー」の延長として考えることができるばかりではない。その特殊性は民主主義の諸々の特徴を極限まで推し進めること、ただし不確実性を確実性で満ちた言説によって覆うことをめざす全体主義のような見地においてではなく、逆に民主主義が意味を失い、解体した状態にいたるまで、不確実性を推し進めることに存するのである。

この言説は、われわれが生きる世界には真に確実で安定したものなど何もないことを絶えず思い起こさせ、まずもって、そこで明白なものを見たり物事を統御したりしようとする欲望の一切を骨抜きにする。社会秩序は、不変のものをもはや何も持たず、つねに変化にさらされるため、集団の恒常性や永続性それ自体が問いに付されているように思われるほどである。質疑や議論は際限なく続くように見えるが、政治参加、政治行動との関係は断たれている。私的生活、公的生活、政治、科学、技術、動物や人間の行動等々について、さらけ出され、問いただされ、議論に付されない領域はもはやないのだが、このことが物事の進行に何らかの影響を及ぼすわけではない。際限ない、あらゆるテーマについての議論とコメントが、民主主義のしるしであるかのようにして露骨に掲げられるのである。情報化の形式的ないし人目につく側面が強調されるが、その内容については忘れられる。常軌を逸した反転によって、内容そのものがコミュニケーションの媒体とみなされるようになるのである。ここではコミュニケーションは空虚化し、ループし、同じ言説を無限に繰り返す。議論や討論も争点がなくなり、売れっ子の司会者が上演する舞台と化す。クロード・ルフォールの表現を別な意味で用いるのならば、民主主義は、ますます混乱しますます一貫性を失う諸々の言説で満ちた「空虚な場」として現れるのである。

最後に、無視することのできない重要な差異がもう一つある。〈人類〉、〈進歩〉、〈秩序〉という観念は現代化の言説の根本的な依拠とならないばかりではない。何らかの観念への依拠という考え自体が、ますますあやふやになるのである。この点こそが、以下で、クロード・ルフォールが分析したような「ブルジョワ・イデオロギー」の危機と進展を検討しながら理解すべきことである。

第7章 「見えないイデオロギー」

クロード・ルフォールはイデオロギー的言説の進展に注意を払い、一九七〇年代からすでに、それ以降広く発展することになるある現象を予期していた。「見えないイデオロギー」と題された短いテクストにおいて、[1]ルフォールは西洋民主主義におけるイデオロギーの危機に呼応して形成された新たな言説を分析している。「われわれは、この言説は、一九世紀の後半に最も有効に機能していた表象システムをいまだ用いているが、これはもはや社会的な想像界の中心にはないということを確信している[2]」。さらにこう付け加えている。「強調されるべきことは［…］、現代の言説が、全体主義とブルジョワ・イデオロギーの双方に対して持っている関係は何か、これがイデオロギーの一般的起源においてどのように書き込まれているかということである[3]」。このかぎりにおいて、現代化のイデオロギーは、とりわけこうしたイデオロギーの再編成の兆候として現れるだろう。さらに、ここでこのルフォールの解釈とつきあわせることによって、その新奇さをいっそう明らかにすることができると思われる。

新たな隠蔽の論理

ルフォールが一九七〇年代初頭からその特徴が芽生えてきたとする新たなイデオロギーは、全体主義と民主主義の双方に内属する矛盾を防ぐことを目的とするものである。全体主義的な言説は社会的なものと融合しようとするが、とはいえ権力によって担われ、「蔓延した虚偽」、「抑圧の単なる隠蔽」として現れる。「ブルジョワ・イデオロギー」のほうは、つねに脆い存在である。社会における分裂を隠そうとするが、確実な指標を再び提示できるわけではないからである。そこで確立される「新たな隠蔽の論理」は、「ブルジョワ・イデオロギー」と「全体主義的イデオロギー」を危機にさらすこうした欠落に対して対処しようとするものなのである。

この新たな言説は、ルフォールによれば「上から語らず、大文字も用いない(4)」。それはもはや〈秩序〉、〈進歩〉、〈国民〉などの超越的な観念に依拠することをやめ、「グループ」や社会的「コミュニケーション」といったテーマを全面に押し出す。こうした言説は、生産の領域にとどまらず、教育や政治活動、組合活動や宗教活動等々にも波及する。各人が当然のごとく参与するよう促されるこうした「グループ」という表象は、「出自の問い、正当性の問い、各々の既存の制度での対立関係やヒエラルキーなどについての正当性や合理性の問いを排除する傾向がある(5)」。ラジオやテレビはコミュニケーションのイデオロギーを社会全体に伝播させるが、これもまた同じようにあらゆる問いを覆い隠し、諸々の主体が参与している舞台を隠蔽する。「ショーと化した討論が絶えず整備され、経済、政治、文化などあらゆる生活の側面をとり囲み、最も粗野なものから最も高尚なものまであらゆる主題を扱うようになるのにともない、相互性というイメージが、社会関係のイメージであるかのようにして現れてくるのである」(6)。

こうした社会的コミュニケーションのイデオロギーはどこにでも現れる。それは「生の声という虚構」や、「声が障壁なく行き交う成熟した民主主義という表象」をはぐくむが、他方で「討論の限界は目に見える舞台の外部で決定されており、進行役の中立性はそもそも彼が持っている命令原理を覆い隠す。さらには権力の保持者たちが、彼らによって舞台裏で運命が決められてしまう人々と同じ平面に現れる」のである(7)。ラジオやテレビは、発言している者との偽の近さ、偽の親しみによって「われわれのあいだ〔内密なここだけの話〕」という幻想を生み出すのである。

このイデオロギーは、「社会的コミュニケーションやグループへの帰属に対する信仰」を内包しているが、これこそが、主体がまずもって参入しており、どのような異論も受けつけない「見えないわれわれ」という「原初的な紐帯」を支えているのである。このコミュニケーションの想像的次元は「現実の試練とは隔たったところで、社会的紐帯の保障を与える。それは、一つの背景《バック・グラウンド》、あるいは伴奏――音楽でこのように言うように。ただしこれは一般的なコミュニケーションの一形態にすぎないのだが――を供するが、この背景とは土台なのであり、伴奏とは社会の分裂という容認しがたい事実によって絶えず織りなされた裏地なのである」(8)。こうして行為者たちは、あらゆる差異や分裂、対立を無化するコミュニケーションの無意識的な回路に組み入れられるが、彼らはこれがどのように上演されているかは分からないのである。

「すべてが当然のもの、語りうるもの、見えるもの、知りうるものであることが明らかになる」(9)。この新たな言説は、自らがたゆまぬ対話であろうと欲し、「自らの内部で反論者の立場を鼓舞する」。主体は「あらゆる対立の両極を体内化する」よう促される。この言説は「すべてが透明になる際限のない言説」なのである。(10) こうして、他者性や分裂の痕跡はすべて覆い隠されることになる。クロード・ルフォールがさらに付け加えるところによると、こうした「際限のない語り」は、現在という時の魅惑をともなうものである。この言説は、永遠の新奇さという特徴を持つものとして提示される。「全体主義が、未来における進歩を現在の進展とする歴史の真理を粗暴に認めることによって、時間の亀裂という危機から自らの身を守るのに対し［…］、新たなイデオロギー的言説は、新奇なもののしるしとなるものをすべてわが物とし、これを高めることで、歴史的なものという脅威を消去しようとするのである」(11)。瞬間性や新奇さの称揚は「視界を遮り」、可能的なものについてのあらゆる問いかけを妨げることになろう。

企業についての表象においても、同じ方向性での変化が見られる。ルフォールの観察によれば、新たな組織モデルは、外から持ってきた学問知識を適用するものではもはやなく、実際に存在し、各人がそこに挿入されているとみなされるシステムをモデルとする。「こうした組織の表象は、もはや実行する者と指揮する者という区別や、人的労働と生産手段との区別には合致しない。それは、これらの項をすべてつなぎ、従属関係を消去することで、人間の欲望や選択とは独立した合理的命令のもとで自動的に機能するように思われる構造へそれらを関連づけるのである」[12]。グループや社会的コミュニケーションや新たな組織モデルについてのこうした表象が証言するイデオロギーの再編成は、「ブルジョワ民主主義」と全体主義双方の矛盾を考慮しつつ、ますます見えなくなる支配関係や内部の分裂をさらに隠蔽しようとするのである。

同じ現象か？

こうした新たなイデオロギーは、現代化の言説の本質的特徴にこの上なく対応しているように思われる。実際、現代化の言説もまた「大文字を使わず」、その権力を見えないものにするものであった。諸々の観念の超越性はなくなり、社会に内在した進化に依拠するようになる。「権力の保持者たちが、彼らによって舞台裏で運命が決められてしまう人々と同じ平面で紹介される」というクロード・ルフォールの表現は、現代の新たなマネジメントに見事に当てはまるだろう。現代化においても、絶えず加速する進化に依拠しながら、新奇さがつねに称揚される。これにできるだけ速く適応せよというたゆまぬ呼びかけによって、ほかの可能な選択についてゆっくり考えることもできなくなる。マスメディアにおける活発行動主義は、行為者たちに語らせ、何も禁止はしていないふりをする。それは「透明性」を求め、どのような矛盾もどのような一貫性も軽視する紋切り型の論戦のなかにあらゆる対立関係を組み込む。現代化の言説はこうして「声が障壁なく行き交う成熟した民主主義という表象」を顕わにするのである。

さらに、クロード・ルフォールによれば、この新たなイデオロギーにはもう一つの特徴があるが、これはとりわけ現代的なものである。すなわち、個々人の評価にあたり、人間科学、とりわけ心理学に新たな役割が与えられるということである。「実際、心理学こそが主体に対する知の表象の組織化を引き受ける。それは、行為者について、単にその能力だけではなくその人格についても評価するという幻想をもたらし、こうした幻想を、一連のテスト、アンケート、インタヴュー、科学性を装った装置のなかに物質的に書き込む。その役割は、「組織の人間」というイメージを固定化すること、このイメージを他者についての知として顕わにすること、非人称的な規範という幻想を生み出すことで権力の保持者の顔を見えなくさせること」の三つである。[13] この「評価された個人としての自己という幻想」は学校においても浸透している。「現代教育学の支配的なテーマの一つである自己評価というテーマが、教師の存在を消去し、権力の言説を見えないものとするには最も有効であるということはわざわざ指摘する必要があろうか」とルフォールは付記している。[14] こうした教師の消去にともなって現れるのが、「通俗化した科学知識の専門家や小役人たちの知の支配」である。「彼らは、たとえば幼児教育について、男女交際について、性について、組織の秘密、空間の秘密などについて、毎日毎日真理を分配している」[15]。今日では何と言えばよいだろうか。

ルフォールによるこのような民主主義社会の変容についての分析はとりわけ力強い。そして現代化のイデオロギーの数々の特徴はここでもこれに呼応するのである。現代化は、イデオロギーや権力表象の再編成について、つまり権力が社会の総体においてどのように自らを肯定し、どのように再展開するかについての兆候である。現代化の言説や道具立ての意表を突くような特徴もまたこの再編成に関わっている。こうした変化は確かに重要である。これは、社会が、集合体として、指導する者‐される者の関係をどのように表象しているか、民主主義の実際の現実をどのように問いただしているのかに関わっているからである。とはいえ、現代化の言説とその道具立てをイデオロギーの再編成という次元にのみ還元することは可能なのか。

実のところ、われわれが明るみに出そうとしている現象はあまりに新奇で意表を突くものであるために、それを特徴づけるには「イデオロギーや権力の再編成」と言うだけでは不十分である。粗削りながら、問いを提起するとすれば次のようになるだろう。言説が、意味を持たないもの、もはや同意を求めないものになるにいたるほど一貫性を欠くようになったとき、それでもなおイデオロギーについて語ることはできるのか。われわれが関わっているのは、新たなかたちの権力なのか、それともその解体なのか。「再編成」という語は、全体を構造化するという考えを含んでいるが、この語は適当なのか。

「想像的なものの狡知」、あるいはその解体？

クロード・ルフォールは、この見えないイデオロギーを、「想像的なものの狡知」という意味での新たな「戦略」のなかに位置づけている。新たなイデオロギーがその効力を発揮するのは、それが権力を見えないものにし、あらゆる差異や矛盾を消去する全体のなかへ各個人を挿入し、これを各個人の根源的な帰属とする点においてである。

こうした要素は現代化のイデオロギーのなかにもちろん見られるが、このイデオロギーは本当に、隅から隅まで、支配関係や不確実性や社会内の分裂を覆い隠す必要性に関わっているのか。われわれが関わっているのは、同じ隠蔽の企ての単なる延長なのか。イデオロギーを新たな歴史的状況に延長しただけなのか。われわれが直面している現代の現象は、私の見るところ、もっと根底的な意味の無化や解体といったプロセスに関わっている。ここで問題なのは、単に自由な発言を舞台に上げるということではなく、言語を脱構造化してしまうコミュニケーションなのである。現代化の言説は、「声が障壁なく行き交う成熟した民主主義という表象」をもたらすが、声がこうして行き交うことによってそれぞれの声自体がもはや聞きとりがたいものとなってしまい、不安定化という効果が生み出される。クロード・ルフォールが示唆していた「背景《バック・グラウンド・》音楽《ミュージック》」は、混沌とし意味を失っていく。こうした言説のなかに主体がとり込まれることによって、議論すべき諸々の指標や社会で行動すべき指標が侵食されるのである。この現象が惹起する問題は、実のところ、支配や分裂の隠蔽という問題よりもいっそう意表を突くものである。その形式においても内容においても、言語と意味とを解体してしまう言説の意味というのはどういったものでありえようか。この場合、あいかわらずイデオロギーの再編成について語ることはできるのだろうか。

同じ問いは、見えないものとなっていく権力およびヒエラルキーについてもあてはまる。もちろん、現代化の権力は、隔絶した決断や強制の審級として現れないようにしている。だが、それが同時に示している責任の回避は、こうした枠組みに完全には収まらない。権力の言説が抱える諸矛盾や非一貫性についても同様である。これは、権力の保持者たちと、彼らによって舞台裏で運命が決められてしまう人々とを同じ平面で示すという――もちろん現実的な――目的に呼応してはいない。したがって、統一体を象徴する権力への同一化が不可能になっただけではない。個々人は、自らが不安定化される逆説的な状況に身を置くことになるのである。

穏やかな野蛮という概念は、こうしたイデオロギーおよび権力の再編成によってもたらされたいくつかの非人間的な効果を説明しようとするものである。だが同時に、この概念は、このイデオロギーおよび権力のまさに中心に巣食うより根本的な非人間化のプロセスを描くものでもある。これは、一種の「ブラック・ホール」のようにして、このイデオロギーや権力の役割を無化し、それを解体プロセスへと追いやるのである。結局のところ、イデオロギーという用語による解釈がめざしてきた究極の点は、これであるように私には思われる。

全体主義とイデオロギーの再編成とを対照的に検討した後では、したがってもう一歩踏み出さなければなるまい。われわれが関わっているのは「想像的なものの狭知」なのか、あるいはその解体なのか。われわれは社会的存在の人間学的次元の解体というより根本的な現象に直面しているのではないだろうか。こうした問題を明らかにするためには、ここ数十年のあいだに社会が経験した文化的・政治的変動に立ち戻る必要がある。とりわけ、穏やかな野蛮とも部分的に関連する社会表象の解体の発端となる二つの歴史的状況、すなわち六八年五月とそれに続く抗議の時代、さらに自由主義の波と現代化を特徴とする一九八〇年代である。私が、第2部において、拙著『六八年五月　不可能な遺産』および『穏やかな野蛮』ですでに提示した考えのいくつかをまとめながら繰り返したり、あるいはさらに展開したりせざるをえなかったのはそのためである。

第2部　解体の起源

第8章　転覆

六八年五月とそれに続く一九七〇年代は、それまでキリスト教、フランス革命、労働運動を特徴とする共通の文化に依拠しながら展開してきた歴史における、一つの転換点をなしている。ここで問題なのは、六八年五月やフランスの異議申し立て運動の時代を「総括」することではなく、この運動によって広がり、歴史、集団、制度に対する新たな姿勢に決定的な影響を与えた数々の表象を明らかにすることである。

この異議申し立て運動は、民主主義社会の歴史の暗黒面を称揚し、根を持たず対抗する相手も持たない個人の自律を肯定することで、ある解体化の過程において前衛的な役割を果たした。この運動は、先進社会が民主主義と和解をする際に感じる困難をそれなりの仕方で証言しているのである。左翼行動主義〔1〕がもたらしたこうしたテーマはそのまま社会に普及したわけではない。一九七〇年代後半は沈静化していたものの、ある行程を経て、その後社会的・歴史的な新たな情勢をもたらすことになったのである。

六八年五月　いかなる遺産か

六八年五月の「学生コミューン」[1]における異議申し立て運動はきわめて両義的である。この運動は一九世紀の産業的な想像力に由来する社会モデルを批判的に検討し、[2]第二次大戦の終焉以来ずっと進められてきた現代化の目的についての問いを独自の仕方で提起している。さらには、個人や社会の公的事柄への参与の必要性をも言い表している。そうすることで学生コミューンは、社会の調和や万人の幸福に終止符を打ちかねない経済的、科学的、技術的発展に内在し、物事の秩序に組み込まれていた進歩という観念を直接嫌疑にかける。そこでは、経済学者や技術者の言説は、それだけで自足する機能性や合理性の名のもとで諸々の指針や選択を覆い隠し、かつ正当化するイデオロギーであると批判されるのである。

経済的・技術的発展に中心的な価値を置く社会のなかで、この運動は共に生きることの目的を公的討議の核心に据える。生産と消費の間断なき成長、それは一体何のためなのか。われわれはいかなるタイプの社会を望んでいるのか、というわけである。この時代のテクノクラート的イデオロギーに抗して、民主主義的討議や選択の共有なくしては進歩はありえないだろうということを思い起こさせるのである。そこで主張される個人的ないし集団的自律の要求は、権力や硬直化した官僚主義を問いに付すものである。すなわち、競いあって財を蓄積したり、上辺をつくろったり、あるいは個人を社会的身分や役割へと同一化したりすることに現れる画一主義が問われるのである。

しかし、それと同時に、逆説的にも、この運動は共に生きることの構造をなす指標の徹底的な問いなおしを意図せずにはじめている。学生コミューンは、一つの創設的契機として経験され、過去から白紙状態を作ることができるような絶対的な開始点という幻想を獲得する。こうして六八年五月の最も急進的なテクストは、過去から遺産を引き出して現在のなかでそれに新たな重要性を与えるという「再発掘」などまったく考慮することなく、文化的遺産の全面的拒否と脱構築に訴えかけるのである。

権威、権力、制度といった観念は、支配や疎外などの観念と同一視される。レイモン・アロンは、疎外の概念のあいまいな利用法とこの概念が行き着いてしまう袋小路について強調するのを忘れてはいなかった。「多数の個人が意識と社会生活との乖離によって体験することを疎外と呼ぶならば、疎外とは、文明そのものを獲得する際に支払われるべき代価となるのではないだろうか」[3]。こうした根本的な批判の対蹠点において、自律への訴えが辿り着くのは、自発的な表現や生を、あらゆる象徴的な媒介に対する唯一の正当性のしるしとするような自己弁護である。こうして、まさに共に生きることの人間学的な次元が損なわれることになるのである。

六八年五月の遺産の不可能な部分は、[2] さらに、歴史的発展の新たな段階に入った社会における民主主義の新たな形態に関して提起された諸問題を広く隠蔽することになった。六八年五月の出来事は、多くの人が望んでいたような政治や文化の刷新をもたらすどころか、この不可能な遺産に結びつき、まったく別の方向へといたる。それは、それに続く年月において多彩な顔で現れた左翼行動主義によって極限にまで押し進められることになるのである。

われわれはまだ民主主義のなかにいるのか

異議申し立て運動は、六八年五月以後の自由に対する抑圧と侵害に反応して、一貫して恐怖と憎しみとを保持する「強い国家」によってあますところなく支配され、これに従属した社会という見方を提示する。これによれば、抑圧は日常的なものであり、ついには社会生活のすべての部門を包含するにいたる。視聴覚メディア――ラジオ、テレビ、大部数を誇る新聞など――の技術によって、権力は世論を「また別のやり方で睡眠状態にして」[4]、操作する。抑圧や日常的な愚鈍化から誰も免れることができないように見える。こうして「ファシズム」の問いが、まさに民主主義社会のただなかで再び問われることになるわけである。

このファシズムというのは、もはや一九三〇年代のような軍靴と軍旗をともなうものではなく、識別できないものになってしまうほどに、より悪質で、より広範なものとなる。それは、政治や共同体の法に関するあらゆる圧制現象だけでなく、搾取や抑圧といった現象をも包含することになる。それは社会のあらゆる機構のなかに浸透し、その思想が万人に染み込むまでにいたるのである。結局、「何百万もの人がファシズム体制のなかで生きるより仕方がないような生活を送っている。彼らは自分の存在をまったく統御できないのである」[5]。ファシズムは大戦間期の一政治体制に限られるものではなく、「現代国家の本当の、標準的な性質[6]」となるのである。

六八年五月に由来する欲望の解放の擁護者たちにとっては、ファシズムは性的抑圧と密接に結びつき、万人に関わるものである。革命的フェミニストたちは、性的抑圧が、そのほかのあらゆるものに決定的な影響を与える根本的な抑圧、つまり家父長制と結びついているとみなす。女性の活動家のなかには、あらゆる男性のうちに眠れるファシズムがあると考える者も多くいる。同性愛分野における革命的運動（FHAR）にとって、「ファシズムは男性的でしかありえず、ファシズム的男性性しかありえない[7]」。「異性愛的弾圧者」は当然のごとくこの男性性を表明し、FHARは「ファシスト的性規範[8]」に攻撃を加え、破壊しようとする。それ以降、ファシズムは正確な政治的意味を完全に失い支離滅裂な概念となる。抑圧とファシズムは、あらゆる権力や権威、それどころか、社会におけるあらゆる組織的な生をも拒否するための象徴的な用語となるのである。

左翼行動主義の潮流は、こうした主題を持ち出すとき、自分たちの考えを幾人かの著作家から借りてくる。しかし、著作家があくまで文人であり続けるのに対して、左翼行動主義は彼らの仕事を利用して、現行の権力や制度に対する全方位的な批判を繰り広げるのである。

こうして、ミシェル・フーコーの権力概念が参照項として利用される。フーコーにとって、権力は直接的な抑圧によってのみ作動するものでもなければ、単にイデオロギーにのみ結びついたものでもない。権力はある種の型、つまりさまざまな規範を課し、そこに適合しない人たちを排除しながら、ひそかに進行し、普く広がるものである。権力は身体や精神に自らの痕跡を刻印し、その最も親密なところにいたるまで、「統制し」、「規律化し」、「規範化」する。監視や性の処罰はその最たる例である。このように考えられた権力は、社会的なるもの、文化的なるもの、身体、精神など、あらゆるところに侵入する。権力は「多様な形態や多様な価値をとり」[9]、社会的なるもの全体に浸透しているのである。民主主義社会はイギリス人哲学者ジェレミー・ベンサムの夢をまさに実現したかのように見える――ベンサムは一八世紀に、自らは見られることなく全体の監視を可能にするパノプティコンの原則に従って組織された「労働の家」を想像していたのだった。

問いに付されることになるのは法廷、精神病院、監獄といった監禁を行なう機関だけでなく、知や規範に関連するあらゆる機関である。たとえば病院、勤労者医療、学校、大学など社会的部門や教育的部門もその例に漏れない。権力は、知が制度と連結し、支配と排除の実践を統御するかぎりにおいて、その中心に存在している。そして、拡散し、内在した、社会全体に血液を送り込むような諸々の審級のネットワークによって作動する。こうして権力は、その姿がどこに現れるかもわからなくなると同時に、あらゆる疑念――最もとるに足らない関係や言説にも実態を隠した権力は宿っているのだろうか、といった――に対して門戸を開くことになるのである。

欲望の解放を説く潮流は、現代社会に芽生えているファシズムという考えを増長するものをヴィルヘルム・ライヒのうちに見いだす。ライヒにとって、ファシズムとは、その奥底に性的抑圧を前提として成り立つものであった。「満足を得ていない、つまり性的欲求不満」が大きければ大きいほど、⑩ファシズムの魅力は大きい。ファシズムの基盤は、反動的な男女の性的苦悩のなかにあり、欲求不満の彼らに逃げ道を与えるのである。ファシズムによって作動する心理的な原動力や無意識のメカニズムは、人間社会のあらゆる組織、また世界にあるすべての国々に存在している。そのうえ、「性格構造にファシズム的な感覚や思想の要素をもたない人間はただの一人としていない」⑪。この路線において、ジル・ドゥルーズとフェリックス・ガタリは次のように言っている。ファシズムは、「ファッショ的パラノイア」⑫のかたちをとった欲望の無意識的備給に基づくものである。この欲望の無意識的備給によって、社会的ヒエラルキーの各段階で、またあらゆる組織の内部で権力が形成される。こうした「権力のファシズム」は、何らかの仕方で、理性、秩序、法の体系のなかに位置を見いだそうとするあらゆる言説にエネルギーを与える。したがって、それはこの社会においてつねに芽生えているものであり、だからこそ人は恐れることなく「普遍化したファシズムの進行」⑬を語ることができるというのである。

生まれたばかりの政治的エコロジー運動もまた、独自の仕方で、左翼行動主義に固有の権力とファシズムについての幻想を表している。核産業は、当時の有名な文句によれば、「警察社会」であるにとどまらない。それは数万もの人々からなる「軍事組織化された技術者カースト」によって指導されたものである。このカースト制は「数千人の民間人を統制、支配」し、「軍事装置として、核の巨大機械の技術的至上命令の名のもと、その支配を実行する」⑭。「原子力発電からファシズム発電へ」いたるまで[15]、その道程は完全に辿ることができるように見える。原子力エネルギーの発展はいずれ「テクノクラート的全体主義[16]」を引き起こしかねないとされるのである。

エコロジストや第二左翼が依拠するイヴァン・イリイチにとって、産業社会は、個人の自律を妨げるその諸々の装置と制度（大企業、学校、健康システム……）によって、大規模な社会生活の全面的な操作とプログラム化を行なうものである。科学と技術は「人間の精神に道具をあてがう」ことに専心し、「生まれてから死ぬまで、人々は世界規模に拡大した学校に恒常的に閉じ込められ、惑星規模の大病院で処置を受け、テレビのスクリーンに昼夜抗いがたく釘づけにされるだろう。〈巨大組織〉の世界はこのように機能するのである[17]」。プログラム化され、操作され、「理性の悪夢によって生み出された怪物のようになった[18]」人間は、死の直前の、何とか生きているこの状態のまま生き続けるのである。イリイチにとって、「官僚主義的ファシズム」が樹立される可能性は排除されるべきものではない。のしかかる恐怖に脅かされながらも、人々はそのとき自分の運命を「ビッグ・ブラザーの手と、その匿名のまなざし」に委ねることになるだろうからである。

歴史の総決算

ポスト六八年の異議申し立て運動を活気づける論理は、合理性の次元にではなく、歴史の総決算という次元にある。極左は絶えず歴史の最も血なまぐさい諸々のエピソードを引きあいに出しながら、現実に不正と抑圧があるという事実をとり上げる。当時の良識に逆らって、まさに社会が成立している基盤をなす罪と影の部分を、それを知らぬふりをしたりあるいは追い返したように見えるこの社会に対して、絶えず想起させることが重要なのである。パリ・コミューンから、ヴィシー体制や植民地戦争を経て、強制収容所にいたるまで、歴史は全体として残忍きわまりない野蛮さに特徴づけられている。その相続者に相応しいのは権力の座にいるブルジョワジーである。こうして、細かい区別などはまったくされないままに、民主主義社会の歴史はその最も陰鬱な部分の数ページに要約されるように見えるのである。

こうした見地からは、民主主義や共和主義の成果を認めることは何であれ、過去の過ちや罪を隠蔽するものとして、あるいは覆い隠したがっているものとして非難される。そこで引きあいに出される文化や社会の表象は、西欧的価値、民主主義の恩恵、社会進歩の保守的な擁護とはまったく逆のイメージを構成している。それによれば、警察はヴィシー政権以来変わっていないように見え、経営者側の自警団、民兵、極右集団、例外裁判所[3]、軍隊などは内戦を準備していることになる。進歩した民主主義社会の世界は脅威に満ちあふれているのである。

政治的エコロジー運動もまた現代世界と人類の未来について実に陰鬱な絵図を描いている。科学技術の進歩とは、万人にとって全般的な繁栄と幸福とをもたらすものとして考えられていたが、その実それは地球における、また社会における生活の低下でしかないというのである。経済成長の重視は非難の的となり、経済成長というのは、満たすことができないほど急速に欲求を増大させ、浪費を引き起こし、地球を荒廃させ、世界を滅亡に追いやるとされる。再生不可能な資源の枯渇、汚染、気候変動、人口過剰、世界的な飢饉の脅威といったものに、核の災厄の危険性が付け加わる。人類は陰鬱な日々を生き、危機に瀕している。千年単位の恐怖が信ずるに足るものとなるのである。

いまや歴史は「逆方向に歩んでいる」ように思える。ジレンマの二つの項が変わったのである。もはや社会主義か野蛮かのあいだにジレンマがあるのではないのだ。とはいえ、人類はあいかわらず次のような二つの両極端の選択肢しか持っていないようである。生産様式や消費様式の徹底的な変化か、短中期的な大惨事か。エコロジーの意識化か、地球上生命の終焉かという二項である。両者のあいだの断絶は徹底的なものであることが望ましいが、こうした断絶はいまや「否定的な」必要性として表れることとなる。すなわち、人類を脅かす大惨事に対しては、徹底的な変化しか解決策がない、というわけである。エコロジストたちは説得や教育を通じてわれわれにそれを知らしめるべく熱心に活動するのである。

自己参照的自律と欲望を抱く主体

あらゆる権威や権力に対する疑念、歴史や現代社会に対する暗いイメージは、歴史にも制度にも根ざすことのない、自己参照的となった自律の要求をともなうものである。過去の世代や来るべき世代に対する負債や義務の念、従属的な関係の一切が、自律を侵害するもの、自由を疎外するものと感じられる。この観点からすると、社会的生における強制と要求、さらに感情的な関係は、個人の主権に対する堪えがたき浸食とみなされることになる[19]。

この自己参照的な自律は、まずもって自分自身の自己実現を案じる、欲望を抱く主体の表出をともなうものである。自らの主体性を超え出るあらゆるものに対する自己犠牲と義務感は、しばしば疎外を招く抽象化として、あるいは病的な論理として嫌疑にかけられる。それまで——自分自身の子どもを含む——他者、集団、最良の未来のためにという同意がなされていた個人の犠牲は、不鮮明な欲望に左右されてはいないだろうか。また、この個人の犠牲は時代遅れのモラリズムの兆候にすぎないのではないだろうか、といった嫌疑である。論証的で首尾一貫した言葉に対し、個人の欲望、感情、情動の解き放たれた表現こそが真実性の証拠をもたらすものとされる。個人の成熟は現在のなかで生きられ、瞬時に燃え尽きる快楽と一体となるのである。

文化的左翼行動主義がもたらした欲望を抱く主体というこの新しい形象によって、活発行動主義や政治活動に対する見方に根本的な変化が生じる。活発行動主義も政治活動も、歴史や集団から分断され、個人的な主観性に再び送り返される。「個人的なものは政治的である。政治的なるものは個人的である[20]」とされるのである。私的生と政治的生はもはや二つの別箇の存在の秩序とは考えられなくなり、同時に、政治はその実践においても内容においても変転する。個人的感情と政治を混同してはならないという考えとはまったく反対に、感情から出発して政治をすることが重要となるのである。新しい政治は「実際の体験」の地位を認め、こうした個人の自己実現の要求を満たすことを目的とするようになる。ここでは情動と感情をできるだけ厳密に口にすることの重要性が強調される。それまで、語られずにいたものや抑圧されていたものなどが、公的な場で共有され、誇張され、仔細に検討すべきものとみなされる。非難されるのは政治的なるものと私的なるものの分離だけではない。親密性もまた存在意義を失うのである。露出症やのぞき趣味につながる透明性の論理でもって、自分自身と他者との距離をすべて撤廃することがめざされているかのようにである。

「知的な」理解に対しては、「実際の体験」をより近くで感じることが対置され、自分と異なる他者への関心に対しては、自分自身の自我に対する関心や他者との関係の困難がとって代わる。こうした展開は、現行の社会的秩序を覆す政治を行なう新しい方法として考えられている。「実際の体験」に利するかたちでなされる転換において、政治はその特異性を否定され、個人や関係性の問題であふれた表現のなかで解体する。いまや諸々の矛盾をとり扱う際には、グループ指導、あるいは苦しみや主体性の表現に特化した新たなカウンセリングが求められることになり、社会的関係の総体は二者間の関係に基づいて解釈されるようになるのである。

相続における断絶　問われる学校と家族

こうして行なわれる脱構築は、特に家族と学校といった文化的遺産の相続の中心を担う機関に関わることになる。この領域において、異議申し立て運動は、批判的な理論や代替的な実践については、さまざまな源泉から着想を得ており、典拠先に欠くことはない。こうした典拠先のすべてが一九七〇年代に出てきたわけではないが、この時代に非常に高い評価を得たものである。これらは、先進社会における権威や権力関係への批判という点で共通している。この批判は異議申し立て運動に根拠と理論的正当性を付与し、文化的遺産の相続における断絶を特徴づける新しい表象や振る舞いを形成するのである。

ヴィルヘルム・ライヒにとって、父親を中心に秩序づけられている権威主義的な家族は、学校とともに、「賢明で従順な主体の製造に向けられたブルジョワジー的社会秩序の工場」をなす[21]。家族は性的抑圧や親の神経症的影響が働く中心的な場所である。この性的禁圧によって、単に抑圧されているばかりではなく、従順で、長に従う心構えをもった個人が生産される。家族や父親の地位の問いなおし、禁圧された自然な性の解放に対する訴えは、革命的な主題となり、活動家の姿は教育者やカウンセラーへと移り変わるのである。

ジル・ドゥルーズとフェリックス・ガタリは、もう一歩踏み込んで、精神分析が、無意識を「去勢」し、欲望の抑圧という全般的な企図に加担するとして非難する。彼らからすれば、(フロイト的かつラカン的)精神分析は、欲望を欠如という概念に密接に結びつけ、〈法〉を体現するものとしての〈父〉という形象に依拠しながら、不完全性と有責性という、宗教思想から借りてきた概念を再導入している。フロイト的観点を転倒させると、分裂と細分化は、死の衝動を表すものではなく、あらゆる細分化の過程を飛ばし、統一的な形態を解体させる欲望の力の十全たる表現、その積極的な肯定なのである。こうして、無意識と欲望は、あらゆる評価を度外視した、あらゆる価値の転倒と生の根源的な承諾というニーチェ的問題系のなかに統合される。欲望と無意識の世界は、あらゆる意味作用を超えて、「善悪の彼岸に」位置づけられることになるのである。

学校もまた強く非難される。学校は支配関係を覆い隠し、「象徴的暴力」を発揮し、不平等や文化的な遺産、そしてそれらを通じて既存の体系を再生産する。[22] ルイ・アルチュセールにとって、学校や大学は、教会にとって代わり、支配階級のイデオロギーを教え込み、資本主義的生産関係の再生産を可能たらしめる「国家のイデオロギー装置」に与する。[23] クリスチャン・ボードロとロジェ・エスタブレが『フランスの資本主義的学校[24]』について立てた図式では、イデオロギーや支配から逃れるものは何もないように見える。つまり、文学や芸術も含めて、宗教とブルジョワ的モラルの特権的な伝達手段とみなされるのである。

学校は、子どもの欲求と自律をも抑圧するとされる。五〇万部近く売れた『サマーヒルスクール[25]』の著者、アレクサンダー・S・ニールにとって、学校とは、子どもはこうあるべきとかこれを学ぶべきという大人の考え方に基づいて作られた抑圧的な制度であり、子どもの自由な自己実現を妨げるものである。重要なことは、子どもを教育することではなく、子どもを幸せにすることであり、教育者の役割は自律‐自由に向かう成長のなかで子どもに寄り添うこととされる。民主主義の名のもと、教育者との不平等な関係が否定され、言わば新しい市民権が子どもに付与されるのである。ただし、最も教育するのが「難しい」子ども、すなわち、大人側の助力、禁止事項や制限を繰り返し伝えることを最も必要としている子どもたちのことは顧みられることはない。学校は子どもの欲求のために、そして子どもの自己実現をめざした教育共同体になる。教育学的な対人関係は心理学的なものになる傾向があり、学校教師の姿は社会教育指導員《アニマトゥール》と臨床カウンセラーを混ぜあわせた姿にとって代わられる。

　イヴァン・イリイチにおいては、[26] 学校とは、できあいの知と学位の産業、つまりすべてが計画的に組織化されている世界に適合した、従属的なタイプの人間を形成することをめざした儀礼体系として考えられている。こうして個人は幼いときからすぐに自律の意志を完全に失うように仕向けられ、学校は自由への望みを完全に潰すものとなる。学校-制度が非難され、これに対し、それぞれが必要としている「教育的資源」を与えながら、万人が自由に利用できる知と能力の交換ネットワークの確立がめざされる。教師と生徒という関係にとって代わり、自由な交流をめざす関係における、サーヴィス提供者と顧客という関係が現れるのである。肝心なのはもはや内容からではなく、万人の意向に沿う、個別の要求に合わせた手段と援助の観点から考えることである。後に多くの信奉者を作ることになる見解を先取りしながら、イリイチははっきりと述べている。つまり、「実際のところ、誤りは「人は何を学ばなければならないのか」と自問自答することにある。問いはむしろこのように立てられるべきであろう。「学びたい人は、何を利用すべきか、誰と関係を築くべきか」と[27]」。

このような著作によって、脱構築と再編成の作業が促進されることになる。アレクサンダー・S・ニールやヴィルヘルム・ライヒの著作は、私にとって、多くの点で社会的・文化的展開を予期しているように思える。説得のために権威を廃し、自己統制され、みな同じように自律した個人からなる共同社会の輪郭を描き出すことを主張する論理において、自律は彼らが考えるユートピアの中心に置かれる。にもかかわらず、この自律した個人は、心理学を解放をもたらす新たな科学とする専門家たちに強く誘惑され、その支援を受ける。こうした著者たちが書いたものは、一九世紀に社会的な想像の産物を再構成するにあたって、サン＝シモン主義者的ユートピア[28]が果たした役割と似た役割を果たしている。彼らの著作群のなかには、一九八〇年代に支配的となる新たな表象が要約されているのである。

訳注

〔1〕　左翼行動主義（gauchisme）とは、古くはレーニンの『共産主義における左翼小児病』から、共産党の言う「極左」、「トロツキスト」にいたるまで、基本的に左翼勢力内での一部の過激な左翼グループを指すために用いられる言葉である。本書においては、「左翼（gauche）」がとりわけ政権を獲得したフランス社会党を、さらに本書ではあまり使用されてはいないが「極左」が六八年五月の実際の立役者を指すのに対し、「左翼行動主義」は、六八年五月以降の「社会的・歴史的新情勢」において、ヴィルヘルム・ライヒやイヴァン・イリイチ、さらにはミシェル・フーコーやジル・ドゥルーズらの理論の影響を受け、個人の自律や欲望の解放を主張した「革命的フェミニスト」グループ、「政治的エコロジーグループ」などを指す。本章は、この「左翼行動主義」の言説を批判的に検討し、第２部全体で論じられるポスト全体主義社会における左翼勢力と現代化の言説

との「邂逅」の分析を準備するものである。

〔2〕 六八年五月の不可能な遺産とは、著者ルゴフが前著『六八年五月 不可能な遺産』で書名として用いた言葉であり、一九六八年五月の学生運動の帰結を批判的に指し示すものである。これは、本章でも述べられるように、この運動がもたらした「遺産」は、政治的解放や政治的なものの「刷新」ではなく、その政治の弱体化、社会の脱政治化であったという考え方に基づいている。訳者解説も参照。

〔3〕 例外裁判所（tribunaux d'exception）とは、現在では、一般法上の裁判所ないし通常裁判所とは異なり専門的な知識を必要とする商事裁判所などの特別の事例における裁判所を指す場合はあるが、この文脈では、とりわけ第二次大戦下のヴィシー政権時代のフランスにおいて抵抗運動を取り締まるために設立された司法機関を指している。近年ではたとえばアメリカのグアンタナモ収容所におけるテロ事件被疑者に対する特別軍事法廷がこのように呼ばれている。

第9章　反全体主義をいかに意識するか

一九七〇年代半ばは、多くの知識人がマルクス主義や共産主義とそれまで結んできた関係や政治表象に関して決定的な転換点をなしている。共産主義体制の現実について当時まだ存在していた幻想が問いただされるのである。しかし、実際にそのとき終焉を迎えたように見えるのは、まさに一つの時代の政治文化である。すなわち、戦争や〈解放〉から生まれ、ジャン＝ポール・サルトルの有名な文句が言う「現代の超えられない地平」がマルクス主義によって構成されていた政治文化の終焉である。

この政治文化は六八年五月で尋問の対象となったが、だからといって全面的に問いなおされたわけではなかった。一九七四年にアレクサンドル・ソルジェニーツィンの『収容所群島』[1]が出版され、スターリン主義の恐怖、共産主義の強制収容所の世界、その日常的な悲惨さについて広範かつ力強く描かれたことで世論は一変した。同時に、国際的な面では、一連の出来事（中国の文化革命やカンボジアのジェノサイドに関する証言、ベトナムの数千人もの「ボートピープル」難民）によって、共産主義体制や東南アジアにおける自由解放運動が当てにしていた牧歌的な見方や共感が徹底的に問いに付されることになる。こうした情勢は、共産主義の持つ全体主義的な性格を幅広く意識化させるのに有利に働くものであったように思われる。

事実、全体主義批判はフランスでは前例のない反響を巻き起こした。左翼は、そのときまで右翼的ないし極右的な含意があったこうした批判を受け入れることに抵抗していたが、この抵抗が打ち砕かれたのである。革命や共産主義といった観念そのものが、それを主張する体制の現実を照らして再検討を迫られる。そのうえ、まさに左翼が依拠していた楽観的な歴史観こそが問いに付されるようになるのである。

しかし、こうした反全体主義における新たな意識化は、過去の総決算を続けながらも、そもそも権力と制度を混同しているポスト六八年的文化の痕跡をとどめた領域にはまり込んでしまう。こうして、一九七〇年代後半に起こる転換は六八年五月の不可能な遺産の相続の終焉ではなく、その変質、つまり、ここでは反全体主義と倫理を標榜するいかにもメディア的な新しい見方への変質となってしまうのである。

左翼の抵抗

ソルジェニーツィンの著作が示すのは、強制収容所は体制の一偶発時ではなく、体制が機能するにあたってその中核を成しているということである。強制収容所の拡大はボルシェヴィキ革命当初から行なわれており、ソルジェニーツィンは日常的現実に迫り仔細にその機能を明らかにする。人間性の堕落、肉体的かつ精神的拷問、労働による殲滅、反逆の抑圧等々である。報告された事実は耐えがたいほど重々しいが、しかしそれでも左翼の側では、右翼の反動分子と目される者が書いたものに対して、意図的に沈黙したままである。それは、『収容所群島』の出版によって開始された議論が、ただ単にソヴィエト体制の本質だけでなく、左翼の盲目、左翼がこの体制が野蛮であることを認めようとしないことにも関わっているからである。

左翼のなかにあって、全体主義という概念はいまだに不信と拒否を引き起こすものである。事実、冷戦の加熱した論争のなかで、この概念は右翼やアメリカ政治のためにとっておかれた言葉である。「左翼人民」の大多数にとっては、スペイン戦争以来、反ファシズム闘争というのが重要なテーマとなっており、何よりソヴィエト連邦こそ、一九四三年にスターリングラードの戦いでドイツにはじめて勝利し、ヒトラー主義を負かした国なのである。ナチスの犯罪と強制収容所の規模が注意を逸らしてきた。全体主義という概念は、ナチズムとスターリニズムが同等であることをそれとなく伝えることになるため、当時、多くの者がこれを用いるのを拒んでいたのである。

レイモン・アロンが『知識人の阿片』[2]や『民主主義と全体主義』[3]で提示した分析は、左翼知識人界においては、ほとんど反響を呼ぶことはないだろう。アロンは右翼と位置づけられていたし、現代資本主義のイデオローグとして考えられているのである。それでもやはり彼の分析は、的確であり、一九七〇年代の全体主義批判を多くの点で先取りしている。全体主義は、クロード・ルフォールの表現に従えば、左翼の「盲点」をまさに構成しているのである。「情報は両大戦間期に存在していたし、また、少なくとも二五年前からはもうそれを知らないということはなかった。断固として見ないふりをしていたのだ。なぜ、目を閉じたのか。あるいは現実が垣間見られるとすぐに、なぜ、あわててそこから目を逸らそうとしたのか(4)」。

なぜなら、おそらく全体主義批判は、共産主義体制だけに関わるものではないからである。この批判は、いかにして全体主義にはある種のイデオロギーがつねについてまわるのかを示すことで、伝統的左翼を問いつめ、彼らの参照項について、前に進む歴史とかそれを完遂する使命を持つ社会カテゴリーといったイメージを旗印にした「社会の変化」という彼らの考えについて、あるいは国家とその役割についての彼らの考え方について問いを提起するのである。

社会党やフランス民主主義労働同盟（ＣＦＤＴ）の中心にある自主管理の潮流――「第二左翼」と呼ばれることになる――、これは、この反全体主義的潮流を政治的、社会的に思い描くためには最良であるように見える。この点で、一九三二年にエマニュエル・ムーニエによって創刊された『エスプリ』が行なった方向転換は意義深い。一九七七年一月、この雑誌は次のように宣言するテクストではじまっている。「全体主義の欺瞞は分裂して終わりを迎えた。まるでわれわれの世界が未来を失ったかのようにである。資本主義社会の解体はもはや何も告げはしない。これの真実は混乱を引き起こすだろう。われわれにとって、これは開始であり、また別のことを発明する好機なのである(5)」。重要なのは、「転換」を引き起こすことであり、左翼陣営においてそれまで支配的であった「文化と政治を変えること」である。一つの社会が存在するとき、必ず矛盾も生じれば、国家も必要となってくる。このような社会は多様性や抗争に開かれたままであるべきである。そして、「組織者や識者たちが引き受けていた分析、管理、批判といった諸権限」[6]を共同的な生に返すべきなのである。

知識人たち自身も問いなおされなければなるまい。すなわち、自分自身を意味の保持者、あるいは「善良な権力の前衛」として考えることを止めるべきであろう。全体主義的な現象の重要性を意識することによって、反省の中心地が移動する。これからは反省は、政治哲学の諸問題と同時に、闘争や、社会で行なわれる実験にも開かれることが望まれる。この意味において、「民主主義は一つの未来である」と宣言されるのである。

しかしながら、ルフォールやカストリアディスの全体主義批判の分析は、『エスプリ』誌、フランス民主主義労働同盟、自主管理の潮流によってその重要性が認められるものの、「新哲学者《ヌーボー・フィロゾフ》」〔1〕が先頭になってメディア空間に広く流布されることになる反全体主義の俗流の聖典に比べれば、さほど反響を呼ぶことはないだろう。全体主義批判が提起した諸問題は排斥され、権力についての幻想、歴史の総決算、六八年五月の不可能な遺産から出てきた新たな個人主義的姿勢が前面に出てくることになる。「新哲学者たち」はこうしたテーマを徹底して押し進め、逆説的かつ予想外の効果（本書第3部でそれを確認する）とともに、大衆の注意を向けさせることに貢献するだろう。

意識化か有責感か

「世界は悪くなっている、ますます悪くなっている」。六八年五月以降の左翼は、広がる不幸についてくどくどと述べ立てはじめていたが、それに追随するかたちで「新哲学者たち」はこう繰り返した。彼らは今世紀の狂気と不幸の予言者たらんとし続けているわけである。ヒトラーとスターリンは死んでおらず、精神につきまとっている。新哲学者たちは、過去に起こったことを理解できるようにすることはせず、こうした強迫観念を見せつけ、純潔の英雄を自任するのである。

まさに現実に起こっている大量殺戮や残虐行為を根拠に、新哲学者の言説は疑わしい関連づけを行ない、ある種の病的な幻惑と罪悪感に陥ることになる。われわれの歴史のなかに、「強制収容所」の予兆とみなしうるあらゆるものが探し求められる。ミシェル・フーコーへの参照が欠かせなくなり、一七世紀に狂人を監禁していた総合救貧院が強制収容所の前兆を示していることになり、一九七一年一二月のトゥール（Toul）の囚人たちの反抗の抑圧がロシアの監獄で起きていることと比較され、移民労働者は現代の奴隷だとされる……。植民地戦争や第一次大戦の外国人労働者の大量徴用から、ナチスやソヴィエトの強制収容所にいたるまで行程はすべて辿りなおすことができる。全体主義は自分たちの歴史や国境の外部にあるのではないという主張が繰り返される。西洋の歴史は、強制収容所とそれに対する抵抗に集約されるようになる。われわれは自分たちの過失の重みを記録しなければならないのだ、と。「新哲学者」たちは、こうした重みを引き受け、剣の矛先を自分たちの歴史に向けることになるだろう。歴史はもはや光り輝く未来に向かう階級闘争の歴史ではない。歴史は今後後退し、「悪へと一本調子に進む」のである(7)。

「新哲学者」たちは、こうして人に有責感を抱かせる論理を展開するが、これによって、われわれは伝統の成果と和解すること、歴史をその両義性において受け入れることができなくなってしまうだろう。彼らのお気に入りは、国家やあらゆるかたちの権力形態に対する個人的ないし集合的抵抗や、あらゆる権力や野蛮から犠牲者を擁護するものとしての人権の擁護くらいである。国家、理性、啓蒙哲学が簡潔に問いに付されることとなる。抵抗は、新たな「悪」の姿をまとった〈教師〉、〈権力〉、〈国家〉に向かう。われわれの歴史の陰鬱なページを凝視すること、有責感を抱くことが広く求められる。その一方で、この新たな呪詛者たちはテレビで活躍することになる。大量殺戮やジェノサイドの光景に直面して、何よりも緊急性が叫ばれる。憤怒や倫理は長い議論には耐えないからだ。政治は、イデオロギーやセクト主義と同一視され、潜在的に全体主義的だと疑われ、信頼を失い、社会変革をもたらすことができないものとみなされる。激しい混乱のなかで、人権の倫理への参照が政治の場所を奪うのである。

一九八〇年、『ル・デバ』誌の初期の号のなかで(8)、マルセル・ゴーシェは、当時、人権への参照がどのような役割を果たしていたのかを強調している。彼が指摘するところによると、人権は、「一世紀半の労働運動のなかで練りあげられた社会計画の瓦解から生まれた諸問題」を避ける一つの方法にすぎないものかもしれない。あるいはまた、「欺瞞の道具——正確に言うなら、必然的に最小の（そのように見える）政治という錠剤を流し込む方法——」[9]でしかない。「あなたは収容所を見たことがあるか？　だったら、あまり聞かないでくれたまえ」と片づけられるのである。また、彼は特に次のように付け加えている。すなわち、人権は「無力さに望ましい名目を与える。というのも、もし政治という言葉でもってそれを推進させる要求手段を得ようとする行動を理解するのであれば、人権とは——あまり強くそこにもたれかかることはできないのだから——政治ではないのである[10]」。

革命的神話と共産主義がこうした何十年かで脱構築されたのは、全体主義的な現象が深く理解されたり、政治的なるものの思想が刷新されたからではない。何よりもまず、革命的神話や共産主義それ自体の懐古趣味のためであり、また、ポスト六八年の文化が国家や組織のあらゆる原理に対して不信と疑念を突きつけたからである。

一九八一年に『リベラシオン』紙は、ヤルゼルスキ将軍の弾圧に対するポーランドの労働組合運動の「連帯」を支援しながら、フランス民主主義労働同盟と何人かの知識人が同盟を結んだことを賞賛している。この新聞は、ここに「政治表象における新たな転換点として」位置づけられる「反全体主義的左翼[11]」の誕生を見ている。しかし、人が望むと望まざるとにかかわらず、フランスで一九七〇年代後半に定着した反全体主義は、思考を混乱に陥らせたポスト六八年の文化的土壌に根ざしたものである。全体主義の理解や分析のかわりに、歴史の総決算や告発が置かれたわけである。それらは、最小悪としての民主主義というミニマルな考え方に行き着き、こうして民主主義内部の弱点の多くを覆い隠し、批判や未来を見通す省察を一挙に封じ込めることになるだろう。

政治に倫理を対置させることで、変革をめざす政治的活動の可能性にも疑念が向けられることとなる。これもまた、潜在的に全体主義的なものとみなされるのである。全体主義は、かつては左翼の思考の盲点であったが、その後は思考を麻痺させる固定点となった。民主主義の成果を擁護し、あらゆる変革への意志に潜む危険性から身を守るために、未来志向の思索が抑制されるのである。一九七〇年代後半の反全体主義は、政治の刷新に辿り着くのではなく、脱政治化の動きをともない、この脱政治化の動きが勝利をおさめることになった。反全体主義は、刷新というよりも、一つの時代の終わりを特徴づけているのである。

「全体主義的」という形容詞の用法は拡大し、凡庸なものとなった。究極的には、あらゆる権威主義的体制、何がしかの強制力をもつ組織原理、それどころかあらゆる権威や一貫した原理が全体主義的であるとされる。その一方で、善良な心情からくる倫理と混じりあった主体性の表現が肯定されるのである。

訳注

〔１〕「新哲学者（nouveaux philosophes）」とは、一九七〇年代以降フランスで活躍するようになった新しい

世代の哲学者たち。ベルナール＝アンリ・レヴィ（Bernard-Henri Lévy）、アラン・フィンケルクロート（Alain Finkielkraut）、アンドレ・グリュックスマン（André Glucksmann）らがその代表である。かつては毛沢東主義などに傾倒していたが、七〇年代、とりわけソルジェニーツィンの『収容所群島』以降、マルクス主義と袂を分かち、全体主義批判を展開するようになる。またその特徴として、テレビをはじめとするメディアを積極的に利用するようになったことが挙げられる。

第10章　社会的・歴史的新情勢

ここ二〇年のあいだ、新しい世代において、制度、時間性、自分自身に対する関係について大きな変化がもたらされた。六八年五月に由来する新たな文化が社会全体に広まり、大量の失業の効果とあいまって、実存的かつ社会的な居心地の悪さが助長された。ここで立ち現れる新たな姿の個人にとっては、集団との関係、制度との関係、政治参加との関係が問題をはらむものとなる。民主主義社会は、いまや世代間継承と市民権との結びつきを不確かにする新たな試練に直面しているのである。

この社会的・文化的解体の過程と自由主義的イデオロギーが手を結ぶことになるのは一九八〇年代である。国家が中心的役割を果たした栄光の三〇年という経済成長期を経て、自由主義的イデオロギーは一九八〇年代に息を吹き返し、ヨーロッパ共同体の国々にあっては、現代化のイデオロギーと結びつくことになるだろう。

「空虚の時代」と「ナルシシズムの時代」

いまや権力や制度との関係は、集団のなかでの不安の源泉たる次のような両義性によって特徴づけられることになる。個々人は、集団の指導者が統制や支配しようとする意図を有しているのではないかと疑うと同時に、この指導者が自分たちの要求をできるだけ速く満たし、また自分たちを保護してくれるように求めるのである。こうして個人は、程度の差こそあれ意識的に、権利を有した犠牲者という立ち位置に身を置くことになる。他方で、すでに確認したように、既存の権力は、その支配の最も目につきやすい側面を隠しながら変化をはじめており、社会的支配の新しい様式のなかに自律や参加への希求を統合することになる。労働やマネジメントの組織化の展開こそがこのことを物語っていよう。

歴史的時間性との関係も修正される。いまや現在は、一方で、もはや頼みの綱とはならないとみなされた「古い世界」と同一視される過去から断絶し、他方で、進歩と解放をもたらす未来から分断されたものとして現れる。社会は、程度の差こそあれ、〔次世代への〕献身と犠牲を内包する歴史的次元にもはや組み込まれない短期的時間性のなかを生きることになる。変化やはかないものが評価され、率直さと即時的な反応が称えられるようになる。より根本的には、労働の成果や制度という概念が損なわれる。これらの概念は歴史的な持続性に組み込まれているからである。幸福は、個人の自己実現と同義になり、欲求と欲望の即時的充足や、恒常的な刷新が求められるようになる。この枠組みにおいては、目標を達成するために必要な妥協や迂回は耐えがたい束縛として感じられる。そして、「実際の体験」と感情こそが、論拠の確かな言説や良識ある意見よりも、真正さと創造性のしるしとして公的空間において掲げられるのである。

この率直さの崇拝や新たな個人の形象の肯定と対になって現れるのは、――公的事柄の特殊性を承認しつつそこに身を投じることが困難になるという意味での――社会の脱政治化や私的なものと公的なものの差異の消失である。社会関係を個人間の関係へと還元する心理学的な発想の成功や、「人格の成長」についての精神療法や技術の発展はこうした展開の兆候だろう。

以上のような変化は、クリストファー・ラッシュが『ナルシシズムの文化』(1)で明らかにしたアメリカ社会の変化とよく似ている。一九七九年にアメリカで出版されたこの著作は、ヨーロッパ社会にも認められる多くの特徴を明らかにしている。たとえば、過去の価値の低下、未来に直面する能力の欠如、歴史的な意味の衰退、「社会への自我の侵入」、健康に対する異常な追求などの病的傾向の肯定、「個人的充足感の束の間の幻想」などである。

ジル・リポヴェツキーも、『空虚の時代』(2)のなかで、政治問題に対する興味の喪失、自己のナルシシズム的崇拝、イメージや誘惑の支配などによって特徴づけられる、一九七〇年代と八〇年代の転換期のこうした新たな情勢について述べている。彼の解釈から浮かび上がるのは、六八年五月の逆説であり、またそれがもたらした、民主主義社会に固有の個人主義的ダイナミズムの新段階と考えられる新たな個人の形象である。ただし、この解釈は、市民権の観点からすると、必ずしも民主主義的な性格を持つか分からない「ポストモダン的な」文化を強調するために、抵抗の荒々しい側面やその脱構築の諸々の効果を低く見積ってしまっている。

さらに、何名かの同時代の著作家のうちには、この新たな個人という形象の確認にあたって、現象の解釈を越えた、驚くべき一致を指摘することができる。クリストファー・ラッシュは、アメリカ社会におけるナルシシズム的個性の主たる特徴を描きながら、「骨の折れる政治参加《アンガジュマン》に対する怯え」、「すべての選択肢を開いておきたいという欲求」、「人に従属することへの反発」等々を強調する。(3) コルネリュウス・カストリアディスは、「自己同一化の過程の危機」と強固なアイデンティティの核の欠如を見てとりつつ、新たな個人を「コラージュの寄せ集め(4)」として描写している。マルセル・ゴーシェは、彼なりに次のような仮説を提示した。「現代の個性の根本的特徴は、帰属による構造化の消失にあるのかもしれない。[…] それ [現代の個人] は、存在の最も内奥では、社会的なるものの先行性や一つの集団への包摂によって――何千年もの間、集団が義務感と負債の感覚について言わんとしてきたことでもって――組織されているわけではない」。問題は、「私が私であるのは、何らかのモデルや、何かしらの参加に依拠できるかぎりにおいてである」という「結びつきを断ち切り、身を引いた個人主義」なのである。(5) こうした新たな個人の形象は、集団的な政治参加の伝統的形態にだけでなく、市民的な紐帯のあり方にも大きな挑戦をつきつけているだろう。

新たな病理

アラン・エランベールは自著『自分であることの疲労』[6]のなかで、精神分析家や精神科医が虚無感と有責感の欠如に苛まれる患者を相手にすることになったことを強調している。この患者は疲労感と空虚感を覚え、不安と苛立ちを感じており、欲求不満に耐えられない。こうした精神的な病理の新しい形態は、フロイトが研究したような神経症《ノイローゼ》よりは鬱に近いものである。

エランベールにとって、鬱の促進は、かつて個人を構造化していた強制や規範の変化と対になっている。「神経症の衰退は、人間の条件の中心に抗争を置き、それに意味を与えていた世界経験の衰退である。抗争的な人間は、自分よりも優位の外部にまだ支配されていた。こうした人間は、規律訓練によって身体を従順化され、法やヒエラルキーに従属していた」[7]。こうして、エランベールは、一九六〇年代に起こった「深い地殻変動」と、「解放によって禁止事項の位置が変化した」状況のなかで[8]、一九七〇年代から生じてくる鬱の展開を強調する。さらに彼が指摘するところによれば、一九八〇年代以降、「古くからある悲しみの感情は故障した行動とみなされるようになる。しかも、個人の自発性が人間の尺度となるのと同じ文脈においてである」[9]。こうして鬱が明らかにするのは、以上のような変化に結びついた新しいアイデンティティの不安定さなのである。

以上のように、エランベールの分析は、鬱が、それ自体社会的・文化的変化と不可分である個人の変化をどのように明らかにするのかを示している。しかし、この新たな個人主義と現在の社会に対していかなる評価を下すべきかという問いがまだ残っている。エランベールにとって、新しい社会は「責任」と「自発性」に基づいたものであるが、彼はこの概念の社会的用法についてより深くまでは検討を進めてはいない。鬱それ自体は、この新しい社会において自分自身であるために払うべき不可避の代償とも言うべき「責任の病」として特徴づけられる。それは、「自分であることの情熱とその困難さ」を体現したものであり、「すべては可能ではない」ことを思い起こさせる一種の防護柵のようなものである。この鬱は「自分自身の支配者である人間の容赦ない代償[10]」である。

このかぎりでは、エランベールにとって、新たな形態の臨床治療もまた、次のような同じ規則に従っているように見える。つまり、「内的な原動力に基づいて、自ら行動し、自らを修正できるような個人を生み出す[11]」という規則である。この規則は「社会復帰や治療の方法と同様に、支配の道具として役立ちうる」ものである[12]。この分析は、よりいっそう推し進める価値があるだろう。新たな治療は、居心地の悪さに対して実際に診察してくれるのだろうか。それとも「社会的医務室」のような役割を果たしながら、この居心地の悪さを保ちつづけるのだろうか。

自由主義と現代化

一九八〇年代において、六八年五月の不可能な遺産と自由主義的イデオロギーが交差することになる。自由主義的イデオロギーにとって、市場は、社会の基礎であり、自己調整するものであり、その自由な発展はほとんど自動的に進歩と万人の幸福をもたらすとされる。したがって、社会は市場に従うべきであり、また、国家は経済社会的な領域に介入することは極力抑えなければならない。ここで、国家や権力に対する六八年の批判は、国家介入主義に対する自由主義からの批判と邂逅を遂げる。自己を中心とし、自らの欲求や欲望の即座の満足を求める新たな個人主義は、自由主義が促進する「顧客＝王」というモデルと合流することになるのだ。

より根底では、絶対的な自己参照的自律の主張が、あらゆる障害から自由になった市場の超自由主義的な表象に呼応する。これはまさにダニー＝ロベール・デュフールが指摘したとおりである。「究極の合理性としての市場に従属せよという命令の背後を少しひっかいてみると、完全に自律した主体に対する超民主主義の崇拝を難なく認めることができよう。実際、まったくの自由とは、あらゆる規制から逃れた、最大限度の主体の、象徴的、法的、経済的な自律という文脈のなかでしか栄えることはない。[…] 自分自身のみを参照した理想的主体が、羊牧場のオオカミの自由のような全的な自由へと変転するほどの自律を自らに許容するにいたるとき、超自由主義が現れる」のである(13)。

左翼が一九八一年に政権についたのは、栄光の三〇年の終焉、経済成長の低下、失業率の上昇といった文脈においてである。この文脈は、六八年五月の「文化的勝利」と自由主義的イデオロギーの高まりを背景とした、歴史的な主たる指示対象の危機によっても特徴づけられる。すなわち、「公式」左翼の教義を形づくってきた主たるテーマ——労働者階級の歴史的役割、資本主義との決別、生産手段の集団所有、つねにさらなる進歩へと向かう歴史という歴史観等々——の危機である。一九八三年にはじまった経済政策の変化とインフレ対策に向けられた「緊縮政策」の実施にともない、現代化という主題が掲げられるのである。この主題は、こうした根本的な転換を覆い隠しつつ、その後は、ひどく不調をきたしていた教義集にとって代わるだろう。

一九八四年にはじまった現代化政策は新しい流れを作り出す。一九八一年に権力の座にミッテランを据えた社会党の政策が無効となるだけではない。政治的行動に対するあらゆる考え方が問いに付されるのである。いまや政治的行動というのは、さまざまな進化を適切に考慮し、そこに最良のかたちで適応しながら、諸々の強制を管理調整するものとして現れる。「社会を変える」というプロメテウス的野心はもちろん破棄され、物事の流れに積極的に働きかけるという政治的なるものの力が打撃を受ける。左翼は、間違いなく計画が頓挫していることを分かっているが、それがまだ「あるふり」をし続けるのである。

一九八四年の転換は一つの否定からはじまる。つまり、最終的に選択された緊縮経済政策は、世論を前にしてそれとしてはっきりと保証されることも、説明されることもない。大原則や価値に対して忠誠を誓うことの裏には、自由主義的な圧力に屈し、制御不能に見える状況をどうにか管理する楽観主義が覆い隠されている。倫理への絶え間ない参照が、この病理の兆候である。政治権力の言説は、現代化を目的そのものとし、自らは首尾一貫しなくなる。この言説は、根本的な混乱を引き起こしながら、コミュニケーションやマネジメントの言説に従う。統治するものと統治されるものの関係は、長い時間をかけて深く変質したのである。

ほかにも示唆的な兆候はある。政府はそれまで左翼が維持してきた企業との関係のなかで、大転換をはかった。企業は、かつて経験したことのないほど、社会的に評価されるようになる。公的空間の中心を占めるにいたった企業は、あらゆる活動に対して社会的正当性を与える新たな極とみなされるようになる（教育や学校がいまや現代化の「先兵」として考えられているのは、「働き口」であり規範である企業を参照項としてのことである）。奇妙な行き違いによって、六八年五月に由来するテーマは、現代化のイデオロギーに組み入れられることになる。会計監査やコンサルタント、マネジメントや教育に関する文献全体が、こうした主題を引き継ぎ、先例のない成功を収めるようになるのである。

かつての活動家の多くがマネジメントや人材育成などに再び投資するようになる。専門家のなかには、欲望、夢、想像の価値を高め、それらを生産の最適化の役に立たせようとする者もいる。新しい経営者とコンサルタントは、従業員を現代的企業に自己同一化するように求め、彼らに対し、考え方や振る舞いを変え、経営幹部とともに「共同計画」を練りあげるよう誘いかける。古い世界との断絶、「白紙状態」という考えは、絶えざる「変化」の要求のなかに見いだされる。参加型のマネジメントは自主管理の外観を装う。自律は一つの価値、重要な社会的「能力」となり、できるだけ正確な評価を受けるようになる。等しく自律的、創造的で責任感のある個々人からなり、透明性をもって機能し、ヒエラルキーも存在しない水平的な集団という表象が、企業憲章や企画書を通じて突如として広まる。コミュニケーションの新たな技術——インターネットがその象徴となる——の魅力についても同じである。

新たな自由主義的想像力

企業は、冒険心や情熱を媒介するものとして提示され、ますます公的空間を支配することになる。「市民的な」、あるいは倫理感をもった「企業」は、あたかもうまく機能しない社会変化の意志を引き継ごうとするかのごとく、いまや社会的な役割を果たしたがる。政治的・文化的な解体過程において、フランス経営者全国評議会（ＣＮＰＦ）（この団体は一九九〇年代後半に、略語のなかで、「企業」という言葉がいみじくも「経営者」に置き換わって、フランス企業団体（ＭＥＤＥＦ）となる）は、「社会の再建」の計画を担う市民社会の中心的アクターを躊躇せずに自任するのである。

いまや広告は「新たな経済」を約束し、構造化を促す想像力を欠いた社会のために定期的にまやかしの喧伝を続ける。多くのメディアの言うところによれば、情報技術やコミュニケーション技術のおかげで、社会と世界は「新たな時代」、「新たな時期」、「新たな文明」へと入っている。「古い経済」と社会の基盤が揺らいでいるのである。「走れ、同志よ、古い世界が君の後ろに迫っている」——この六八年のスローガンがいくらかのアクチュアリティをとり戻す。テレビ広告によって促進されつつ、インターネットは、矛盾と対立を除去し、最良の人類へと導くだろう。レーニンからチェ・ゲバラを経てガンジーにいたるまで、いまは亡きすべての革命指導者に、彼らが夢みることしかできなかったものを実現する手段を与えつつ、彼らを和解させることができるようになるだろう。自らと和解した透明な社会という考えは、今後は、新しいコミュニケーション技術を経由することになる。今度こそはうまくいくように見える。社会はその基盤を変えつつあり、水平的なコミュニケーションのおかげで最終的にはカエサルや雄弁家なしで済ませることができるだろう。共産主義の崩壊と社会主義の危機とともに、六八年のユートピアは、逆説的にも――また皮肉にも――自由主義的イデオロギーのなかに第二の青春を見つけるのである。

一九九〇年代における「ベンチャー企業」モデルは、メディアによってしばらくもてはやされていたが、これは、あらゆる姿の権力から自由になり、等しく創造的で、自律し、責任をもった個人からなるまったく水平的な集団という虚構を具現化するものである。権威的で頑固な指導者や官僚主義的な区分はもはやなくなり、階級化された組織からネットワーク型の組織への移行が新たな個人主義の欲求に呼応した真の「革命」となるだろう。「新たな経済」は明るい未来をもたらす。たとえば、生産性と効率の相当な進歩、経済成長、雇用、証券取引の成果等々である。「新たな経済」は、階級の差異を消し去り、「個々人に分け前以上の生活を送ることを教える」。経済とビジネスの自己組織化に身を委ねさえすれば、誰もが素早く幸運を手にすることができる。こうした新種の企図のなかで、労働、欲望、市場は見事な一致をみせるのである。

ベンチャー企業は、社会活動全体に広がる機能様態を映し出す小さな鏡である。多くの集団や個人にとっては、無定形の権力、短期的な反応、緊急性といったものが実際のところ構造的な機能様態となっている。労働の積極主義や過剰負担は薬《ドラッグ》のごとく作用し、現実世界や理性の試練を押しのけて、世界の現実感を失わせ、仮想的なものや感情的なものへの崇拝を持続させるのである。

経済世界や企業は、社会的想像力の現況について雄弁に語る諸々の表象からエネルギーを得る。だが、諸制度の責任を担う人々が、ヨーロッパ連合の人々を「文化革命」へと誘い、新たな技術でもって彼らがうまく直面できていない試練を解決させようとするときには、何かしらの不安を禁じえない。結局のところ、こうして穏やかな野蛮が、六八年五月の不可能な遺産、自由主義的イデオロギー、空回りする現代化の奇妙な混合物の成果として立ち現れるのである。

第11章　「新たな資本主義の精神」とナチズムの凡庸化

こうした検討を経た上で、われわれが経験している社会的・歴史的変動をめぐる解釈のなかで経済的要因に与えられるべき地位について触れなければならない。現在の社会的な居心地の悪さを説明するにあたって、この要因を考慮するときには、しばしば苦痛を中心のテーマとした心理学的解釈が付随してくる。いずれにせよ、政治的・文化的次元は、副次的なものとみなされたり、あるいは経済的・心理学的次元に雑然と混ざったものとして考えられている。こうした観点においてこそ、リュック・ボルタンスキーとエヴ・シアペロが『新たな資本主義の精神』(1)のなかで提案した解釈と、クリストフ・ドジュールの『フランスの苦しみ』(2)の解釈は批判的に検証するに値するだろう。

新たな「資本主義の精神」？

ボルタンスキーとシアペロは、一九六〇年代と一九九〇年代のマネジメント関連の文献の比較分析から出発して、この三〇年間で生じた「資本主義の精神」の変容を把握しようとしている。そこで彼らはマネジメントの変遷とその新たな言説を形成する主たる主題を明らかにしている。たとえば、ヒエラルキーの拒否、自律、永続的な変化、ネットワークモデルなどがそれである。[3]著者たちによると、こうした主題は企業の枠にとどまらず、「社会の新しい全般的表象」[4]として立ち現れる。

また、彼らの分析は、一九六〇年代のマネジメントに関する言説と一九九〇年代のそれとのあいだにある本質的な差異も明らかにしている。たとえ自律というテーマが一九六〇年代からあったとしても、当時、それはヒエラルキーの批判と関連づけられるものではなかった。逆に自律はヒエラルキーや「上司の職務」の枠内で、これらを尊重するものであった。「管理職の解放は、ヒエラルキーの根底に関わるものであったが、それを問いなおすものではなかった。求められたのは、ヒエラルキーを明確化すること、そこに復古的な支配の象徴を加味しないこと、それに従う者たちに対しては彼らの部署に直接赴きつつも序列を飛ばさないことなどであって、決してヒエラルキーを除去したり、回避することではないのである。それどころか、ヒエラルキーを功績や責任に基づくものとすること、そして、それを非効率かつ不正なものにしてしまう家政的なしがらみをそこからとり去り、ヒエラルキーに新たな正当性を与えることが重要なのである」[5]。

一九六〇年代のマネジメントはまだ安心感を与えるものであった。定期的に上昇する賃金や、安定した枠組み、キャリアが保証されていたからである。だが一九九〇年代になるとこうはいかない。安定の概念が否定的な意味で、身分、ヒエラルキー、官僚主義に結びつき、これに対して可動性や適応性の美徳が奨励されることになるのである。

こうした解釈は、当時の政府や経営者の政策に関するものであるが、さらに、ボルタンスキーとシアペロが指摘するように、そこでは特に自律と自主管理といった異議申し立て運動の数多くのテーマが「マネジメントの新しい要求と両立するようなかたちで再解釈されている」[6]。この現象は、一九八〇年代に権力の座につくことになる六八年世代の大部分の転向をともなっている。とりわけ多くの活動家が企業に仕えるコンサルタントや人材育成に転向するようになる。一種の「左翼行動主義からマネジメントへの権限移譲」[7]が行なわれるのである。こうした要素は、私自身の解釈とも一致するものである。ただし、「資本主義の精神」という観点からの分析という包括的な枠組みは、起きてしまった変化を説明することはできるだろうか。マネジメントはこの変化の数ある発現形態の一つでしかないのだが。

ボルタンスキーとシアペロは、自分たちの著作の目的は「イデオロギーが経済活動に結びついていかに変様するかを理解する」[8]ことにあると言う。しかし、彼らはこの枠から大きくはみ出す射程を「資本主義の精神」に与えている。「支配的イデオロギーとしての資本主義の精神には、原則として、任意の時代に固有の精神的表象全体に浸透し、政治的な言説や労働組合的な言説に染み込み、ジャーナリストや研究者に思考の正当な表象と図式を与えるという力がある。その結果、その存在は拡散すると同時に普遍的なものとなる[9]」。

資本主義は、「形式的には平和な手段で資本を際限なく蓄積する要請[10]」という最低限の定義を与えられる。「経済循環のなかで資本を活用し、そこから利益を引き出すこと、つまり資本を蓄積することである。この資本は、今度はさらなる投資にまわされる。これが資本主義の基本的な特徴でもあるし、それに対する観察者——たとえそれが最も敵対的な者であったとしても——を魅了する、変化のダイナミズムと力をもたらすものなのである[11]」。こうした蓄積と拡張という永続的な「資本主義的な」過程は、それ自体が目的であり、この過程自体は大きな意味を持たない。このかぎりにおいて、見てとられるように、この過程は、資本の蓄積に与する実践に社会と個人を加入させるために、何らかの正当化や刺激を必要とするのである。

正確に言うと、まさにこうした欠落に応えるべく仲介するものこそがイデオロギーである。「われわれが資本主義の精神と呼んでいるものは、資本主義への加入を正当化するイデオロギーである[12]」。支配的イデオロギーのあらゆる特徴を備えたこの「資本主義の精神」は、「資本主義の秩序に結びついた信仰の総体」とみなされる。「この信仰とは、資本主義の秩序を正当化し、これに正当性を与えながら、この秩序と矛盾しない行動様式と態度を支えることに貢献するものである[13]」。この意味において、イデオロギーは資本主義に大いに役立ち、イデオロギーの変容に付随して資本主義にも変化が生じるのである。イデオロギーは「資本主義の歴史的実現の諸形態を正当化するものなのである[14]」。

こうした解釈によって、資本主義は一種の大きな主体となる。これは、資本主義とは諸々の利益の形成に必要なアクターを動員するために受け入れ可能かつ望ましい秩序なのだと考えさせることができるような概念やイメージに基づいている。この観点からすると、資本主義は、最初はそれに敵対したり無関係であったりしていた批判的な考えもとり込むものとなる。このようにして、資本主義はイデオロギーを利用し、イデオロギーが任意の時代に資本の蓄積が採用しうる形態に適合するように自らの都合にあわせてそれを操作するのである。

こうした考えは、イデオロギーを単なる言い逃れや階級間の利害関係を隠す「煙幕」へと還元するものではないし、また、経済とイデオロギーのあいだに機械的な因果関係を導入するものでもない。この二つの領域のそれぞれに相対的な自律を認めつつ、経済領域から出発して、道具的な観点から両者の関連が考察されるのである。事実、経済は支配的な言説の変化を明らかにする極として考えられている。この点で、ボルタンスキーとシアペロは、私が思うに、経済に結びつけられたイデオロギーという道具的な考えにとらわれたままである。つまり、こうした考えが前提にしているのは、二〇世紀の最後の三〇年の進展は、――「資本主義」とは批判を統合し、イデオロギーをも自らの都合に合わせて再編成するものなのであるから――経済的な次元に基づいたある種の必然性に従った懐柔策の結果であるということである。こうした経済的な論理は確かに存在している。しかし、それがいかなる形で広がるか、現実のどのような領域を包含しているのかについては、全体的な社会的布置に属する問題なのであって、これについては、後に見るように、文化的・政治的次元のほうが本質的な位置を占めているのである。

もし、放任された市場のメカニズムが社会的組織、諸制度、文化を破壊するものであるとしたら、やはりこの状況を可能たらしめているものとは何かを問わねばならないのである。カール・ポランニーが『大転換』[15]のなかで強調しているように、このことが前提としているのは、経済をほかの社会生活の次元から切り離す見方や、市場が自己調整的であるという信念である。つまり、われわれが関わっているのは、社会や歴史の表象システムとしての自由主義的イデオロギーなのであり、さらに、任意の歴史的状況においてなぜそれが影響力を発揮するにいたったかなのである。こうした布置全体のなかでこそ、経済的論理もまたしかるべき場所や地位を得るのであり、また何らかの重要性を獲得したり、程度の差こそあれ、規制されたりするのである。とすると、ここで問われるべき中心的な問いは次のようなものである。すなわち、あらゆる領域における市場論理の浸透に有効に対峙することのできる文化的、政治的、社会的資源とはどのようなものなのか。こうした次元を十全に認識するのでなければ、われわれが今日生きている変化の重大さに対して盲目のままであらざるをえないだろう。

いかにして懐柔するか

ボルタンスキーとシアペロは、なぜ「資本主義の精神」の変化が激しい敵意を呼び覚まさなかったのかを理解しようと、六八年五月や一九七〇年代になされた批判に立ち返っている。そして、こうした批判が「資本主義の精神」の変容において、どのような役割を果たすことができたのかを示している。

彼らは一つの区別を設定している。一方では、何よりもまず不平等や貧困の問題を解決しようとするマルクス主義や社会主義から着想を得た「社会的批判」があり、他方では、意味の喪失と資本主義的な生活様式の脱魔術化を強調する「芸術的批判」がある。[16] 資本主義が、「利益をもたらすための、解放的であると同時に絶対的に自由とさえいえる新たな方法を獲得して[17]」、再び主導権を握り新たな活力を見いだすのは、こうした批判を考慮し、異議申し立て運動の諸々の主題、何よりも「芸術的批判」という主題の一部をとり込みながらのことであるとされる。

彼らのこうした解釈は、まさに現実に起こっている変化を記述するものであるが、しかし、そこで前提となっているのは、われわれが関わっている問題は、六八年五月の異議申し立て運動が担っていた新たな考え方の内容やその脱構造的な影響ではなく、単に資本主義の適応や懐柔の問題だということである。ところで、「社会的」批判と「芸術的」批判は六八年五月にはじまったものではない。異議申し立て運動は、批判的な遺産をまったく引き継ぎつつも、その遺産を内部から覆し、徹底的な脱構築へと揺り動かす。すでに確認したように（本書第8章を参照）、こうした運動は、いわば自らが前衛として解体化の過程を始動させ、一つの行程の最終局面にある社会全体に影響を及すのである。政治的左翼行動主義は、労働運動の主たるテーマと象徴を奪取し、それを極限にまで推し進め、変質させる。社会正義や平等の思想は平等主義に堕し、国家や資本主義に対する批判は、抑圧、権力、ファシズムについての幻想へと変化することになるのである。

文化的左翼行動主義もまた、ボルタンスキーとシアペロの言う「芸術的批判」に似て、過去の美学的反抗をただ単に反復するにとどまらない。新たな歴史的側面は、この批判が「六八年五月の運動によって異議申し立てのただなかに置かれた[18]」という点だけでなく、その内容それ自体のなかにも存していている。六八年五月の運動は前衛的芸術運動の多くのテーマを再びとりあげている。すなわち、反画一主義、慣習や社会的・文化的規範の外部をめざす解放された自由な表現などである。新しいのはこうした側面ではなく、左翼行動主義がそれをいかにわが物とし、いかにそれを公的な場へともたらしたのかである。〔前衛的芸術運動においては〕批判や違反は強い禁止と衝突し、作品のなかに具体化する美学的展望の地平にとどまったままであった。文化的左翼行動主義のほうは、あらゆる禁止事項と制限をとり払うことを主張し、芸術と生活とを融合させようとする。それは、解き放たれた主体性や実際の体験の直接的表現をめざす一方、創造的な作業や作品という考えを否定するのである。こうして文化的左翼行動主義は、「芸術的批判」をニヒリズムのなかに落とし込むのである。

『新たな資本主義の精神』の著者たちが見落としているのは、異議申し立て運動の内部にあるこうしたダイナミズムや、批判の仕方の断絶である。それと同時に、私の意見では、彼らはもたらされた変化の影響力を過小評価している。これは、彼らが「資本主義の精神」と名づけたものに限られず、社会的生の文化的基盤全体に関わっているのである。

彼らは一九九〇年代のマネジメントに関する言説が、一九六〇年代のそれと同様の動員力を保持していないことを正しく指摘しつつも、こうした状況を「正義と安定性の点での不完全性」[19]に帰している。ところで、こうした要因が実際に重要であるのは、それが、積極的な参加の限界とマネジメントの危機を説明するには不十分だからである。マネジメントの新たな言説が脆いのは、以前のような安定の保証がないからというだけでなく、この言説が提示する表象が積極的な参加と大きな動員を引き起こすことができないためである。マネジメントの新しい言説は――これが与する現代化の言説と同様に――、六八年五月に先立つ時代のマネジメントや現代化の言説と比べれば、脆弱な象徴的内容しか持たない。確かに、マネジメントの言説は、程度の差こそあれ、つねに雑然としており雑多である。しかし、認めざるをえないのは、一九八〇年代と一九九〇年代の言説は、それが利用する意味作用の貧困さ、極端な混乱と首尾一貫性の欠如をその特徴としているということなのである。

諸々の価値、憲章、合意に基づくと言われる計画への参加や動員の度合いに関しては、この言説における活発行動や意志を重視する陽気なトーンは、人の目をごまかすことはできない。私が論争的に一九八〇年代のマネジメントの「ごたごた」と呼んだもの（「第三の企業」や、「倫理」、「道徳」、「価値」、「参加」、「能力」という言葉が陳列された憲章と計画や、さまざまな「道具箱」）は、「人並みのことをするという安定の保証と道徳的な根拠を与える一方で、魅力的で、興奮させる生活という展望を開くことのできる精神[20]」、すなわちボルタンスキーとシアペロの言う、資本主義がうまく機能するのに必要な要素をその特徴とする精神をほとんど構成してはいないのである。

したがって重要なのは、次の二つのもののあいだにある隔たりを考慮することである。すなわち、一方のマネジメントの言説と、他方の、生産の際の諸々の強制や偶発時に日ごろから直面している人々——中間管理職の役割を果たすエンジニアや幹部も含めて——が体験する現実とのあいだにある隔たりである。この言説が放つ魅力は、まずもって人的資源のマネジメントや人材育成の場から発せられ、それから学校やほかの活動領域に広まっていく。この魅力は、特に首脳陣と管理職がしばしば私企業の管理技術を見て自責の念に駆られていた公共サーヴィスのなかで強く働く。しかしこれは、彼らのうちの幾人かを魅了するとはいえ、こうした言説を疑い、必ずしもその意味全体を理解するわけではない大多数の者たちの良識を覆い隠すことはできないだろう。

この新たな言説の諸特徴の一つとは以下である。この言説は確かに存在していて、企業や社会のなかで容易に聞きとることができ、参加と動員を促すが、それでもやはり目的に到達するわけではない。だからこそコミュニケーションを介した積極主義によってその幻想を作ろうとするのである。このことは、この言説が影響力を持たないということではない。逆に、その影響力は、逆説的にも、権威とそれが誘発する権力の象徴的な指標の脱構造化のために、意味の貧困と首尾一貫性の欠如に結びついているのである。

「悪の凡庸さ」から悪の凡庸化へ

クリストフ・ドジュールが『フランスの苦しみ[21]』で行なった心理学的解釈は、いっそう両義的である。この著作は、「主観的な経験」と労働の「心理的苦痛」を中心に置きつつ、程度の差はあれ各人が協力するよう導かれている大規模な不正のシステムと言うべきものについて説明している。

ここで問われているのは、労働の苦痛でも、心理学的な防衛戦略でもなく、労働がもたらす企業や社会についてのさまざまな表象である。こうした表象は、逃れがたい「悪」への協力・加担のメカニズムを作動させながら機能する一つのシステムを作りあげる[22]。このシステム全体は三つの「層」からなる。一つは「自由主義の教義の指導者たち」（その心理学的特徴は倒錯・偏執狂である）、もう一つは諸々の防衛戦略やイデオロギーを採用し、さまざまな心理構造に「直接に協力する者たち」であり、最後に「恐怖に対して個人的な防衛戦略に訴える多くの者たち」である。こうした枠組みを統べているのは「悪」への加担の追及である。こうした社会は「道徳心を備えている」にもかかわらず「他者に対する不正と悪の任務に加担させられる」「勇敢な人々」で満たされているように見える。全体が、「コミュニケーションのゆがみという戦略によって思うままに活用される、合理化という紋切り型の内容」によって画一的に機能するのである。

ここで理解すべきは、「いかにすれば、国民の大多数を他人に不正、苦悩、暴力を与えるように、また、道徳心を抑圧して、最小限にあるいは奔放に（*a minima aut ad libitum*）アイヒマンのごとく振る舞うように徐々に導くことができるか」である。[23] ドジュールは、われわれが生きる社会は、ナチズムのメカニズムに類似した、不正への加担、協力、同意のメカニズムを要求していると考えている。彼はハンナ・アレントが強調した「悪の凡庸さ」という概念をとりあげつつ[24]、これに対し、彼自身の言葉では「意味的変化」を与えるのである。[25]

アイヒマン裁判の際、アレントがとりわけ驚いたのは、犯された罪とそれを為した人物の平凡さのあいだの不均衡、その思考能力の無さ、自らの行為に対する判断力の欠如である。倒錯やサディストといった用語での心理学的な特徴づけや伝統的な道徳カテゴリーでは、全体主義に結びついたこうした新しいタイプの犯罪者について説明できないことが明らかになった。アレントにとって、「日常的な虐待者」という概念と同様に「悪の凡庸さ」という概念が提起する悪の問題は、人が為すことを考え、説明するという能力の欠如に関わる。「アイヒマンは愚かではなかった。思考力の純粋な欠如——これは愚かであることとは異なる——こそが、彼をして当時の最大の犯罪者の一人たらしめたのである。［…］人がこれほどまでに現実から隔たっていること、これほどまでに思考力を欠いていること。このことが、おそらく人間に内在している破壊的本能すべてを集めた以上の悪をもたらしうること——これこそが、エルサレムの裁判から引き出すことのできた教訓の一つである」[26]。

ドジュールが提示する「悪の凡庸化」という概念はこうした解釈とは袂を分かつものである。

アレントは主観的なアプローチを退け、「主体の内面に根をもたない」ような悪の異常さについて問いを進めたのに対して、ドジュールは、この悪を心理的メカニズムに中心的な地位を与える問題系のなかに再び投げいれる。「悪の起源は暴力それ自体のなかではなく、もっと上にある。すなわち、棄権することのできない社会的な支配関係の文脈のなかで、恐怖に対して戦うために結集した集団的な防衛戦略のなかにあるように思われる」[27]。とはいえ、彼が言うには、悪の凡庸化は「心理的情動によってではなく、不安定化や社会的排除という脅威が政治的に操作されることで生じ」、「心理的な防衛情動は副次的であって、自分自身の苦しみと戦おうとする主体が結集したものである」[28]。このかぎりにおいてこそ、「新自由主義的な社会」の機能とナチスのシステムの機能が比較されるのである。

　ドジュールは、目的に関しても（自由主義社会にとっての経済的利益と経済力、ナチズム体制にとっての世界の秩序と支配）、援用される方法についても（自由主義社会では威嚇操作、ナチズム体制では恐怖）、ナチスの社会との違いを認識している。また彼は、われわれの社会が「全体主義的システムの構築段階」[29]にあるとも考えていない。しかし、悪の凡庸化を説明するメカニズムは、特殊的状況や追究される目的がどうであろうと、それとして再生産可能なものである。「新自由主義的システム（プリーモ・レーヴィの言葉を借りれば「大産業施設」）における悪の凡庸化とナチズム体制におけるそれとのあいだには、明白にはいかなる違いもないように思われる。これら二つの力学の同一性は、悪の凡庸さ（banalité）ではなく、悪の凡庸化

(banalisation) に、つまり他人に与えられる苦悩を前にして、道徳意識を揺るがし、悪に寛容な状態に作りあげる連鎖的段階に関わっているのである[30]」。

「悪の凡庸化」とは、それ自体として一つの現象として考えられるもので、問題の行動の特殊的な目的から切り離されている。この点においてこそ、この概念を用いることによって、「脅威によるマネジメント」と強制収容所とを比較したり、ナチスの大量殺戮と解雇への加担とを同じメカニズムから生じるものと考えたりすることが可能になる[31]。こうして、ナチス親衛隊が犯した殺戮や、ユダヤ人の迫害の過程でのユダヤ人の側の協力から、解雇や排除を実行する大企業へと移行する。いずれの場合であって、関わっているのは、追及されている目的には何も負わず、同一と目されたメカニズムを有した「仕事」なり「ひどい役目」だというわけである[32]。

だが、未分化の「悪」への加担と同意のメカニズムという観点からのこうしたアプローチは、労働の心理学的ダイナミズムから説明を行なうものであるが、いまだ混乱しており、全体主義という現象の特殊性を消し去ることに貢献してしまうだろう。

第3部

道を誤った反全体主義

第12章　権力の幻想《ファンタスマゴリ》

反グローバリゼーション運動のいくつかの袋小路

「市場独裁」や「自由主義的グローバル化」に対する抗議運動は、きわめて管理型の政治を告発し、それにまとわりついている運命論と手を切ろうとする。告発されるのは、社会的な居心地の悪さ、先進民主主義社会に巣くう不正義――失業や排除、不平等、あらゆる領域への市場論理の浸透、環境の悪化、国家や民主主義的制度の弱体化、貧困国に対する富裕国のエゴイズム等々である。

こうした告発は正当なものであり、これを共有する人の数もますます増えてきている。しかし、現行の「反グローバル化」運動の支配的な言説に見られるこうした状況の原因についての説明とそれに対する対処方法は、それを打ち破るための最良の武器を提供するものなのか。私にとってこの点はまったく明らかではなく、これがこの最終部で示したいことなのである。

もちろん、アタック（ATTAC）[1]のような運動は、「唯一」と思われているものとは別の経済政治が可能であることを示そうとしている。だが、こうした議論の射程は、指導者たちがあらゆる選択肢を考慮することができないということについてどのような説明がなされているかを考慮すると、かなり弱められてしまうように思われるのである。その理由は単純である。こうした議論によれば、国家、制度、政治家たちは金融の力の一介の従者ないし促進者にすぎず、これに対して一握りの個人によって牛耳られ、新たなメディア的「ビッグ・ブラザー」に仕えることとなった「市場全体主義」が、世界に対して全体的支配を行使するというわけである。

こうしたタイプの告発を推し進める人々は、自分たちが打ち破ろうと思っているシステムに全能のイメージを付与するが、そうすることで、そうとは知らず自分たちもまたこれを強化することに貢献してしまっているのである。さらに彼らは、自分たちの主張に従う人々を、逆説的なことに、無力さを引き受けざるをえない状況に置くことになる。上述のような根本的な批判は、還元的分析に依拠することで自足してしまい、こうした姿勢がそのままメディアで反復されるのである。

目下問題になるのは、こうした運動の多様な構成要素を分析することではなく、単にこの運動が社会的な居心地の悪さについて行なう包括的な説明に見られる諸々の矛盾と、こうした説明が行きついてしまいかねないいくつかの袋小路を強調することである。こうした袋小路から抜け出ること、これは民主主義の現象の深い活力を誤認する、権力と全体主義についての幻想《ファンタスマゴリ》と手を切ることである。

ただし、現代化の無謀な打開策と自由主義的イデオロギーに対して、アタックの基本方針は、民主主義の要請をはっきりと認めている。「世界の変革は宿命であるという旗印のもとに、市民やその代表者たちは、自分たちの運命を決める権力をめぐって競いあっている。こうした市民の地位の低下、無力化が、非民主主義的政党の躍進を助長しているのである。そこで喫緊になさねばならないことは、国家的、ヨーロッパ的、国際的規模で、新たな統制、統御の方策を生み出すことによって、このプロセスに歯止めをかけることである」[1]。つまり、問題なのは「国家レヴェルにおいても国際的なレヴェルにおいても、政治的実践、したがって市民の自由に活動の余地を与えなおす」ことである[2]。アタックはこうして単なる抗議のための拒否にとどまらずに、これまで専門家たちの狭いグループの専有物にとどまっていた経済問題、社会問題、環境問題などを公的空間へともたらし、異なる選択が可能であることを示そうとしている。

ヨーロッパ的、さらには国際的規模で資本家の活動に課税をし、経済資源を集めてこれを経済成長や雇用へと回すというアタックの提案は、無力化の言説とは手を切り、新たな議論をもたらす。このような提案は実際に有効なのか。それが逆効果になるとしたら、どのようになるのか。どのような制度にすればこの提案は適応可能になるか、といった議論である。この意味で、新たな抗議運動は反権力の役割を確かに果たしており、民主主義的な議論の再活性化に資するものである。

だが、分析のより抱括的な枠組みを考慮することなしに、この点にとどまるわけにはいくまい。経済市場が強く台頭し、国民国家や諸々の政治が経済を統御することができなくなっており、多数の利益集団が国家的、ヨーロッパ的、国際的規模で圧力をかけ、自由主義的イデオロギーが強く訴えかけてくる……、こうしたことは認めなければならないだろう。しかし、こう確認することによって、社会や世界の権力はいまやすべて「金融資本」の手中にあると結論することはできるのか。

新たな経済至上主義

イグナシオ・ラモネ[2]は、その著書『カオスの地政学[3]』を次のように問うことからはじめている。「新たな世紀の幕開けにおいて、誰が世界を統治しているのか[4]」。そして、すぐさまこう確認している。「国際関係においても社会のただなかにおいても、権力の変異がどこでも生じている。このことは、国家の次元でも――その介入する力はかなり減退しているが――、家庭や学校ないし企業においても見てとられる。われわれは、権威的、ヒエラルキー的、垂直的な権力という形態から、交渉や合意に基づく、網状で水平的な、より洗練されより複雑となった形態への移行の渦中にあるのである[5]」。だが、こうした確認がなされ、問いが開かれつつも、読者はすぐさま市場独裁や「新たな世界の支配者」へと連れ戻される。「大企業や複合企業《コングロマリット》、企業グループや個人金融資本家らが世界を支配しようとし、洗いざらい買いまくり、莫大な戦利品を積みあげる」と言うのである。[6]

見かけ以上に、権力の現実は「惑星的規模のおそるべき力」であり、思いのままに振る舞い、自由主義の聖典をあてがう。その「スローガンたるや、「あらゆる権力を市場に」である」[7]。「自分たちのみが定めることのできる規則に従って機能する金融市場は、いまや国家や政治的指導者たちに自分たちの掟を課す。言い換えれば、経済が政治に対して自らを押しつけるのである」[8]。政治権力はますます「金融市場という世界の本当の支配者の執行人、補充部隊、従僕のようなものとなる」のである。[9]

数々のテクストや宣言によれば、政治権力はもはや真の内実を有していない。もはや、市場の国際化と国家的枠組みとのあいだの不均衡を指摘するのでなければ、政治権力の無力の原因を長々と検討することもなくなる。権力は、地球全体に網のように組織された大多国籍企業や、完全にこうした企業に仕える国際機関（世界銀行、国際通貨基金、世界貿易機関）、あるいはまた「株主のみが大事なワールド・カンパニー」[10]が順々に握るものとされるのである。

実際、政治権力は、金融権力に従属した付帯現象、それを隅から隅まで規定している経済的因果関係の単なる帰結とみなされるようになる。新たな告発者たちは、市場論理の諸々の帰結を批判するが、しかしながら、やはりこの同じ論理にもたれかかり、自らの敵と同じタイプの説明方法を共有していることにかわりはないのである。「「統治しているのは市場だ」とあまりに言うことで、ジャーナリストや、新古典派の番犬経済学者、大臣や欧州議会議員らは、ある教育的な仕事を果たした。これは、もちろん彼らの希望を乗り越えていくことになる。金融資本家、「市場」が敵であることがついにはっきりと判明するのである」[11]。

以上のような図式は経済至上主義にとらわれたままなのであり、この点では社会の諸問題に接近する際に、自由主義的な敵と根本的には隔たっていないのである。両者とも同じ決定論に基づいており、その帰結が単に逆なだけである。「市場、資本の循環、非物質的ネットワーク全体のグローバル化は、一九九七年二月一七日の電気通信についてのジュネーヴ合意が証言するように、徹底した規制緩和にいたる」[12]。これに、経済のあらゆる平面での流動化、不平等の噴出、人々に対する前例なき監視が続く。さらに、イデオロギーの諸々の象徴的な効果や、プロパガンダや操作のための単なる道具へと還元されたコミュニケーション手段などを考慮しつつ、説明をいっそう複雑なものにすることもできるかもしれない。だが、根底にある説明図式はあいかわらず同じものである。すなわち、市場が世界を導いており、社会や世界で起きていることは、市場を起点にして明らかになる、という図式である。

しかしながら、問いは残ったままである。「経済が政治に対して自らを押しつける」というのが正しく、規制緩和が実際に起こっているというのが正しいとしても、なぜ、そしてどのようにわれわれはそこまでいたったのか。政治的なもののこうした機能不全をどのように説明すべきなのか。これは諸々の政治における単なる意志の欠如、さらには「裏切り」なのか、あるいは、われわれはまた別の厚みのある解体プロセスに関わっているのか。

「市場独裁」による説明は、こうした問いを急いで覆い隠し、すぐさま同定可能な敵を名指そうとする。そうすることで、かつての闘争的な図式をもう一度活性化することができるからだ。それによれば、政治的なものは純粋な経済的論理、支配の論理のもとに溶解する。自由主義的イデオロギーの平穏な楽観主義には、先進社会の暗黒面、全体主義が接近してくるなかで混沌を維持する権力という幻想が共鳴するとされてしまうのである。

「新たな世界の支配者」

イグナシオ・ラモネにとって、新たな造物主《デミウルゴス》たる市場は、自らの掟を無慈悲に課してくるものである。市場は「全体的」たらんとし、「真、美、善、義を命じ(13)」、「液体かガスのように、人間の活動のあらゆる隙間に入り込み、浸透し、これらを自らの論理に合うように変換し」、地球全体に広がっていく(14)。新たな全体主義が現れるわけである。「国家はもはや全体主義的ではない。だが、グローバル化の時代においては、経済がますます全体主義的になっているのである。かつて「全体主義体制（régimes totalitaires）」と呼ばれていたのは、いかなる組織的な対立も認めず、国家理性の名のもとに人間の権利を無視し、政治権力こそが支配された社会の活動の全体を至高的に治める一党体制であった。一九三〇年代を特徴づけていたこうした体制の後で、世紀末に、また別の種類の全体主義が現れる。「グローバル的体制（régimes globalitaires）」である。グローバル化の教義《ドグマ》とその特有な思考に立脚したこの体制は、ほかの経済政策を許容せず、競争的理性の名のもとに市民の社会的権利を無視し、金融市場に対し、支配された社会の全体に対する指揮権を委ねるのである」[15]。全体主義という概念は、こうして政治的な場から経済へと横滑りし、「グローバル的」と名指された体制を形容するものとなる。経済市場に従うもののほかは、固有の政治的実体を持たない体制である。

ピエール・ブルデューによれば、何者も逃れることはできないように見えるある支配によって、すべては秩序づけられ、保たれることになる。秘密裏にはたらき、世界中にその支配を広げる「強者たちの見えない政府」が存在するというのである。[16] 大多国籍企業や国際機関（世界銀行、国際通貨基金、世界貿易機関、欧州中央銀行、欧州委員会）からなるこの「見えない世界政府[17]」は、政治に対して自分たちのものの見方を押しつけ、自分たちの新たな思考方法を教え込む。「新たな世界の支配者たちは、大マスメディアグループ、すなわち文化財の生産と頒布のための手段の全体に対して自分たちが有しているほとんど絶対的な権力を通じて、経済的、文化的、象徴的なあらゆる権力を集中さえしようとする。かつて多くの社会において、こうした権力はそれぞれはっきり区別されさらには対立しあっていたが、いまやこうして自らの利益に見あった世界観を非常に広範囲にわたって押しつけることができるようになったのである[18]」。

この見地からは、法治国家、根本的自由、憲法に基づく制度、政治的多元主義、国家と社会の分離などはすべて、主権的な市場およびそれに仕える全体主義的な世界権力によっていともたやすく一掃されてしまう。実際、政治的なもの、法、文化などは経済的な権力に従属した付帯現象

へと還元されるか、あるいは純粋な支配関係によって支配された「界《シャン》」[3]となるのである

しかし、こうした議論に入り込んでしまうと、自由という中心的問題にほとんどかかずらうことなしに、民主主義社会、独裁、そして全体主義が混同されることになる。実際、キューバ、ベトナム、中国ないし北朝鮮のような体制を特徴づけるために、北側の国でも南側でも猛威を振っているさまざまなかたちの独裁について語らずにすますことはできようか。これらの社会を治める独裁は、市場やそれをとり囲む「強者たちの見えない政府」がなしたことだと考えなければならないのだろうか。

私が思うに、経済至上主義と権力についての幻想は、全体主義という現象と、民主主義において問題になっていることについて深く誤認している。ところで、この経済至上主義および権力についての幻想に関わっているのは、グローバル化に対抗する者たちや一部の左翼における反アメリカ主義である。世界で経済的、金融的に最も強国であるアメリカ合衆国は、言ってみれば、民主主義的なものを何も有さない「世界の新たな主人」の筆頭として現れるにちがいあるまい。もちろん、アメリカの民衆をその国家と区別し、前者を支持しつつ後者を金融権力の支配とみなすことでこれを批判することはできるかもしれない。しかし、この社会の政治的性質はつまるところ何なのか。

この点については、アメリカ合衆国に対して、国際政治の面でも国内政治の面でも何らかの批判を行なうことはできるが、それでもやはり、それが固有の経験や伝統を有した民主主義国家で

あり、万人に認められた規則に従って討議や対立の合法性を承認する公的空間を設立し、統治者たちの正当性が自由選挙に結びついている法治国家であることにかわりはない。これらの要素はもちろんアメリカ社会やその諸制度の全体を語っているわけではないが、政治的には本質的なものである。こうした観点からすると、すべての国を同一の平面に置くというのは不可能なことであろう。

「新たな世界の支配者」の批判者が真に考慮していないのはこうした要素である。彼らは、自分たちが告発している自由主義的イデオロギーの逆向きの図式にとらわれたままなのである。彼らが国家やその諸制度を市場の自由な発展を助けるべき単なる道具へと還元しようとするとき、逆説的にも、その対立者たちはこの主張を正しいものと認めるのである。

逆向きの現代化論

反グローバル化の言説と自由主義的な言説との暗黙かつ逆説的な連携は経済至上主義にとどまらない。世界の進化についての解釈においても、この進化の帰結については徹底的に正反対の主張を展開するとはいえ、彼らは「断絶」や「革命」という用語でもって、敵の自由主義者と現代的な見方を共有しているのである。イグナシオ・ラモネの『カオスの地政学』はこの観点で啓発的である。

この著作における世界の進化についての記述は、現代化のイデオロギーと接近しており、コミユニケーションの新技術に対する魅惑から免れていない。「情報技術やコミュニケーション技術の華々しい進展は、惑星規模で文明の変革という現象を引き起こしている。産業時代や「消費社会」は、徐々に「情報化社会」へと場を譲っているのである[19]」。

イグナシオ・ラモネは、デジタル化やマルチメディアの到来の重要性を強調しているが、この表現は、彼が同時に喧伝や情報操作をしていると非難するマスメディアの表現と異なるものではない。たとえば、「コミュニケーション革命[20]」、「電話技術革命[21]」、「情報革命[22]」、「インターネットとマルチメディアの到来にともなう根底的な革命[23]」などがそれである。経済のグローバル化自体は、「莫大な断絶」として描かれる。「ここ数年、経済、金融、技術、文化などのさまざまな次元で、多くの部門の労働の対象となっているグローバル化は、その総体《グローバリテ》において、文明の転換としてはほとんど捉えられてこなかった。しかしそれは、経済の究極の帰結をもたらす。すなわち、「われわれの眼下で生まれつつある思考不可能なもの」である。すなわち、「世界的」人間、つまり、文化も、意味も、他者の意識も除かれた、下位–人間的アトムをもたらすのである[24]」。

ここでもまた、対立関係を徹底的なものにしようとしつつも、実のところ根底では自らの敵と同じ論法を共有している。この言説は、現代化のイデオロギーの諸々の前提を自分自身で捉えなおしつつ、その帰結を反転させているのである。われわれを——広告的な言説においてそう主張されているように——自らと和解したよりよい世界へともたらす代わりに、こうした進化は「金融市場の激発」を引き起こし、「新たな世界の支配者」に自らの支配を確立するための前例なき手段を供しているのだ、と。

訳注

〔1〕アタック（ATTAC）とは、正式名称を「市民を支援するために金融取引への課税を求めるアソシエーション」という社会運動団体。一九九七年、『ル・モンド・ディプロマティーク』誌において、編集長のイグナシオ・ラモネがトービン税（経済学者ジェームズ・トービンが提唱した投機目的の短期的な取引の抑制のために国際通貨取引に対して低率の課税を行なうという税制度）の導入を提唱したことを受け、一九九八年にフランスで設立された。新自由主義、金融市場のグローバル化に対抗し、「もう一つの世界は可能だ」をモットーに世界各国の市民の連帯を提唱する。ATTAC編『反グローバリゼーション民衆運動　アタックの挑戦』（杉村昌昭訳、柘植書房新社、二〇〇一年）を参照。

〔2〕イグナシオ・ラモネ（Ignacio Ramonet, 1943–）は、スペイン生まれでフランスで活躍するジャーナリスト。右のアタックをはじめ、数々の反グローバリゼーション運動を主導する。著書も多数あるが、本書とも関連するものとしては以下を参照。イグナシオ・ラモネほか『グローバリゼーション・新自由主義批判事典』杉村昌昭ほか訳、作品社、二〇〇六年。イグナシオ・ラモネ『21世紀の戦争　「世界化」の憂鬱な顔』井上輝夫訳、以文社、二〇〇四年。

〔3〕「界（champ）」とは、フランスの社会学者ピエール・ブルデュー（Pierre Bourdieu, 1930–2002）が用いた概念。政治界、宗教界、経済界といった、一定の自律性や沿革を有し、行為者たちの行為、価値観、制度などによって構成された社会的領域を指す。

第13章　全能のメディアたち

イグナシオ・ラモネは、その著書『コミュニケーションの専制』において、[1] マスメディアについての批判的分析を展開し、現代におけるその機能の多くの実態を強調している。たとえば、大マスメディアグループのあいだの競争圧力、情報を単なる商品とみなす傾向、視聴率争い等々である。「やらせ」、「扇情主義」や「勧誘」、「情報–密告–見世物」などはこの論理に収まる。こうした実態を前にして、マスメディアに対する不信はますます強まるが、とはいえそれがどうして人を魅了するかが問いただされることはなかった。

こうしたメカニズムは著者が「民主主義的検閲」と呼ぶものに関わっている。これは、禁止や切断といったかつての検閲と同じように機能するのではなく、「情報の蓄積、飽和化、過剰化、余剰化」に基づくと著者は強調している。この検閲には「ジャーナリストの検閲」が対応する。これは、自らのキャリアを考えて、同業者の疑わしい行為を批判することを差し控えるというものである。

こうした批判は、以上のようなメディアのメカニズムが民主主義にもたらす危険を明らかにし、さらにジャーナリストたちが、自分たちの実践について、さらには情報の伝達や加工におけるメディアの民主化と言いうるものについて自省することを求めるものである。だが、こうした見地は、ここでもまた、この自省や実践を別の方向へと向けるイメージ、すなわちメディアの支配に対して社会全体が完全に服し、それによって意のままに操られ疎外されるというイメージのために塞き止められることになってしまうだろう。

「新たな番犬たち」

新たなコミュニケーション技術とマスメディアの技術は、大きく言えば、放送時間に対して投資をする大金融グループという「新たな世界の支配者」の手中にある道具とみなされる。

こうした大金融グループに従属したメディアという見方は、とりわけ、イグナシオ・ラモネが引用しているセルジュ・アリミの『新たな番犬たち』において展開されている[2]。アリミは次のように言っている。「活字メディアないし視聴覚メディアは、畏敬すべきジャーナリズムによって、産業・金融グループによって、市場の思惑によって、共謀したネットワークによって支配されている。どこにでも姿を現す一握りのジャーナリストが、失業におびえますます脆くなった同業者たちに、商品としての情報についての自らの定義を押しつける。彼らは、世界の市場の支配者の利益に仕えた、新たな番犬なのである[3]」。この「畏敬すべきジャーナリズム」は、同時に「階級的ジャーナリズム」であり、その本性は、セルジュ・アリミが言うところによれば、「全体主義的」なものである[4]。

このような図式は新たな過激な抗議運動のなかで再活性化されているばかりではない。いまや、皮肉にも、メディアについての紋切型のなかに組み込まれることになる。多くのジャーナリストは、現在の情勢についてコメントする際に、熟慮のための距離をほとんどとることなく、「新たな世界の支配者」といった表現を自分自身で用いている。さらに、畏敬すべきジャーナリズムとは別の実態もあるが、これもまた同様にメディアの支配的な機能のなかに組み込まれている。すなわち、何らかの多かれ少なかれ権威的な原理を肯定し、制度を体現するあらゆるものに対する愚弄を信奉する、不遜で無礼なジャーナリズムである。こうしたジャーナリズムはほとんど問題にならない。実際、これがもたらす世界観は、大マスメディアのジャーナリストを多少なりとも「新たな世界の支配者」に密かに操られた人形とみなす見方からあまり隔たってはいない。カナル・プリュスの番組「レ・ギニョール・ドゥ・ランフォ」〔本書「はじめに」の訳注を参照〕は、皮肉や嘲弄をかなりこめつつ、それなりの仕方で、こうした表象を逆の側から再現している。「新たな世界の支配者」は、この番組にでてくる、思いのままに世界を支配し操る「ワールド・カンパニー」の人形たちにあまりにも似ているのである。この新たな極左的聖典は、大マスメディアが保っている思春期的な想像物や文化と共鳴しあい、それをとりまく混沌を強固なものとするだろう。

「コミュニケーションのイデオロギー」の内容やメカニズムを分析し、メディアは「生放送、ライブ放送、速報のイデオロギー」に追随しており、こうして分析や熟慮のための時間を縮減していると指摘するのは一つの方法である。だが、こうしたイデオロギーを結局市場独裁や巨大通信グループの独裁によるイデオロギーとして説明するとなると話は別である。イグナシオ・ラモネはこれら二つのあいだで揺れ動いており、良かれ悪しかれ、後者から前者を引き出そうとしている。だがこの両者において批判の矛先は同一ではない。市場論理がジャーナリズムの環境においても視聴率による強制というかたちで機能しているというのが正しいとしても、これですべてを説明できるわけではない。これは、この図式をはみ出るメディアの機能の諸々の特徴の一つだからである。

模倣主義と「過剰な感動」

イグナシオ・ラモネは情報化において決定的な影響を持つ二つの「指標」の意義を正しく強調している。すなわち、「メディアの模倣主義と過剰な感動」である。(5)彼によれば、さまざまなメディアは「いまやそれぞれ結びつきあい、輪になって機能する。メディアがメディアを反復し、メディアを模倣する」(6)。その著書『メディア批判』において、(7)ピエール・ブルデューは、「これから人が何を言うかを知るためには、ほかの人がすでに何を言ったのかを知るべきだ」(8)という、視聴率という強制に従属したジャーナリズムが身を委ねる鏡像効果に言及している。この模倣は、イグナシオ・ラモネが批判する一種の「自家中毒」にまでいたる。「メディアはこうして互いに唆しあわせ、過剰に刺激しあい、誇張表現を増加させることで、情報過多に陥り、目をくらませ人を酔わせる一種の螺旋運動でもって、吐き気をもよおさせるまでにいたる[9]」。

彼が、メディア全体のなかでもテレビが果たしている特権的な役割を強調しながらとりあげるのは、「映像に対する魅了」、「生放送、ライブ放送、リアルな時間に対する」魅了であり[10]、さらに「見えるもののみが情報の名に値するという根本的な考え」である[11]。彼によれば、テレビは「自らが『生じつつある歴史』を見させる能力を有しており、見させるということは、とりもなおさず理解させること」だと思っている[12]。理性ではなく、強い映像、感情的な衝撃が特権視されるのである。

この現象はまさに実際に起きていることだろうが、しかしながら、「市場独裁」、視聴率の圧力、技術的要因などだけでもってそれを説明することはできないだろう。映像やリアルな時間に対する魅了は、単に映像の優位――これもまた視聴率に従属している――にともなうテレビの躍進にのみ関わるものではないし、また、テレビがほかのメディアに対して「押しつける」とされる「倒錯」や、アメリカのテレビによる支配という指標について語って済ませられるものでもない。この魅了は、われわれが本書第1部ですでに分析した、時間性への関わり方の歴史的で包括的な変化の兆候なのである。歴史からの分離は、自発性や実際の体験に対する信奉、反省に必要な距離をもたない即座の応答などをともなっていた。映像に対する魅了やテレビの衝撃はこうした変化に組み込まれるものであり、これによってメディアの逸脱が可能になるのである。「過剰な感動」、勧誘、露出主義、覗き見趣味なども同様に、公と私の差異の喪失、欲望する主体の特権視、本当らしさの指標としての感情や情動の奔放な表現等々に基づいている。市場は新たな放送帯に投資し、映像を特権視する新たなコミュニケーション手段の発展がこうした現象に随行しこれを反響・増幅させ、幻想と現実のあいだの境界をさらに曇らせる。広告の進展もこの社会的・歴史的変化にともなうものである。

問題なのは、満足感の必死の追及やかつて消費社会と呼ばれていたものだけではない。悲劇的なものを一切除去した理想的な世界という見方が、歴史との関連を断たれた世界および社会という見方と一体となっているのである。確かに、スポット広告は、その時間の短さにおいても、またその見せ方においても、瞬間的に消費される快楽を求める欲望する主体——自らのイメージや現れ方を自分が他者から区別されるしるしとする主体——の欲望に幻想的に呼応する。しかしながら、こうした現実は、広告主たちの常軌を逸した主張を正当化するものではなく、逆に、その効果を相対化するものなのであり、また精神を完全に統御するというまさに幻想的な——たとえ批判的なものであっても——見方に疑義を呈するものなのである。言い換えれば、「市場独裁」とか「コミュニケーションの専制」といった概念は、まさに現実的な現象を批判的に描くものだとしても、やはり、われわれが理解しようとしている筋道を理解させてくれるのではなく、曇らせてしまうのである。

プロパガンダと人民の阿片　精神のアメリカ化

情報、プロパガンダ、広告、気晴らしがすべて同じ平面に置かれ、すべて新たな世界の支配者の支配に与しているとされる。メディアは単に自由主義的イデオロギーを喧伝するばかりではなく、人々の「精神」を「監視」し、「条件づけ」、「操作」し、「統御」する。この「内密の説得」、「秘められたプロパガンダ」から逃れることができると思われるのは何もない。スポット広告、映画、シリーズ番組等々は、アメリカによって支配されたこの広大な企図に参与するとされる。「したがって、アメリカ化が、眼を通じてわれわれのなかに浸透してくる。静かなプロパガンダのおそるべき効果を携えて[13]」。彼ら曰く、アメリカは、「愛想のよい抑圧」、「支配された側の受け身の共犯関係」をともなった「甘美な専制」を打ち立てる[14]。「結局のところ、われわれをおめでたい、快感に満ちた、幸せな者とするため」にすべてはなされているというのである[15]。

古いレインコートを着てぼろぼろの車に乗った刑事コロンボでさえ、刑事コジャックと並んで、アメリカの「中流秩序の番犬[16]」とされる。刑事コジャックが「台頭する民族マイノリティ集団や周縁者たちに命令を下し、監視し、教化し、アメリカ化する[17]」のに対し、コロンボ警部補のほうは、「世界市民的な億万長者、横柄な金持ち、祖国も美徳もない富裕者の違法な振る舞いに対して、道徳を説き、公然と非難し、その仮面を剥ぎ、制裁を科す[18]」。両者は互いに補いあい、それぞれの仕方でアメリカのシステム、法、秩序を守る。ラモネは次のように書いている。「その放送を観ることは、アメリカの文化帝国主義に対して無邪気にも分け前を払うことと同じである。この帝国主義は、テレビ映画を使って、われわれに語りのモデルを命じているだけではなく、日常の生の政治的な見方を命じているのである。これらの刑事物において、秩序を代表する者たちは気前よくどこにでも顔を出す。彼らによる抑圧、密告、家宅捜索などはつねに市民を守るものとみなされる。「職権乱用」や悪用は見逃され、無視されるか、あるいは場合によっては正当化されるのである」[19]。こうした条件のもとでは、われわれがアメリカの番組を見るときに得る快楽のうちに、「精神のアメリカ化」や繊細な情報操作に対する受け身姿勢、暗黙の共犯関係、無意識的な二枚舌などをいかにして見ないことができようか。結局、こうしたアメリカの番組はほとんど「サブリミナル効果」と言うべき「消費行動の内密の駆り立て」を含んでいるとされる[20]。こうした条件のもとでは、いかにしてその支配から逃れることができようか。

メディアはこうしてプロパガンダおよび人民の阿片という二重の特徴のもとで分析される。しかし、その一方で、人はみな好きなように考えをひけらかしたり振る舞ったりすることができるのだと聞かされるのである。

パブロフ的、全体主義的メディア観

「メディアがわれわれに語りかけるのは、われわれに客観的な情報を伝えるためにではなく、われわれの精神を征服するためである。すでにゲッベルスが言っていたように「われわれが語るのは、何かを言うためではなく、何らかの効果を得るためである」[21]。このようなメディアの機能についての分析がほのめかしているのは、パブロフ的な単純な条件づけである。つまり、反射という考えに近い機械的因果関係の図式に従って、ある「刺激剤」が「反応」を引き起こすというものである。これはまずパブロフ（一八四九―一九三六年）が犬で実験し描いたものであり、アメリカの行動主義学派の指導者ワトソン（一八七八―一九五八年）によって洗練されたものである。

この観点からは、広告は典型的な事例となる。広告は「欲望を喚起」し、「製品の購買という反射」を引き起こす。反復、演出、スポット広告の時間の短さ等々が刺激剤として働き、催眠効果を生み出す。「すばやい変化、映像がぱちぱちと移り変わることは、他方において、視覚刺激として機能する。これは、息切れするリズムや光の点滅によって視線を固定する。ショットの回転はあまりにも速いため、半秒でもテレビから目をそらすと、少なくとも一ショット逃すことになる。したがって、この速さこそが、視線を釘づけにし、催眠効果を生み出す手法なのである」[22]。

こうした広告批判は、フレデリック・ベグベデのフィクション小説『九九フラン』と合流する[23]。この作品では、ヒトラーやゲッベルスの引用に基づいて、全体主義のプロパガンダの手法と現代の広告の手法とが比較対照されている[24]。過去の失敗から学んだ「広告全体主義」は[25]、柔軟さと説得でもって振る舞う。「総体的な愚鈍化」の企てと形容された広告こそ、いまや社会および世界を牛耳るのである。「かつて与太話のようにはじまったこの広告という活動こそが、いまやわれわれの生を支配する。テレビに出資し、新聞雑誌に命じ、スポーツを支配し（ワールドカップの決勝戦ではフランスがブラジルに勝ったのではなく、アディダスがナイキに勝ったのだ）、社会を形づくり、性に影響を及ぼし、成長を支えるのである」[26]。

この小説が描写しているものは、自らが世界の中心にいると考える傾向のある広告代理店やメディアのうちに見られる自己愛型《ナルシシズム》の幻想の兆候である。だが、この描写は、一頁めくると、こうした枠組みを抜け出る省察によって塞ぎ止められる。「私は明晰だ。ほかに何もないかぎり、広告はこの場所全体をおさえるだろう」[27]。おそらく、問題はここにあるだろう。広告や商品のインフレーションは、人々の精神に対する広告の全能を意味するのではない。それはむしろ、広告が繁茂する土台となっている文化的な虚無と解体過程の兆候なのである。

問題なのは、活字メディア、ラジオ、あるいはとりわけテレビといったメディアに対する広告の経済的な重みでもないし、またそれがあらゆる部門に浸透し、日常生活にまで侵入してきているということでもない。そうではなく、自由という観点でそこからどのような帰結を引き出すことができるのか、人々の精神に対する条件づけのためにそれにどのような力が与えられているかなのである。

メディアや広告に対しては、実際にはそれらが有していないほどの並外れた権力が付与されている。確かに、ナチスのプロパガンダは、アメリカの広告の手法を借用した技術である。だが、ゲッベルスがヒトラーの選挙のためのプロパガンダにおいて「アメリカの技法をアメリカ的規模で」用いるつもりだと一九三二年に宣言したがゆえに、その広告の技法によってヒトラーが選出されたと帰結することができるわけではない。こうした単純な論法は全体主義を可能にした諸々の条件を誤認してしまい、これらの広告の技法に一種の全能を付与することになるだろう。広告の技法は、外部から好きなように手を加えることのできる蝋のかたまりとみなされた社会に働きかけるわけではない。全体主義のプロパガンダにおける諸々の情動の動員と指導者への崇拝は、社会のさまざまな内的な活力に基づいているのである。だとすると、問われるべきはまさに、今日この活力はどうなっているのかということである。

たとえば、イタリアでは、シルヴィオ・ベルルスコーニはテレビの力によって権力の座に登りつめたと考えることもできるかもしれない。しかしここでも状況はいっそう複雑である。一九九〇年代末の諸政党の危機による空白期間においてこそ、ベルルスコーニを首領とする連立政権は勝利することができたのである。彼が自由に使える放送局を三つも有しているというのは重要でないわけではないが、しかしすべてを説明するものではない。「政党の危機によって、テレビは中心的はそれまでの儀式、神話、集団的な象徴を失った［…］。この文脈においてこそテレビは公共空間な政治的立場を獲得したのである。テレビ画面は、新たな支配階級を選ぶための特権的な場所となった。テレビは政治的メッセージ、政治的言語を承認する道具となったのである。メディアは諸政党のイデオロギー的危機（これはもともと弱かった国民アイデンティティに影響を与えた）によってもたらされた巨大な空白を占拠したのである。テレビの商業化を促進することで視聴覚メディアの領域で革命を起こしたシルヴィオ・ベルルスコーニの力は、しかるべきときに、ほかの誰よりもうまく、この進展を利用した点にある」[28]。

政治的、文化的解体という文脈においては、政治は本質的に何らかのイメージに基づいており、そして政治的技法はすべてこのイメージが現実のものであることを世論において信じさせるものであると考えられてきた。とすると危険があるのは、現実や常識を軽視することによって諸々の決定がなされるときに「ヴァーチャルな文化」に依拠するという点であろう。だが、持続的に「何らかのイメージの提示を政治の基盤に」することはできるのか。諸々の試練や大きな転換期に直面して、こうしたイメージは長きにわたって持ちこたえうるのか。社会が世論がどのような状態か、どのようにして世論は自由に情報を与えられ、啓発されうるのか、こうした問題こそが決定的な役割を担っているのである。

民主主義の誤認

『ニューヨークタイムズ』誌が暴露した、アメリカの対ベトナム政策についての決定がどのようにしてなされたのかを示す文書について、ハンナ・アレントは一九六九年に、アメリカの行政機構の公的報告書の専門家らが練りあげた嘘が見せる新たな形態を分析している。「何らかのイメージの提示を政治の基盤にすること、世界支配ではなく、「人々の精神」が賭けられた戦いで勝利を求めること、ここに、歴史上記録されてきた人間の狂気の堆積のなかでも何か新しいものがある」[29]。この文書は、公的報告書がいまやどれほどまで広告の一種の変種とみなされており、人間を好きなように操作するという可能性についての、同じような心理学的な先入観を共有したものとなっているのかを示しているのである。

だが、同時に、こうして提示されたイメージと現実とのあいだの隔たりは大きい。操作主たちは、自らの心理学的理論や方法論の全能を信じていたにせよ、自らの権力をあまりにも評価しすぎていた。それなりの仕方で、彼らは自らを世界の主人だと思っていたのだ。「あたかも、自己暗示の通常のプロセスが逆転したかのようにである。欺瞞を行なう者たちは、自己欺瞞からはじめたのだ[30]」。常識を軽視し、現実からは切り離された世界で生きる彼らは、自分は世論や諸々の出来事を統御する力を有していると夢想したが、自分たちの感覚には収まりきらない物事、聴衆が信じ込むのを拒否するという事実を無視していたのである。こうしたアレントの批判は、ベトナム戦争期のアメリカの行政機構の公的報告書の専門家たちにのみ関わるのではなく、今日の先進社会で映像やコミュニケーションを唱導する多くの者たちにも関わっている。アメリカの行政機関の情報操作主たちが失敗したのは、「彼らが、あらゆる情報源を利用することができる自由な国で働いている」という点による[31]。ここから、自由およびメディアが流す情報の質という決定的に重要な論点が生じるだろう。

広告企業もまた、人々の精神に対する支配という考えにはうまくはまらない「顧客＝王」という観点から、消費者の行動の変化をあらゆる角度から検証するために、かなりの額の出費をしている。広告メッセージをテストする際にも、消費者の振る舞いはあらゆる角度から細かく分析されており、わずかな目の動きも記録するためにと隠しカメラが使われることすらある。とはいえ、こうした検証や広告の洗練された方法論などが、精神に対する広範な条件づけを生み出すのだろうか。「内密の説得」、消費者の実際の振る舞いに対するサブリミナル効果についてはどうなのだろうか。

確認しておかなければならないのは、イグナシオ・ラモネが認めているように(32)、こうした効果は評価するのが容易でないために、いくら知っても知りすぎということはないということだ。広告は、製品の名前が機械的に関連するかどうかにかかわらず、ユーモアや言外の意味を重視する。多くの視聴者は、スポット広告によって商品の種類を漠然と思い起こすが、その特徴は覚えていない。メッセージを増やすことで結局すべてがあいまいになり、消費者はなぜ自分が諸々の商品のなかからこの商品を買うのかすらもわからなくなる。さらに、ザッピングが日常的に行なわれるようになると、テレビ局の機能は、視聴者がそれを観るということを必ずしも意味しなくなる。スポット広告も放送番組も、イメージや背景音のように機能するようになるのである。

公的空間における広告の利点は、諸個人に対して彼らが何に関係しているのかを示しつつも、自分自身は姿を消すという点にある（このことはジャーナリストの場合にはあてはまらない。彼らは、メディアを新たな活動手段とみなす傾向があるからである）。広告の表現の自由、創作の自由は、宣伝の仕方、手続きや内容に関する法律や特定の規則の枠内でのものである。製品の質や提示されたサーヴィスについても同様である。広告の氾濫に対してこうした規制は不十分であるとみなすことはできる。しかし、だからといって、このことはこうした氾濫を新たな「全体主義」と考えうるということを意味するのではないだろう。

袋小路

こうした民主主義社会におけるメディアについての全体主義的な見方は、実際、袋小路にいたる。「諸々のコードや象徴すらも支配するようになった情報操作の新たな王たちは、いまやわれわれの前に、今日の魔法使いという魅惑的な装いでもって姿を現す。彼らはわれわれに好きなだけの余暇、気晴らしや目の保養を提示する。すべて、結局のところ、われわれをおめでたい、快感に満ちた、幸せな者とするためである(33)」。

こうした条件のもとでは、条件づけに対する抵抗は、少なくとも困難になる。実際、自らが多少なりとも操作されていないなどと誰が主張できるだろうか。結局のところ、われわれは自分自身を疑うことを学ばなければならないのではないか。市民としての義務からわれわれの気を逸らしわれわれを遠ざける、新たな、そして魅惑的な「人民の阿片」を拒否しなければならないのではないか。こうした短絡的な反アメリカ主義の背後で、自らを支配された者たちの一種の新たな前衛《アヴァンギャルド》であるとはにかむことなく主張する新たな道徳主義が姿を見せはじめる。支配された者たちが広範な条件づけの第一の被害者であってみれば、それを明らかにするという活発行動主義的な任務の重要性がいかほどのものかは想像できるだろう。

　イグナシオ・ラモネは、メディアがダイアナ妃の死をどのようにとり扱ったのかを分析しながら、メディア的ユートピアの裏側のイメージとも言うべき黒いメシアニズムに陥っている。「メディアの模倣主義および「過剰な感動」による加工の帰結は、世界がいまや「メディア的メシア」の出現に備えているかのように見えるという点にある。ダイアナの事件がこれを明白に告げている。技術的にも、だがとりわけ心理学的にも、メディアの装置はすでに整っている。ジャーナリスト、メディア――そしてある程度までは市民たちも――は、感受性と同情に基づく、惑星規模の射程を備えた言葉を発する人物を待望している。ダイアナとマザー・テレサ、ヨハネ・パウロ二世とガンジー、クリントンとドナルドを混ぜたような人物、パウロ・コエーリョ〔1〕が精神の苦行について語るのと同じように、（三〇億人もの）排除された者たちの苦しみを語る者、政治を遠隔《テレ》福音書に変化させ、活動に移行せずとも世界を変えることを夢に見、革命なき抜本的改革という天使のような賭けにでる者を待望しているのである[34]」。この点で、この著者自身は、自らがメディアにおいて批判している想像物である「錯乱した模倣」からほとんど隔たっているようには見えないのである。

　こうした権力およびメディアについての幻想をより理解するために、われわれはいまやこれがどれくらい次の二つの著作から糧を得ているのかを検討してみるべきである。かなりの成功をおさめ、しばしば引用されるこの二著とは、オルダス・ハックスリーの『すばらしい新世界』（一九三三年）と、ジョージ・オーウェルの『一九八四年』（一九四九年）である。これら二つの非常に異なった書物は、二つのタイプの全体主義的社会のユートピア的な絵を描き出し、「新たな世界の支配者」の批判者たちが依拠する鍵をもたらしているのである。

訳注

〔1〕 パウロ・コエーリョ（Paulo Coelho, 1947–）は、ブラジルの小説家。代表作に『アルケミスト　夢を旅した少年』（山川紘矢・山川亜希子訳、角川文庫、一九九七年）がある。

第14章　われわれは「すばらしい新世界」に突入したのか

オルダス・ハックスリーは次のように書いている。「真に「有効な」全体主義国家は、数人の指導者からなる全能の執行委員会と一群の所長たちが奴隷たちを意のままに操るような国家である。奴隷たちを強制する必要はない。というのも彼らは自らの隷属を愛しているのだから。彼らにこのように愛するようにさせること、これこそが今日の全体主義国家において、宣伝大臣や日刊紙の主筆や学校の教師に割り当てられた任務である」[1]。この『すばらしい新世界』の一九四六年の序文の抜粋は、I・ラモネやF・ベグベデによって、先進民主主義社会の真の危険をなすと思われるものを最もうまく強調した文章として引用されている。

この書物は、科学技術の発展に結びついた幻想の潜在的な力、これが引き起こしうる非人間化、民主主義にもたらす危険などを明るみに出す産業社会の逆ユートピアを描いている。それが民主主義社会を全体主義的に見る見方を増長するものであることは容易に見てとれる。『すばらしい新世界』のいくつかの特徴はまさに現代にあてはまるようにも見えるからだ。洗練された技術を用いた情報操作、隷属した者の微笑む姿、科学的発見を人間や生物に適応することの危険などである。われわれはこの書物の全体については――これは文学に属するものであるため――論じるつもりはない。だが、そこで今日の社会を予兆するものは何か、どの点で区別されるかについては、容易な類推や利用を避けるためにも、より仔細に検討してみるべきだろう。

反ユートピアから現実へ？

オルダス・ハックスリーが描くのは、世界的組織に指揮され、科学に魅了され、安定性にとりつかれた社会である。そこではセックスは完全に生殖からは切り離されている。個々人は実験室のなかで生産され、社会において割り当てられることになるさまざまな機能に応じたヒエラルキー的な階級に分類されるように調整される。「ボカノフスキー法」のおかげで、何十人もの双子を再生産し、産業的要請に完全に適応できるように彼らを調整することができるようになるのである。

『すばらしい新世界』の実験室における赤ん坊の生産は明らかに現代の人工生殖や遺伝子操作や、これらが唆す優生学の誘惑などの技術のことを考えさせる。イグナシオ・ラモネはその危険を次のように忘れずに強調している。「オルダス・ハックスリーが見た悲観的で暗い未来は、われわれに警告の役目をはたしており、遺伝子操作、クローン技術、生命観の転換の時代に、科学の現代の進歩やその潜在的な破壊的効果について仔細に目を光らせるよう促すものである[2]」。

遺伝生物学の領域に見られる競争、研究のメディア化、生物についての特許化、こうした領域における商業論理の浸透などはもちろん不安をかきたてるものであり、このことは、「立法者が、立法するときに、しばしば持続的な規範ないし禁止を命ずることをせずに——ただしはっきりそのように言わずに——現行の状態を慎み深く追認するよう導かれる」[3]だけになおのことそうである。

だが、それでもやはり、問題になっている危険はハックスリーが小説のかたちで非難したのと同じものではない。ハックスリーが明るみに出したのは、認識の観点からも、また道徳的観点、社会的・政治的生の観点からも、科学の発展は人類に提起される諸々の問題の本質を解決することができるという科学主義的な信仰が支配的になった社会である。逆ユートピアというかたちで彼が示すのは、大量生産のフォーディズム的産業モデルと結びついたこうした信仰が隠し持っている妄想的な潜在力である。対して、今日、とりわけ人工知能や遺伝学の領域で何らかの科学主義的主張や全能幻想が存在するとしても、これが介入するのは、全体主義とは異なった新たな社会的・歴史的布置においてなのではないか。

科学の発展がそれ自身進歩をもたらすものであるという信仰は、それに付随していた産業モデルとともに現在危機に瀕している。この新たな状況は、素朴な楽観論や今日よみがえりつつある科学主義の残滓を共有することを意味するのではない。まさに逆である。しかし、二一世紀の人間にのしかかるまさに現実的な危険に実効的に対処するためには、明晰さを示し、諸々の状況や時代を混同しないことが重要である。今日問いただされているのは、世界を支配する全体主義的な集団に組み込まれた新たな人間を制作することではなく、自らの自己実現に中心的価値を置き、差異をはぐくもうとする現代の新たな自己愛的個人主義の諸々の空想や幻想を満足させることをなんとしても求める態度なのである。この領域では——ほかの領域においてと同様——、社会が直面しているのは、自分自身の内部にある資源である。すなわち、自らの伝統に基づき、科学的探究やその適応についても制限を課すことのできる「人間性の原理」[4]なのである。

大衆をいかに条件づけるか

「新たな世界の支配者」の批判者たちは、オルダス・ハックスリーの著作のもう一つの側面をしばしば前面に押し出す。イグナシオ・ラモネはこう書いている。「オルダス・ハックスリーがかつて——一九三一年の『すばらしい新世界』ですでに——発していた警告の叫びを今すぐにでも思い起こさなければならない。ハックスリーがそこで主張していたのは、技術が進んだ時代においては、密かなプロパガンダがわれわれを感化するためのきわめて洗練された切り札を何千と有しているということだ。さらに、人間の観念、文化、精神にとって最も大きな危険は、敵が、恐怖や嫌悪を鼓舞する敵対者としてではなく、微笑んだ柔和な顔でやってくるかもしれないということだ[5]」。

『すばらしい新世界』が描く支配は、実際、優生学とクローン技術とを結びつけ、これを大衆のパブロフ型の条件づけへと産業規模で適応させようとしている。壜に入れられた胎児は将来、各々に見あった社会的役割につくよう条件づけられる。胎児室は、胎児の将来の仕事、その階級をあらかじめ運命づける「新パブロフ型条件反射育成室」なのだ。(6) そのためには、予定された役割に見あった行動様式を獲得するために、快適ないし不快な刺激が与えられる。将来ロケット機の整備技師になることになっている胎児の壜は、平衡感覚を向上させるためにつねに廻転させられている、という具合である。こうして「人々が、逃れることのできない社会的運命を愛する」ようにさせることができるようになるのである。(7)

人間存在に適応されたパブロフ型の条件づけはその極限にまで推し進められる。オルダス・ハックスリーは、みな似たような顔をした八ヶ月の赤ん坊が、床に電流が流され、苦痛と恐れを引き起こす騒音が発せられることからの連想によって本と花を嫌悪するよう条件づけられるという目を疑わんばかりの情景を描いている。こうして、「書物に対する本能的な嫌悪」を獲得させることができるようになるのである。国家の条件反射育成機関では、「睡眠時教育法」が実施され、寝ているあいだに、教化すべきことをスピーカーから聴かせることで「教える」ことが可能になる。「人が何かを信じるのは、それを信じるよう条件づけられているからなのだ」(8)。結局のところ、こうした考えこそ「新たな世界の支配者」の批判者が共有するものではないだろうか。

『すばらしい新世界』においては、大衆の条件づけはパブロフ型の図式や睡眠時教育法などに依拠し極限にまで推し進められることになるが、これは実際のところ、われわれが先に指摘した権力やメディアについての幻想の一種のモデル型なのではなかろうか。「六万二千四百回繰り返せば真理になる[9]」――イグナシオ・ラモネがスポット広告についてのテクストの冒頭で引用しているこの一節は[10]、こうした批判が広告やメディアの機能を思い描く際にどれほど支配的なものになっているかをよりうまく表している。「睡眠時教育法」はラモネが描くスポット広告の「催眠段階」によく似ている。一日の疲れからくる緊張をほぐし、「スポット広告という環境音楽で気持ちを静める視聴者は、部分的に自らの意識的人格を失う」のである。「彼は、広告が発する暗示（暗示とは何も言わず意味することだ）をより受け入れるようになる。とりわけ、感情の領域に属するあらゆるものに対してこの暗示が向けられるときはそうである。スポット広告はこうした一種の夢遊病化を引き起こすのである[11]」。

　しかし、こうして描かれた状況がまさに現実のものであるにせよ、こうした暗示は本当に操作的なものなのか。一日の疲れ、アルコールとスポット広告の氾濫を混ぜあわせることによって、むしろメッセージが曇り、これが無定形のざわめきとなってしまう。パブロフ型の図式を離れると、『すばらしい新世界』の数ページこそが、広告のようなスローガン、情報、注釈、登場人物の対話を並置することで[12]、現在のメディアの機能の支配的な様態である混沌とした世界をいっそう予見するものであるかのように見えるのである。

セックス、ドラッグ、画一主義

この著作には、あまり注目されないが、まさに現代社会の進展を予兆するような要素がほかにも見られる。ハックスリーが描く世界は自由放任な世界である。「あなたの多くの自然の欲動は自由に発揮され、もはや抵抗しなければいけない誘惑などはないのです[13]」。回り道をしたり長い期間腰を据えたりということは禁じられる。すなわち、「今日与ることができる快楽を明日に持ち越してはならない[14]」のであり、「産業文明は、あきらめるということがないときにのみ可能になる[15]」のである。そしてもし、何か不愉快なことが起こったら、「あるいは不運なめぐりあわせによって、ぎっしり詰まった彼らの気晴らしに、そういう時間の穴が開いたとすれば[16]」、「ソーマ」という好きなときに飲むことができる錠剤の薬《ドラッグ》によってそこから逃れることができる。「半日の休暇には半グラム、週末は一グラム、豪華な東方への旅には二グラム、月で永遠の眠りのためには三グラム」である[17]。

「ソーマ」のおかげで、即座に現実から逃避し、あらゆる心配事を追い払い、どんな怒りも静めて「有徳」になることができる。さらに「ソーマ」には副作用がまったくないという重要な利点がある。「いつでも好きなときに休暇をとって現実から逃げ出せるが、戻ってくるときには頭痛も幻覚も少しもない[18]」。問題なのは誘惑や情念といった観念そのものを不可能なものにし、これに対して、社会の安定性を根底から問いに付すことのない「愛すべき悪徳をどっさり」可能にし、統御することなのである。すばらしい新世界においては、「VPS（激情代用薬）療法」すら予見されていた。これは、恐れや怒りを覚えても不快をまったく感じない代用薬である。この世界では、誰もいら立たせてはならない。あらゆる人間関係はなめらかで透明でなければならないのである。

ドラッグやフリー・セックスが制度化されるにともない、幸福が義務となる。ただしこれらがあらゆる持続的な愛情や生殖から切り離されているかぎりにおいてである。愛情や生殖などは、懐古趣味の恥ずべきものとみなされ、家族、一夫一婦制などの絵空事はもはや通用しない[19]。病、死、老いの痕跡は同様にすべて排斥される。個々人は、かなり幼いときから、病やけがなどに触れることが、「不潔さ、奇形、老衰などのような」、「単におぞましいばかりではなく、まさに不快な、あるいはむしろ胸の悪くなるようなこと」になるよう条件づけられるのである[20]。完全に自らの安楽の再生産の循環と快楽の探求に身を浸したこの社会は、暗く、非人間的な過去から完全に断絶し、原初的な欲動に従い、永遠の現在に生きる。これこそが、われわれが生きる社会と無関係ではない『すばらしい新世界』が描く新たな大衆の画一主義である。

ハックスリーの著作のこうした次元は単なる条件づけだけに帰着させるわけにはいかない。イグナシオ・ラモネはこう書いている。「われわれがいまや恐れなければならないのは、われわれの精神の従属と統制が、力によってではなく誘惑によって、命令によってではなくわれわれ自身の願いによってなされるということである。すなわち刑罰の恐れからではなく、われわれ自身の快楽への渇望によってなされるのである」[21]。ラモネはこうして、パブロフ型の条件づけという枠組みを超え出る「自発的隷従」があることを認めている。だが、人は望むとおりに快楽を操作できるというのは本当なのか。あらゆる安定した関係の外部で、瞬間的な快楽を求めること、パートナーをつねに新しくすること、こうしたことによって、個々人は自らを有限的に限定された唯一の存在として認めることができなくなるだろう。このこともまた、『すばらしい新世界』が示していることである。

「自発的隷従」は、「精神の征服と統制」をめざす外的意志による操作という観念を超えるものである。それは、より根本的には、『すばらしい新世界』の住人たちが共有する、共通の資産をなす人間の条件に直面することの拒否、そこからの実存的逃走に関わっている。そして、こうしたことを拒否する者たちは、絶滅させられないとはいえ、周辺化され、愚弄され、遠くの島へと追いやられるのである。

『すばらしい新世界』は、人間的な情念を、それが含み持つ野蛮なもの、悲劇的なものも含めすべて根絶するにいたった。こういったものがあった遠い過去については、旅行者が気晴らしのために訪れることがある野蛮人保護地区においてかすかな痕跡が残っていて、それについて何か思い起こすことができるのみである。世界の果ての灯台に逃げ込み、観光客やメディアからいやがらせをうける〈野蛮人〉は、文化や罪、情念を発見したがために、彼を苦しめる群衆から逃れるために結局自ら首をつることになるのである。

「共有、均等、安定」

『すばらしい新世界』とは、人間の条件についての意識も、それに内属した悲劇的なことも柔和に根絶された、滅菌された世界である。この意味では、この逆ユートピアはわれわれの現代社会の現状とまさに関係している。だが、両者はいくつかの本質的な点で異なっている。前者は、個人の嫌悪を特徴とし、安定性の探求によって隅から隅まで秩序立てられているのである。

「万人は万人のものだ」と「睡眠時教育の格言」は語る。自らを個人として感じたり、他者をそのものとして認識したりするということができないようにすべてはなされているのである。集合的なわれわれというものが支配し、これが国家において具現化されるのである。「「こういう暗示はすべてわれわれが与える。われわれがだ！」所長は勝ち誇ったかのように絶叫せんばかりだった。「つまり国家が授ける暗示だ[22]」」。この「われわれ」はいかなる他性も許容せず、次のような者たちはみな島流しにされる。すなわち、「何らかの理由で、共同の生活に適応するには自分の自我についてあまりに個人主義的にすぎる意志を有している者すべて、公認の思想に満足せず、まったく自分自身で独立した考えを持っている者すべて、要するに、何者かである者すべて」である[23]。あらゆるエネルギーは、不具合も衝突もない集団的機能のために用いられる。そして、そこにおいて悲劇的なことや死などが否認されるのは、社会的有用性の庇護のもとでなのだ。「われわれが死んだ後にも社会の役に立てるというのはすばらしいことだ。植物の生長を助けるんだからな」[24]。こうした社会では、個人的かつ社会的な安定性が「根本的かつ究極の要求」となる[25]。この社会が根絶しようとする二つの禍とは情念と陰鬱であるが、それはこれらが社会に不安定性を引き起こすからである。「不安定は文明の破滅を意味する」[26]のである。これは現在支配的な混沌とした社会という見方からは程遠いものである。

ハックスリーは、一九四六年の序文において未来について検討しながら、「有効な全体主義国家」が「自らの隷属への愛」に基づくこと、これは「人間の精神や身体における深い、個人的な革命」を含み持つことを強調している[27]。彼によると、この革命が可能になるのは、新たな暗示技術、新たな薬《ドラッグ》、そして「あらゆる試練にびくともしない優生学の体系」のおかげである。こうした警告は考慮するに値するが、それでも、ここで全体主義に関わっているとまで信じさせるものではないだろう。

かつてユートピアのように見えていたものは、一九四六年にはいっそう近くにあるように見える。「恐怖」は、「一世紀遅れてわれわれに襲いかかってくる」かもしれないと彼は明記している。そして彼が予期する二者択一はとりわけ暗澹たるものである。「あるいは、原子爆弾の恐怖を根とし、文明の破壊（あるいは戦争が限定的であれば、軍国主義の永続化）を帰結とするいくつかの国家的、軍国主義的全体主義か。あるいは、生産性と安定性の欲求に応えるために〈ユートピア〉の専制福祉国家形態をとり、大きく言えば急速の技術の進歩、具体的にいえば原子力革命によってかき立てられた一つの超国家的全体主義か」という二者択一なのだから[28]。

半世紀たった後に確認せざるをえないのは、こうした予言は実現しなかったということである。実際、民主主義社会における科学や技術の役割はますます増大し、諸々の幻想やユートピアを再活性化させているのは確かだが、「新たな世界の支配者」の批判者らがそうしているように、これらを現実と混同してはならないだろう。彼らは、自分たちが非難している想像物からほとんど身を離していないのだ。現代社会において情念が侵食されつつあるにせよ、陰鬱の方はそうではなく、むしろこれは優勢となっている。現在の先進社会を特徴づける個人主義、折衷主義、不安定性は、『すばらしい新世界』の惑星規模の標語である「共有、均等、安定」の対蹠点にあるのだ。[29]

第15章　ビッグ・ブラザーがあなたを見ている？

「新たな世界の支配者」を批判する者たちは、自分たちの主張の正しさを認めてくれるように思われるものをジョージ・オーウェルの『一九八四年』からも汲みとろうとする。この著作はスターリン共産主義を思い起こさせる全体主義社会を鮮明に描きだしている。「オセアニア社会」では、各人は社会全体を指揮し統御する「無謬かつ全能の」ビッグ・ブラザーの恒常的な監視のもとで生活を送る。『一九八四年』と現在の世界とのあいだの比較対照は、何よりもまずこのビッグ・ブラザーへの言及というかたちでなされる。現代の民主主義社会は、世界のほかの国々のすべてと同様、いまや「監視下」に置かれ、権力を握る者たちの視線のもとでつねに生き、大企業グループが統御する情報と新たなコミュニケーション技術のおかげでプロパガンダや情報操作に従わざるをえなくなるのかもしれないというわけである。したがって、ここでもまた『一九八四年』に対してなされる紋切型や懐柔を超えて、この著作をより仔細に検討してみなければなるまい。(1)

『すばらしい新世界』の裏側

ジョージ・オーウェルが描くオセアニアという社会は、『すばらしい新世界』の反対にあるものとして、あるいはより正確に言えば、あらゆる他者性を根絶やしにしようとする同じ意志のもう一つの粗野で粗暴な面として現れる。『すばらしい新世界』の表面上は平穏な安定とは異なり、『一九八四年』が描き出すのは、つねに戦争状態で総動員体制にある社会という絵図である。パブロフ型の条件づけや人工の楽園にとって代わり、ここでは全体主義的支配に仕える最も粗野な欲動の動員や誘導が問題となるのである。

伝統的な家族形態は維持されるが、セックスは生殖目的だけのためのものとなる。人々には「かつてとほとんど同じように自分の子どもを愛する」ことが奨励されるが、(2)これはこの子どもたちが両親の逸脱行為を見張り、告発するというかたちで、彼らに対する統制《コントロール》を容易にするためである。自由な性行為や快楽などは抑圧され、幸福感促進剤や薬《ドラッグ》などの痕跡はほとんどみあたらない。純潔と政治的正統が対になり、性的な欲求不満は「戦争熱と指導者に対する崇拝」へと変換されるのである。(3)

〈党〉の中枢にあり拷問を執行するオブライアンは、この世界を次のように語っている。「それは、過去の改革家たちが夢想した愚かな快楽主義的ユートピアのまさに対極にある。恐怖、裏切り、拷問の世界、踏みつけにする者と踏みつけにされる者からなる世界。純化が進むのに応じて、いっそう無慈悲になる世界である。われわれの世界における進化とは、より多くの苦痛へと向かう進歩なのだ。古い文明は愛と正義に基づいていると主張していた。われわれの文明が基づいているのは憎悪である。われわれの世界には、恐怖、怒り、勝利感と屈辱のほかには感情は存在しなくなる。ほかのものはすべて破壊される。すべてだ[4]」。

オセアニアとは、厳格にヒエラルキー化され、ビッグ・ブラザーという〈党〉を具現化する至高の指導者によって支配された社会である。〈党〉の党員にはいかなる自律も、わずかの自由もない。「生まれてから死ぬまで、〈党〉の党員は〈思考警察〉の監視下で生きる[5]」。かすかな顔の表情や、寝ているときに発する言葉、体の動き……、「内的な反抗の兆候となりうる」あらゆるものが見張られる[6]。生の全体が厳密に制限され、統制されるのである。公的な場や住居のどこにでも設置されている「テレスクリーン」によって、各人を恒常的に監視し、プロパガンダを喧伝することが可能になる。オーウェルは次のように書いている。「過去においては、いかなる政府も同胞を恒常的な監視下におく力は持っていなかった。しかし、印刷術の発明によって、世論をよりたやすく支配することが可能になった。映画やラジオはよりいっそうこれを助長するものである。テレビが発達し、技術が進歩することで、同じ機器によって受信と送信を同時に行なうことができるようになると、もう私的な生というのはなくなる。あらゆる市民、あるいは少なくとも、監視されるに足る市民は、一日二四時間警察によって監視されることになり、ほかの情報手段は切断され、公式のプロパガンダの騒音のなかに置かれることになる。単に国家の意志に完全に従わせるのみならず、あらゆる主題について完全に画一的な世論を課すという可能性がはじめて現れたのである[7]」。

「新たな世界の支配者」の批判者は、『一九八四年』からまず何よりもこの監視およびプロパガンダという主題をとりあげ、これを現代の民主主義社会に適用しようとする。「新たな世界の支配者」は、巨大なマスメディアグループに対して保持している権力によって、自分たちの利害に合致した世界観を押しつけることができるとされる。ピエール・ブルデューは『向かい火 二』において「見えない世界政府」を次のように描いている。「あらゆる経済機関や文化機関とファイルを相互接続しているこの種のビッグ・ブラザーがすでに存在し、有効に振る舞い、われわれが食べることができるものやできないもの、読むことができるものやできないもの、テレビや映画で見てよいものやいけないもの等々を決めている。これに対して、最も聡明な思想家のなかでも、今日起きていることは一八世紀の哲学者におけるような普遍的国家の計画についてのスコラ的な思弁に通じているなどといまだに考える者もいるのである[8]」。

このようなわれわれの知らぬ間にわれわれに対して働きかける全能という考えは、同様にして、テレビという新たなコミュニケーションおよび監視技術と、『一九八四年』における監視と同時にプロパガンダの喧伝もできる有名な「テレスクリーン」との類推において具体化される。「監視社会」について特集した『ルモンド・ディプロマティック』誌の公刊に際し、イグナシオ・ラモネは、諸々の監視技術について書かれた「みな見張られている!」という表題の論文において、『一九八四年』から長い引用を行なっている。彼はそこで、新たなビッグ・ブラザーを形成するありうる形象について詳述している。顧客や通行人をつねに見張る監視カメラ、企業の労働者らが利用するコンピューターにつながった監視システム、電話、ファックス、テレックス、電子メールなど世界で行なわれるあらゆる情報伝達を検閲することが可能なアメリカの監視網などである。ラモネは、われわれが『一九八四年』と同じ全体主義社会に生きていると主張しているわけではなく、このような新たな技術がどのように利用されうるか、そしてそれが自由という観点で現実的な危険となるということを強調している。だが、オーウェルの著作への示唆から、働いているメカニズムは同じ性質のものだという主張が聞こえてくるのである。(9)

オーウェルが小説のかたちで示しているのは、テレビや監視カメラが、全体主義的権力の新たな、そして強力な支配手段となっているということである。だが、これと現代の民主主義社会との関係は明らかではない。今日では、国家、いわんや唯一かつ一枚岩の政党が、こうした技術や情報の頒布を独占しているわけではない。さらに多国籍企業がこれを保持していたとしても、このことはメッセージや情報の内容に対してイデオロギー的、政治的支配が課せられていることを必ずしも意味しない。情報源や放送手段の多様性、こうした活動に対する法の制限、社会のただなかにおける反権力の承認などがガードレールの役割を果たしているだろう。大企業グループからは自律した出版や編集などによって「新たな世界の支配者」に対する批判的な考えを伝播させることができ、これが大メディアにおいてとりあげられるということ自体が、民主主義社会を全体主義的なものと見る見方を打ち消しているのである。

もちろん、あらゆる種類のプロパガンダや情報操作、自由を脅かす新たな危険に対して警戒を怠るわけにはいかない。とはいえ、こうした警戒を行なうことは、批判者たちに特有の権力やメディアについての幻想を共有するということを意味しない。現代の民主主義社会に関しては、提起するに値する問いとは次のようなものだろう。いまもなお、スクリーンの後ろからわれわれを監視し、われわれを操作する何者かがいるのか。大量に流される諸々の映像、言葉、音などはいまもつねにプロパガンダと言えるのか。あるいはそれは、より根本的な混沌や無意味さに関わっているのではないのか。

紋切型から逃れること

実のところ、『一九八四年』が描く世界と現代の民主主義社会との、それ自身疑わしい対照のみが問題なのではない。このような対照は、民主主義社会で働いているメカニズムという点でも、オーウェルの著作の意味そのものという点でも、表層的なものにとどまる。『一九八四年』の「テレスクリーン」は、単なるプロパガンダと統制《コントロール》という機能へと還元されるばかりでなく、同じくらい根本的なもう一つの効果を有しているのである。「完全な静寂のなか、誰にも監視されず、付きまとう声もなく、まったく一人でいること、湯沸しの音と時計のチクタクという心地よい響きのほかは何も聞かないでいること」[10]、テレスクリーンの遍在によって不可能になるのはまさにこうしたことである。それが遍在しているということによってこそ、「完全に可視的で静止した空間のために、いかに脆いものであれ内面的生が形成されたり、現実から距離をとったりすることがおしなべて」妨げられるのである。[11] オーウェルの著作に見られるこうした次元によって、メディアや新たなコミュニケーション手段についてのまた別の批判的考察のための手掛かりが引き出されるが、これについては次章でもう一度とりあげたい。

われわれの社会とオーウェルの著作が描く社会との関係は少なくとも問題含みのものであるが、ビッグ・ブラザーに対する言及は、われわれの社会についての特殊な分析を正当化するために持ち出される。「私的な生を傷つけられた現代人たちが現れると同時に、新たな差し出がましいビッグ・ブラザーたちが現れる。それに対するオーウェルの警告は逆説的にも現代性を帯びている。個人は「自由」であるとされるが、しかしこの自由の区域は絶えず縮減される。新たな技術もあいまって、勝ち誇った新自由主義とグローバル化の力学がどこでもその特異な思想と市場独裁を押しつけるのである[12]」。

こうしたアプローチは単に図式的なだけでなく、『一九八四年』の意味を変質させてしまうものである。これによって、ビッグ・ブラザーの形象は平板化され、金融市場に仕えるものとされてしまう。それが具現化する支配は、オーウェルにおいては、この支配自体のほかにはいかなる目的も持たないものとされているのにもかかわらずである。「権力は手段ではない。目的なのだ。［…］迫害の目的は迫害、拷問の目的は拷問、権力の目的は権力である[13]」。多国籍企業や金融機関、それに仕える政治権力などを新たなビッグ・ブラザーとすることによって、元来あらゆる表象を超えたものを指し示すはずの存在に対して陳腐な顔が与えられ、ジョージ・オーウェルが明るみに出そうとしていた全体主義のはたらきの根本的なメカニズム——プロパガンダ、監視、統制《コントロール》とは別の地平を開くメカニズム——が無視されてしまうのである。

オーウェルはこう書いている。「ビッグ・ブラザーとは、〈党〉が世界に対して自らの姿を示すために選んだ仮面である。その役割は、愛、恐れ、尊敬といった、組織というよりは一個人の方がより容易に感ずることができる感情を一極に集める焦点として振る舞うことにある」(14)。不平や不満の解消には、「憎悪週間」や「二分間憎悪」という、名指しされた敵に対して攻撃的姿勢を向け、〈党〉とその至高の指導者に対してはそれに融合するような愛情表現を向けるという策略が用いられる。オーウェルが描く舞台においては、ヒステリー状態の群衆は、たった一つの動きでもって、人民の敵たるゴールドスタインに対する憤怒からビッグ・ブラザーに対する愛情の吐露へと移行するのである。

社会は永続的な戦争状態に置かれており、〈党〉はつねに支配を恒久化するために内部の敵および外部の敵を必要としている。〈党〉は自らに対する陰謀を保持するとともに操作するのである。そこでは逮捕、粛清、拷問は実際に犯された犯罪とは関係ない。これらは、いつか逸脱者になりうる者を根絶する手段なのである。拷問は、あらゆる明証に反してすら、〈党〉の正当性と真理とを認めさせるために、身体的にも精神的にも個人を打ち砕く。オブライアンは、自分が拷問を加えている相手に対してこう宣言している。「権力とは、人間の精神をずたずたにし、その後であらためて、こちらの思うがままの形に作りなおすことなのだ[15]」。「われわれはすべてを絞り出して君を空っぽにする。それから空っぽになった君にわれわれ自身をたっぷり注ぎ込むのだ[16]」。

ビッグ・ブラザーの顔はつねにテレスクリーンで流され、いたるところに掲げられている。誰もその視線から逃れることはできないのである。「眠りに誘うような目がこちらを見つめている。何か巨大な力が重くのしかかってくるようだった。こちらの頭蓋を貫き、脳のはたらきを止め、脅かしてこちらの信念を捨てさせ、自分の五感から得られる証拠を信じないようほぼ納得させてしまう[17]」。問題なのは、ビッグ・ブラザーに従うことだけではなく、愛することだ。こうした代価を払ってのみ、個人は平穏を手に入れることができるのである。ただし、その後に銃殺されることになるおそれはある。「殺す前に、われわれの一員にさせる」からである[18]。『一九八四年』の最終章は、何度も繰り返される恐ろしい拷問によって打ち砕かれ、画一的となった主人公の敗北で終わっている。「闘いは終わった。彼は自分自身に対して勝利を収めたのだ。彼は今、ビッグ・ブラザーを愛していた[19]」。

ジョージ・オーウェルは、このようにして全体主義支配の根本的な活力を力強く暴き出している。ビッグ・ブラザーは、自らを中心にあらゆる感情を動員する。それは愛や憎しみが解きほぐしがたく混じりあった点なのであり、これこそがそれに魅力を授けるのである[20]。

「狼狽するほどの虚偽の国」[21]

システムはプロパガンダおよび普遍化された虚偽に基づいて機能する。権力の言説は、事実の妥当性や一貫性などは気にかけない。「必要とあれば、二足す二は五にもなれば三にもなれたであろう」[22]。公的なイデオロギーは一般常識や悟性の規則を転覆させる。〈党〉の三つのスローガンとは、「戦争は平和なり、自由は隷従なり、無知は力なり」であった[23]。平和省は戦争を担当し、真理省は組織的虚偽を、潤沢省は欠乏を引き受けている。最も秘められ、最も恐ろしい愛情省においては、あらゆる種類の身体的、精神的拷問が行なわれ、逸脱した諸個人が打ち砕かれ、ビッグ・ブラザーを愛するよう仕向けられている。真理省の専門職員は、刻一刻と変わる〈党〉の指針に従って過去を書き換えることに専念する。そのほかには、あらゆる異端的な思考を不可能にする「ニュースピーク」をつくるために、言語を最大限純化することに専念する者もいる。支配を完全かつ持続的なものにするには、歴史叙述、言語、精神に対する完全な統制が必要なのである。

諸個人は、幼少期から入念な精神訓練を受け、懐疑的ないし反抗的な態度をすべて避けるための一連の技術を教え込まれる。ニュースピークで「犯罪中止」、「黒白」、「二重思考」と呼ばれる方策は、この「精神の欺瞞の体系」のうちのそれぞれの段階を占めている。「犯罪中止」とは、「危険な思想を抱きそうになったときに、あたかも本能によるかのように、その一歩手前でとどまる」という一種の習得的行動である。[24]これによって〈党〉に対する議論はあらかじめ塞がれ、異端的な考えはどれも即座に倦怠感や不快感を生じさせることとなる。「黒白」とは「明白な事実に反して、黒は白であると主張する」という習得的習慣であり、〈党〉の成員にとっては、「党の規律が要求するのであれば、黒は白と言いきることのできる心からの忠誠心」である。[25]

問題は、真理と虚偽、想像物と現実とを識別するあらゆる能力を破壊することである。拷問を受けた個人は、こうして実際には四本の指を示されているのにもかかわらず、教えられたとおりに五本の指が見えるようになる。「〈党〉が真実であるとみなすものが真理なのだ。〈党〉の目を通して見るのでなければ、現実を見ることは不可能なのだ[26]」。

『一九八四年』の世界にあっては、「あらゆる異端のうちで最も異端なものは、常識である」とジョージ・オーウェルは書いている。虚偽はそこで普遍化されるが、この虚偽はそれでも特殊なものである。それは、自らが否定するものを指すような「直接の虚偽」ではない。また単にそれを鼓舞する支配欲を感知させるような否認でもない。この虚偽は、あらゆる真理に対するアクセスを不可能にしようとし、悟性の規則そのものを曇らせることをめざすより根本的な否認なのである。

真理省は日記や書物を修正し書き換えることに専心する。これらの書物は修正された旨を記されることなく改変されるのである。潤沢省の統計もまた操作されている。オーウェルによれば、こうした変造こそ、抑圧や〈思想警察〉とまったく同じように、体制の安定のために不可欠なものである。諸外国との断絶と同様に、現在の状況と過去の状況とを比較しうるあらゆる要素を阻害することが求められているのである。これによって、各人は、現在の状況が過去の世代の状況よりもかなり良く、物質的な豊かさのレヴェルも絶えず進歩していると信じることになる。このようにして、変造は支配と操作のプロセスに一体化するのである。

だが、この操作はここで止まらない。問題は単なる変造ではない。統計情報は、「もともとの数字も、また修正された数字もどちらも幻想であった」し[27]、「まずは統計をとった者自身をあてにするが、彼らとてもはや何も覚えていない」のである[28]。データへのアクセス自体が不可能となるのである。統計について言えることは、あらゆる種類の事実についても同様である。「すべてが霧のなかに消えてしまった。過去が消され、その消去自体が忘れられ、虚偽が真理となる」[29]。歴史は、必要とあらばしばしば書き換えられることもあるが、変造があったことを証明することは不可能になる。この小説の主人公のウィンストンは真理省でこの任務に就いているが、彼自身は自分が行なっていることについてまだ意識している。だが、彼は、過酷な試練にさらされ孤立を感じている。「もしほかのみなが党の押しつける嘘を受け入れ、もしすべての記録が同じことを語るのなら、その嘘は歴史へと移行し、真実になってしまう」[30]。

こうして、未来の世代に証言を残すという可能性そのものが消去されるのである。自分で日記を書こうとしたウィンストンは、こうした企ての意味を問わずにはいられなかった。彼の日記は、それを燃やして灰にしてしまう〈思考警察〉のほかに読者はいないかもしれない。だが、

「一つも痕跡を残せず、紙片に走り書きされた書き手不明の言葉すら物質的に残存できないのなら、どうやって訴えを未来に届かせるというのか[31]」。

言語の破壊

こうした過去の破壊は、諸々の意味の遺産を伝達するものとしての言語の破壊と緊密に結びついている。「〈歴史〉は書き換えられたが、検閲が完璧でなく、過去の文献の断片がいたるところで残っていた。オールドスピークが保たれているかぎりではそれを読むことも可能であった。しかし、こうした断片は、たとえ偶然残存することができたにせよ、まもなく理解不可能、翻訳不可能なものになるだろう[32]」。「ニュースピーク」が「オールドスピーク」に決定的にとって代わるときにのみ、過去との紐帯は完全に断ち切られるのである。

遺産としての言語に対する支配とは、同時にその創発的な潜勢力の破壊である。攻撃が向けられるのは、どのような支配も逃れる多様な意味を伝達するものとしての言語である。「言語を骨までそぎ落とし[33]」、オールドスピークの「不鮮明さ」や不要なニュアンスを排除し、「意味を同定し、物化」させるにいたることが問題なのである[34]。この純化は、活用できる単語を用いることによってあらゆる異端的な思想が不可能となるところまで推し進められる。オーウェルはこう書いている。「ニュースピークにおいては、非正統的な意見を表明するのはほとんど不可能か、非常に低い次元でのみ可能である。もちろん、粗野な異端的な言葉や、一種の冒瀆的な言葉を発することも可能であった。たとえば、「ビッグ・ブラザーは非良い（ingood）」と言うことは可能であった。しかしこうした抗議は、正統な者たちにとっては、それ自体明白な不条理しか表していない。必要な語が欠けているために、論理的な議論に耐えらないとされるのである[35]」。

哲学者のジャック・ドウィットはまさに次のように指摘している。「ニュースピークのまさに現実的な脅威とは、あらゆる他性を排除するというおそれよりは、思考を練りあげていくことが実際きわめて難しくなるほど、言語や文化が深く減退するという危険にある。思考は、単に互いにコミュニケーションをとるためばかりでなく自らの形成のためにも言語の媒介を必要としているからである[36]」。

言語の破壊に緊密に結びついた過去の破壊は、「精神の欺瞞の体系」の極地をなす「黒白」および「二重思考」のメカニズムによってもたらされる根源的な忘却を含んでいる。ここで問題なのは、単に、〈党〉の綱領が求めるならば最も明白な事実であっても否定するということだけではない。重要なのは、「黒が白だと信じ込むことであり、さらに、黒が白だと知ることであり、かつてその逆を信じていたことを忘れること」である[37]。過去の書き換えにおいては、どのような書き換えを行なったのか忘れなければならず、また諸々の出来事は、望んだかたちで書き換えられたのと同じようにしてまさに展開したのだと実際に「思い起こす」ことが必要なのである。諸個人は自分が事実をごまかしていることを知っているが、同時にそんなことはないと確信するようになる。こうして「二つの相矛盾する信念を心に同時に抱き、その両方を受け入れる」ように

なるのである。(38)

こうした「二重思考」によって、諸個人は分裂症的な循環のなかに引き入れられる。「知っていて、かつ知らないでいること。まったく自覚的にかつ善意でもって、入念に組み立てられた嘘を告げること。二つの互いに打ち消しあう意見を持ち、それが互いに矛盾することを知りつつ、両方を信奉すること。論理に反する論理を持つこと。道徳を拒否しつつ、道徳を引きあいに出すこと。民主主義は不可能であることと、〈党〉が民主主義の守護者であることを同時に信じること。忘れなければならないことは何であれ忘れ、必要であればそれを記憶に呼び戻し、そしてまたただちにそれを忘れること。とりわけ、このプロセスをプロセス自体に適応すること。これこそが究極の繊細さである。意識的に無意識を説得し、さらに自分が行なったばかりの催眠行為を意識しなくなること。「二重思考」という語を理解すること自体にも、二重思考を用いることが必要なのである」(39)。

全能という幻想

こうした虚妄をどのように理解すべきだろうか。言説は意味を有さなくなると同時に、それ自体異論の余地のないものとなる。ジョージ・オーウェルはある個所で「指揮された狂気」について語っているが、これは単なる操作や強制以上のものを含むものである。ビッグ・ブラザーとは単に、外部から支配を押しつけ、その狂った考えを無垢な社会や個々人に吹き込み、彼らを自らの良き意志でもって操る全体主義の支配者という形象を表すのみではない。それが人を魅了し、操作が成功するためには、この狂気が共有され、支配する者とされる者との関係が異質な要素間の外在的な関係とならないことが必要なのである。

オーウェルは次のように書いている。「オセアニアの社会は、つまるところ、ビッグ・ブラザーは全能であり、〈党〉は誤りを犯さないという信念の上に成立している」[40]。全能という幻想がとりついた〈党〉は、あらゆる外的な現実や一貫性の原理を否定するにいたる。過去の書き換え、言語の破壊、これらによる抑圧を通じて姿を見せるのは、無謬なものとして現れようとする〈党〉の意志である。「〈党〉は、いついかなるときでも、絶対的な真理を所有しているのであり、その絶対的な真理が現実と異なっているということはありえない」[41]のである。

オーウェルはさらに言う。〈党〉は「集合的で不死」である。「一人でいる、自由でいる人間はつねに打ち負かされる。それも必然と言うべきだろう、人はみな死ぬ運命にあり、死はあらゆる敗北のなかでも最高の敗北なのだから。しかしもし完全な無条件の服従ができれば、自分のアイデンティティを脱却することができれば、自分が党であると言えるところまで党に没入できれば、そのときその人物は全能で不死の存在となる」[42]。ビッグ・ブラザーは全能という属性を有しているが、これは各個人の無意識の欲望に呼応しているのである[43]。そしてオーウェルの物語の力は、この全能という幻想を具現化するために払うべき代価とは、個人そのものの無化と破壊的狂気への転倒であるということを示したところにあるのである。

精神的技術、過去の書き換え、新たな言語の創造計画などは単なる隠蔽のための方策ではない。「このより根源的な抑圧ないし排除のプロセスにおいては、否定されているものについては一切何も認められない。実のところ、この否定は何かを否定するのではない。というのも、何かを否定するというのは、否定されたものの存在を暗黙のうちに認めることになるからである。ここに垣間見られるのは、無としてはまったく認められないほどの無の、かつてない深淵である[44]」。

これこそ、問題は部分的にニヒリズムと関連したより根本的な否認であるにもかかわらず、「ニュースピーク」を単なる紋切型としかみなさない批判者たちが見ていないものである。この点でもまた、われわれはビッグ・ブラザーを「市場独裁」や自由主義的イデオロギーの新たな造物主《デミウルゴス》とする常套句から遠く離れるのである。

第16章　民主主義の盲点

民主主義社会の諸悪についての経済至上主義的、全体主義的な解釈は、時代を混同し、混乱を助長する図式で行きづまる。市場やメディアを悪魔化することは、自由主義的イデオロギーの正確な対蹠点をなしている。つまりそれは、社会の変遷の暗号を解読する際につねに支配的に機能し続けている経済至上主義、技術主義の裏面なのである。新たな聖典と化した市場・メディアによる独裁という説明様式は、原因と結果をとり違えており、市場モデルの侵入に対して実効的に対峙しようすれば直面しなければならない政治や文化の弱体化に対して、気晴らしの役割しか果たすにいたっていないのである。この新たな聖典は、かつての指標を欠き、方向性を失った反抗の代用品となることはある。ただしここでもまた、この弱体化に与する犠牲者的な告発姿勢と遺恨《ルサンチマン》に陥ってしまうのである。

問題は、われわれを条件づけ、操作し、われわれのほんのわずかな挙措や振る舞いまで統御し、自らの支配を確かなものにしようとするビッグ・ブラザーではない。そうではなく、混乱した世界のなかで、自己の無力に直面し自分自身のもとへと引きこもった諸個人というイメージや、破裂した社会というイメージがもたらす病的な魅惑の力である。ヨーロッパの民主主義のただなかにおいて、脱人間化や解体のプロセスという、民主主義の盲点をなすポスト全体主義的な現象が生じている。社会的、さらに実存的な居心地の悪さ、メディアの支配的な機能は、この枠内においてこそ捉えなおすべきなのである。

プロパガンダと情報操作を超えて

メディアのただなかに存在する不健全なメカニズムを理解するということは、「コミュニケーションの専制」、「新たな検閲」、金融市場やそれに仕える諸々の機関による精神の操作とプロパガンダについて考えることとは別である。このメカニズムはもちろん「操作的なことば」に基づく。これは、フィリップ・ブルトンが強調するように、沈黙と興味深い関係を保つことばである。「論証というものは、対話のなかで息継ぎができ、対話相手に熟考したり、反論したり、受け入れたり拒絶したりする可能性を残すために間隔を設けるものだが、操作というのは相互作用から沈黙を追い払い、従うほかに選択の余地がない一連の工程のなかに他者を閉じ込めることを特徴としているように思われる(1)」。ある種の政治的、活発行動主義的な言説と同様、メディアの言説もまたあらゆることに返答するという印象を与える。そこでは、揚げ足とりの議論が、あたかも問いという刺激剤に対する反応〔応答〕のようにしてはじまり、熟慮のために必要な距離や論証的な対話を不可能にする言葉の洪水によって敵を溺れさせるのである。

だが、メディアの大波が、沈黙や「空白」のための場所を残さないのは、以上のような枠組みを超え出る論理に基づいている。過剰な情報が情報を殺し、すべてを両義性のなかで溺れさせることで、無意味化に貢献するのである。メディアや広告のレトリックは強い考えを平板化し、矛盾や抗争を解消し、さまざまな種類のものを混じりあわせることを推奨する。諸々のイメージ、出来あいの文句、互いに無限に反響しあう注釈の雑多な混合のために、各々の出来事やその立役者は内実を失ってしまう。こうしたイメージや言葉の充満によって生み出される深淵によって、現実的なものの指標が霧散し、社会や個人は無分別な背景のなかで溺れる。映像や情報の大量のすばやい回転によって空間と時間が飽和し、大量の野卑なこと、紋切型や出来あいの表現など、指針を失った世界の膨大なパッチワークが開陳されるために、視聴覚メディアが求める可視性と透明性によって人の目がくらんでしまうのである。

メディア全体の持つこうした役割は、厳密に言って、「検閲」に由来するものではない。「検閲」は、何らかの権威によってもたらされた禁止ないし制御という考えを内包するからである。逆に、ジャーナリスト自身をも非力な揚げ足とりの議論へと運び去るこの潮流を本当に阻止することができる者は誰もいないように見えるのである。

こうした押し寄せる波を前にして、「何が本当なのか」、「何が正しいのか」、「私はそれについて何を考えることができるのか」といった根本的な問いは実質を失っていく。これらの問いは恒常的なザッピングによって押し流され、検討される余地もなくなるのである。発言をすることもしばしば求められるが、それは、あらゆる話題を無造作に混ぜあわせる解説者たちの口論のようなかたちで、ばかにしたような仕方でである。個々人は、わずかなりとも熟考することもできず、どんな話題についてもできるだけ速く意見を表明するよう求められる。[2] ここでもまた、彼は、自分がさえない端役でしかない支離滅裂の舞台の上で「反応（réactif）」し、「役者（acteur）」にならなければならないのである。

大テレビ局においてはっきり現れている現在支配的なメディアの機能は、プロパガンダや情報操作という論理に帰着させるわけにはいかない。この機能は、構造化され全面的に画一化された考えや振る舞いを導き出すというよりも、あらゆる種類の話題を区別なく混ぜあわせ、情報、インタヴュー、映像、コメントなどを持続的かつ大量に受容させることで、判断を麻痺させ混乱を維持することに存しているのである。このことによって、秩序立てようとしても虚しくまたそもそもそのようなことが不可能な、断片化した社会ないし世界という見方が提示される。こうした無定形という論理において、暗示があるとすれば、それは、視聴者が無意識のうちに自ら反復するよう誘われるような何らかの特定の考えではなく、理解しようとしても、いわんや変革しようとしても結局は徒労に終わる、破裂した社会ないし世界というイメージに関わる。世界を無意味かつ空虚にするこのメカニズムは、人間をあらかじめ規定された規範に従って作りあげるというよりも、思考や自発性や活動を抑制するのである。

メディアの大波は、刷新という日常的に服用しなければならない薬《ドラッグ》としてはたらき、個々人を渦のなかに引き込み、自我を解体させ、周囲をとり巻く混沌のなかへと消し去る。仕事や薬に過剰に入れ込むことや、「自由時間」を多くの活動で埋めること、会食やパーティーを新たな義務とすることなどにおいてもこれと同じタイプの逃避が見られるだろう。ここで重要なのは「参加すること」、すなわち、空虚さや無意味さを覆い隠し、各人を狂った競争へと駆り立てるこの動きに溶け込むことである。「否と言う」能力、立ちなおり、自分をとり戻す能力を発揮することがますます困難になるのである。

断片化した鏡の効果

メディアの社会的な機能、とりわけ大視聴覚メディアの機能は、ある解体過程に与しているのだが、ただしこの解体とはメディアにのみ属しているものではない。これによってもたらされるのは、メディアと社会の二者間の鏡あわせの関係であり、そこでこれらの双方は破裂した世界という見方を互いに提示しあうのである。メディア——何よりもまずテレビ——は、中心増幅装置の役を担い、この見方を強調し、同時に良かれ悪しかれ凡庸化する。無定形な光景が繰り広げられるが、そこではジャーナリストの口調はなめらかで快活である。混沌とした社会ないし世界というイメージは自らを無害なものとして示そうとするが、しかし悪い睡眠薬として働くこともある。それは、断片化した身体という表象に呼応し、不安を惹起しながら、古い欲動の蓄えに出会い、これを再活性化させるのである。

このことは、性の領域では、テレビで深夜に放送される成人向け映画に対応している。こうした映画の放送は、あらゆるタブーや禁止から解放された性、あらゆる心的負荷をとり払った関係という言説のなかに組み込まれる。ほかの領域と同様に、性の領域においても、「恐れも混沌もない」透明性にいたることは可能だろう。「意味のくびきから解放された」登場人物は、自らのパフォーマンスを最大限発揮する性的機械に還元される。クローズアップで撮られた行為中の性器が映った言葉なき光景は、身体を断片へと切りとる。無声の機能となった人間のセックスは、あらゆる不安を追い払うものとみなされるが、同時に、退行を助長し、視聴者を恒常的に欲求不満を抱いた孤独へと追いやることにもなるのである(3)。

「自己の証明(4)」、自らの言説や行為の作者であるという感覚は、みなに属するが誰にも属さない音、声、映像などの波のなかに消えてしまう。物語の代わりに、断片を張りなおそうとしても徒労に終わるパズルが現れる。ハンナ・アレントの表現を用いるのなら、われわれを他者や世界へと結びつけていた信頼が損なわれ、内的空虚さや不安感がもたらされることになったのである。

この点は、ギー・ドゥボールが『スペクタクルの社会』において、彼なりの仕方で述べていたことでもある。「生の各々の側面から切り離されたイメージが、共通の流れのなかに溶け込む。そこではこの生の一体性はもはやとり戻されることはないのだ(5)」。だが、ドゥボールの批判的分析は、「実際の体験」の疎外という問題系や、市場論理に関連した存在条件の全体主義的管理という問題系にとらわれたままであって、問題の現象の新奇さを捉えることができないでいる。ドゥボールが書いているように「スペクタクルとは、結局眠りにつきたいという願いしか表していない鎖につながれた現代社会の悪い夢である[6]」のだとしたら、メディアとは、興奮した眠りの悪しき守護者だろう。「消費による社会の幸福な統一化というイメージ[7]」は解体されたスペクタクルへと場を譲ったのである。その上、演出や秩序だった演技を前提とするスペクタクルという用語は最も適切なものだろうか。

こうした解釈を乗り越えようと、ジャン・ボードリヤールは、われわれが関わっているのは、自己自身のうちに原理を持つ脱現実化のプロセスであり、「人間学的な規制緩和、かつて人間主義の規則をなしていた道徳的、法的、象徴的なあらゆる規則に対する規制緩和」であると強調している。[8]だが、それでもやはり問わなければならないのは、自由や欲望は実際にはどこまで消え去ったのか、こうした状況にそれほどたやすく順応できるのかということであろう。「産業時代に結びついた社会関係や社会抗争を復活させることはできない」にせよ、われわれが「疑似的《シミュレーション》なものの黙示録」に関わっているからといって、[9]意味や内容、政治的目的といった観念と縁を切らなければならないのか。われわれは、ニヒリズムにとらわれることなしに、その上を芸術的にサーフィンするように波乗りできるのか。

無意味さと解体

われわれは、コルネリュウス・カストリアディスの表現を用いるのなら、「木のような紋切型の言葉からゴムのような言葉」へと移行した[10]。一九七八年、カストリアディスはこのように語りながら、正統派共産主義の古い門番たちが、マルクス・レーニン主義の公然たる危機に際して、いかに諸々の事実を否認し、幾多の仕方で牽制を行ない、自分たちが少し前までしたり顔で確からしく主張してきたことと反対のことを意表を突くような余裕でもって語るにいたったかを指摘している。この新たな「ゴムのような言葉」は、こうしてかつてのスターリン的な「木のような紋切り型の言葉」の後を引き継ぐわけだが、実を言えば、この言葉は共産主義者のみに関わるのではなく、新たな「時代精神」に関わるものなのである。「それを甘受し、備えなければならない。われわれは、羽根布団を殴りつけながら、この「理論的」な貧窮のなかを数年生きなければならないのだろう。[…]ヨーロッパの共産主義の方策は自由主義的資本主義諸国の主権的な方策と同一である。いずれにおいても、すべてが許容されている、そして、それゆえに、すべてが意味を失う。すべてがテレビに映される。そして、それゆえに、すべてがすぐさま消え去る。プロパガンダや、イデオロギーにおいて、しかし同時に実際的な次元においても。女性、若者、エコロジー、同性愛等々が。ご心配なく――〈綱領〉に（シラクの綱領であれその他の綱領であれ）もう一段落付け加えますから[11]」。

この無意味さはある解体過程に付随するものである。社会自体が置かれている不可能な状況については、ある広告の宣伝文句がそれなりの仕方で要約している。「すべてが異なり、すべてが同じ」。この状況は、消費社会の発展と結びついた一九六〇年代の画一主義の状況と同じではない。かつては、差異が意味を有していたのは、諸々の識別記号からなる消費プロセスにおいてであった。そこでは諸々の差異の交換によって、集団の統合が固定化されていたのである。[12] これに対して、今やこうした差異が意味を有する際の共通の参照項になるものがおしなべて嫌疑をかけられることになり、差異はこうした情勢のなかで現れるようになる。そこでは差異の承認は、自足的なものとして語られることとなり、逆説的にも、真の実態を有さない集合的な帰属の記号となる。よりはっきりと言えば、差異を承認することは、個々のものの特異性を解体させるあらゆる共同的な主張に対して同じ不信を共有していることを承認することとなるのである。[13]

さらに、社会的な紐帯がこうしてその実体を失っていくと、現実感を失った社会において、市場こそが現実的なものを基礎づける役割を担うこととなり、現代化が無謀な打開策として現れてくる。市場の偏重や現代化、公的空間における経済的・管理的言説の覇権は、こうした社会的意味の喪失および解体の兆候である。すでに見たように、第三者的な審級としての集合体や制度の崩壊によって、個々人は破壊的プロセスに直面することになる。社会的関係は感情や欲動に支配された個人間の関係へと落ち込む。これは、「モラル・ハラスメント」という概念によって表現され、また同時に保たれている現象である。ここで見られる新たな個人像は、共同の生活において要求される自己犠牲や自己の脱中心化を受け入れる準備はほとんど整っていないように思えるのである。

しかるべき対立を避けることによって、集合的「われわれ」は、形式的かつ空虚で、実質をもたない参照項となり、これに並行して「私」も解体される。水平的な集合体ないし「ネットワーク」というモデルはこの観点から示唆に富む。このモデルにおいては各人がほかの人々と結びつくとしても、ここでは集合的「われわれ」ははかない形象となり、各人は「内面性なき存在」[14]となる。すなわち、あらゆる統御を逃れる循環のなかに溺れる情報の媒体かつ送受信者となるのである。結局のところ、問題なのは、クロード・ルフォールの表現を用いるならば、各人を「見えないわれわれ」のうちに統合することでも、コミュニケーションの循環ないし集団のなかに内包することでもなく、個人的空間の平板化であり、共生のための意味を有した構造の溶解なのである。

民主主義と穏やかな野蛮

民主主義社会の進展が隷従や野蛮にいたりうるという考えは新しいものではない。『アメリカのデモクラシー』の末尾において、アレクシス・ド・トクヴィルは「平等によって隷従にいたるのか自由にいたるのか、啓蒙にいたるのか野蛮にいたるのか、繁栄にいたるのか困窮にいたるのか」はそれぞれの国民によると指摘している[15]。民主主義社会のただなかで現れうる新たな僭主制を考察しつつ、トクヴィルは、こうした僭主制はかつて存在した僭主制とは比較できないと述べている。この僭主制は「より広範かつより柔和であり、人間を苦しめることなく堕落させ[16]」、「規則正しく、穏やかで平和な」新たな隷属をもたらす。それは、「われわれが想像するよりもずっとうまく、自由の外的形式のいくつかと結合することができるだろう」し、「これを人民主権の庇護のもと打ち立てるというのも不可能ではない[17]」。トクヴィルのアメリカ社会における諸個人の状況についての描写は、民主主義社会の進展を予期するものである。トクヴィルは次のように書いている。各人は「距離をとって引き込もり」、「ほかの人々の運命には関心を持たない」。「同胞たちに関しては、各人は彼らの傍らにいるが、何も見ておらず、彼らに触れるが、何も感じない。自分自身しか、そして自分のためにしか存在しておらず、家族のようなものが残っているにせよ、少なくとももはや祖国はないと言いうる[18]」。さらにこう書いている。「主権者は、意志を砕きはしないが、軟弱、従順にし、指導する。行動を強いることはめったにないが、絶えず人の行動に対立する。何も破壊しないが、生まれることは妨げる。暴虐ではないが、やっかいであり、圧迫し、いら立たせ、意気を失わせ、茫然自失の状態にする[19]」。

二〇世紀末および二一世紀初頭の民主主義社会は、トクヴィルが描いたこのような民主主義社会の動向にあてはまるとはいえ、しかし新たな歴史的段階へと進んだようにも思われる。権力や個人の形象の進化によって、トクヴィルの言う新たな僭主制の諸特徴はかすむことになる。先進民主主義社会の個人は、トクヴィルが観察したような「控え目さ」や「節度」をいまだ持っているのか。[20] その隷従は「規則正しく、穏やかで平和な」ものなのか。

先進社会においては、個々人の存在は単に自己中心的となっただけではなく、やるべきことを見失い、恒常的にさまようものとなる。主体性や実際の体験の崇拝、自己同一化のプロセスの危機によって、制度が食い止めることのできない行為への移行、氾濫が引き起こされることとなる。トクヴィルは民主主義社会に巣くう市民の脱政治化の潜勢力を明るみに出したが、今日の新たな個人の姿は、より先を進み、世代間継承と市民権の紐帯をいっそう問題含みのものとするにいたったのではないか。

さらに権力は、今でもなお、トクヴィルが言ったような「唯一［平等な同胞たちの］享受を確保し、彼らの運命を見張ることのできる巨大かつ後見的な」権力なのだろうか。[21] 国家やさまざまな活動領域における権力はつねに確かに存在してはいるし、「行政の領域における僭主制」は消えてはいない。[22] しかし、こうした権力は、自らの姿を消し、ますます見えないものであろうとする。自らの弱さないし無力さを隠しもせず、自分たちは「後見人」の役割をうまく引き受けられないとし、各人に自律的かつ責任ある者となるよう求める。あたかも権力は、いまや個人に対してできるかぎり権力などなしですますよう教えなければならなくなったと伝えたがっているかのようなのである。

クロード・ルフォールは、トクヴィルの「予期能力」を指摘しながら、トクヴィルの教えるところによれば「自由主義的段階は、われわれが福祉国家と呼びトクヴィルが後見的権力と呼んだものの潜勢力を含みもつ」と指摘している。[23] これに対し、われわれが検討してきた現象は、「福祉国家の危機」と呼ばれたものに付随しつつも、そこに起源を有するのでも、それと混同すべきものでもないのである。

主張と活動の抑制

民主主義社会のただなかに、あらゆる集団的計画や明白な組織化の外側で進展する解体化という現象が存在する。これは、社会体が広範にわたってあまりに疲弊ないし鈍麻し免疫力を失ったため、拡大していく際にもはやいかなる障害物にも出会わない感染症のようにして社会の総体に広まる現象である。

民主主義が自己自身の問いなおしや、討議ないし批判に開かれた社会であるかぎりにおいて、危機という観念はそれに内在したものである。しかし、今日の現象はこれよりも先に進んでしまっており、共に生きるという意志そのものに触れるようになっているように見える。コルネリュウス・カストリアディスは次のように書いている。「現在の社会は、自ら社会であろうとは欲していない。それは自分自身を耐え忍んでいるのである。そして、そのように欲していないのはなぜかと言えば、社会は、肯定したり評価したりできるような自分自身についての表象を維持したり練りあげたりすることもできず、また自ら参与したりあるいは反対して戦ったりするような社会変革の企てを生み出すこともできないからである」[24]。ヨーロッパの民主主義社会を苛み、今日穏やかな野蛮が繁茂する土壌をなしているこうしたエントロピーをいかに説明すべきだろうか。

このエントロピーは、ある歴史的契機において現れる。この契機は、一方でフランス革命および一九世紀の「産業革命」に由来する社会の表象の危機――この危機については、六八年五月と一九七〇年代が最も強い契機となっている――、他方で二〇世紀の諸々の戦争および全体主義が同時に特徴づけているものである。社会はいまや、過去の全体主義が何であったかを示すことをおそれはしない。ナチズムやスターリン主義、絶滅収容所や強制収容所はしばしばメディアにとりあげられる――それらを可能にした条件や論理がいかなるものであったかは理解されることなしに。隠蔽の時期を経て、共産主義的全体主義についての証言、書物、映画がいまや世界中で増えつつあり、多くの議論の的となっている。これに付随して、人権や自由の擁護についての言及もいたるところで見られる。ジャン＝クロード・ギユボーはその著書『世界の立てなおし』においてて次のように書いている。「われわれがこの世紀を追い払おうとしたとき、われわれには比べるものなき歴史的愚鈍がとりついていたのであり、われわれは――ひどい形而上学的「二日酔い」とは言わずとも――治癒しえない懐疑主義によって突き動かされていたのである[25]」。

いまやまさにヨーロッパの民主主義社会の歴史的遺産こそが問われているのである。理性の「光〔啓蒙〕」、科学技術の発展、もう一つの社会をめざした労働運動の戦い、これらは実際、ヨーロッパの核心部における全体主義の創設を妨げることはできなかった。こうした状況によって引き起こされたトラウマは解消されたどころか、われわれの社会が実際に解放の力を持っているかどうかについて深い疑いを残すものとなっている。「われわれがいまや理解していることは、集団ヒステリーや野蛮の極みが、高度な文化を持った制度、装置、倫理を維持したり、さらには補強したりすることにともなうということもありうるということである。言い換えれば、人類の生や科学を恒久のものとする図書館、博物館、劇場、大学、研究所などは、強制収容所の影のもとでもうまく繁栄することができるということだ[26]」。

一九七〇年代後半および一九八〇年代の初頭においてなされた転換によって、禁止や権威についてのはっきりした主張、提案や決定を告げる言葉、可能な選択肢のなかから決断する活動といったものの一切を麻痺させる散漫たる罪責の感覚が内面化するにいたった。言葉や活動が一貫性を失い、つねに回り道をしたり、自分自身と矛盾するかたちで回帰したりするようになる。あたかも、良識的な確信、活動に必要な意志などの一切が、とり返しのつかないかたちで潜在的に全体主義的なものという特徴を帯びているかのようにである。個人規模でも集団的規模でも見られるこのような働きは、六八年五月の不可能な遺産のなかで互いに漠然と結びついた全体主義、権威主義および抑圧という三つの概念を一種の脅しとして内面化するものである。これによって、肯定的な主張や活動が抑制されることになり、この途方にくれた世界においては告発と嘲弄とが唯一正当な振る舞いとなる。ここでは結局、言葉や活動は、視聴覚メディアが流し続ける毒にも薬にもならない背景音のような無分別なものになってしまう。現代世界における「抜け目のない者」、どんなわずかな肯定的な主張のうちにも、まずは支配への欲望を疑う者の数は増えつつある。こうした死を招く際限のない運動が、無意味化の機制に参与しているのだ。

したがって、自由主義的イデオロギーと現代化の言説は、新たな左翼の聖典が言いたがっているように、新たな全体主義の担い手ではない。その成功はむしろ、全体主義の経験の後に自分自身を深く嫌疑にかけることになり、安定と解放とを保持した識別可能な未来の輪郭をもはや描けなくなってしまったヨーロッパの民主主義社会のなかに穿たれた虚無を顕わにするのである。現代化のイデオロギーとそれにともなう権力の消失は、根本的には、イデオロギーや権力の再配置の原理には従ってはいない。いやむしろこう言うべきだろう。再配置の試みは確かに存在するが、これは自らに内属した一種の無力さを特徴としており、そのなかでもがいているのである。そしてこの枠内においてこそ、穏やかな野蛮が展開されるのだ。

野蛮には暴力や残酷性とはことなったもう一つの顔があるという考えは、実のところ、新しいものではない。すでにローマ人は野蛮の二つの側面を区別していた。破壊的なあからさまの憤怒を指すフェリタスと、空虚さ、虚無の不毛さを意味するヴァニタスである。(27)一九世紀にヨーロッパのニヒリズムを分析したニーチェは、「破壊に向かう暴力的な力」としての「能動的ニヒリズム」と弱さや衰弱の兆候たる「受動的ニヒリズム」とを区別していた。(28)この最後の可能性を除外するわけにはいくまい。われわれは社会学的解釈から抜け出て、また別の次元へといたる。ベルナノスの言葉、「自分自身を憎むことはそう思われているよりもたやすい」が、ここで何らかのかたちで反響しているだろう。

結論　現在に直面して

民主主義の盲点は社会の全体を覆っているのではないし、また何らかの断念を意味するのではない。第二次世界大戦の翌日、エマニュエル・ムーニエは次のように書いていた。「われわれの目をくらませたのは、まさに、人間の高貴さ、その眺望、その根本的概念がつねに危険にさらされているという事態、しかも、こうした概念によって尺度を測り、その姿を整えるべきであった対象そのものによって、加速度的に危険にさらされているという事態である。それゆえ、われわれの知性の規範は絶えず転覆させられ、われわれに対して世界は暫定的にはでたらめな物語《イストワール》のように現れるのである(1)」。

半世紀たって、諸々の変化が加速し、われわれに投げかけられる挑戦はいっそうおそるべきものとなった。戦後すぐの現代化政策はいまだ人間の顔を有していた物語のなかに組み込まれていたが、今日はもはやそうではない。われわれにとって物語《イストワール》〔歴史〕は、世界の将来についての黙示録的な見方と、現代化の管理人たちや自由主義のイデオローグたちの偽りの素朴な楽観論とのあいだで揺れ動きながら、いっそうでたらめな物語のように現れてきている。再構築の試みなどは、そのなかのより骨の折れる物語にすぎまい。

いまや考えなくてはならないのは、単に政治のみが没落したのではなく、社会的・文化的布置そのものが変化したのだということであろう。世代間の溝が深く穿たれ、フランス革命や労働運動に由来する記憶や想像物の一切が今日に生きる多数の個々人のそれにはもはや対応していないということを、われわれは本当に自覚できているのだろうか。政治活動、労働組合、協同組合の運動に活発に参加する人々の平均年齢はますます上がりつつある。六八年世代の一部はかつての時代の自らの想像界のなかにとどまったままであり、対してその他の一部には良かれ悪しかれ新たな時代の空気に近寄ろうとする者もいるが、両者とも奇妙にも混じりあって共存することができている。われわれは「抵抗《レジスタンス》」、闘争の発展、社会運動と、「市民権」、「地域民主主義」、「近しさ」などに同時に訴えかけることはできる。しかし、こうした力学がいかなる性質のものなのか、またそれが実際に何を変革しうるのかについては問うてみなければならないだろう。

右翼／左翼という区別は消え去ってはいない。こうした区別が形成されてきた社会的土壌こそが変容したのである。その境界線は、今日ではかつてよりも包括的ではないがいっそうあいまいになった。ある政党の何らかの立場に賛成しつつ、その綱領やイデオロギーには与しないということも可能である。文化や教育など多くの問題について、古い図式はもはや通用しなくなってきている。求められているのは、抽象的に大きな原理原則を振りかざすことよりもむしろ、現在集合体としての社会が直面している未聞の挑戦を考慮することなのである。改革の提言は確かに不可欠であるが、まずは文化や政治の再建に向けての明晰な仕事こそが必要なのではないか。

全体主義からいかなる教訓を引き出すべきか

二〇世紀は全体主義の後援を受けてわれわれに最悪なものをもたらしたが、とはいえその総括はすんでしまったわけではない。民主主義はいまや全体主義の経験とともに生きているのである。われわれがその歴史や野蛮と手を切ったとか、われわれはいまや市場の法則によって平和となり一体となった世界に生きているといった幻想は長続きはしまい。ただし、過去の全体主義に焦点をあてることによって、もしかすると、テロリズムといった今日の細分化された世界における新たな形態の野蛮や、さらに民主主義のただなかに存在するより目には見えにくいいっそう穏やかな野蛮といった形態に気づきにくくなっているのかもしれないのだ。

そこから引き出すべき教訓は、いっそうの明晰さと謙遜を求める。道徳的な観点では、全体主義の経験によって、われわれは「人間存在がなすことが可能な恐怖[2]」を認識させられ、イデオロギーや、人間の歴史を支配すると目された内在的ないし超越的な原理の名のもとに人類に善をもたらそうとする試みが慎まれることとなった。真の道徳とは、大文字で書かれた〈道徳〉を意に介さず、諸々の存在に寄り添い、さりとて大きな物音を立てないものとされる[3]。人間、社会、歴史について包括的な見方を授けると自称していた哲学的な教説もまた今日危機に瀕しており、全体主義以降の人間主義《ヒューマニズム》は「矛盾し、悲劇的な」、「引き裂かれた人間主義」にすぎないものとなる[4]。国家はと言えば、これは善にまつわる出来あいの観念の名のもとに立ち振る舞うことはもう可能ではない。しかしながら、バンジャマン・コンスタンとともに、政治的権威は自らの限界のうちにとどまるべきだ――「政治的権威が正当なものであれば、幸福になるのはわれわれの方で引き受ける」[5]――ということを再び認めるならば、公的討議や政治についてはどうなのか。

多元的社会における合理的討議に必要な手続き的な規則や法は、いかに重要なものであるにせよ[6]、それでもやはり、こうした規則や諸々の差異の承認を超えて一つの社会の統一性は何によって構成されているのかという問いを見逃すことになりかねない。言い換えれば、公的討議は、実質的な合意にたどりつけるか疑わしい問題について対立を避けようとするかのように、手続きについての問いだけに限定するわけにはいかないのである。言説の堂々巡りや「無定形の権力」が表しているのは、ゴルディオスの結び目を解くこと〔難問を一刀両断に解決すること〕に対する民主主義社会の当惑である。民主主義社会は単に、全体主義的な融合型の帰属モデルを拒否し、自らの内的な活力を侵食する民主主義の形式的で空気のようなモデルを提示するだけであってはなるまい。社会が自らを集合的主体であると考え、そのように活動するためには、いくつかの共通の条件や参照項が必要なのである。

民主主義社会がまさに新たな社会形態となっているのだとしても、この社会には、いくつかの人間学的な次元が見いだされる。ただし、こうした次元はそもそも最初からこの社会に属していたわけではない。あらゆる他の社会と同様、民主主義社会は、各主体が自分自身や社会秩序を破壊しないための制限をもうける構造的な禁止なしには存続しえない。教育や社会化のプロセスはまさにこうした禁止の内面化をめざすものである。この禁止は、即時的で際限のない充足の過程に停止点を定め、各個人に集合体や文化の次元へと参入するために自らの主観性を脱中心化することを強いる。[7] この次元を、それが含む強制的な要素もあわせて、明白に認識し引き受けることがなければ、不作法や暴力へと陥ったり、最も過激な抑圧的解決をはぐくんだりすることもありうる。恵まれていない一部の郊外の若者における脱社会化という実態は長年にわたり否認されてきたが、こうした現実はやはり存続し続けており、そこに非民主主義的な仕方で問題を「処理」するという誘惑が生じるのである。

国家や諸々の制度の次元においても事情は異ならない。権力もまた社会的存在の人間学的次元に立脚しているのである。人間の集合体はどれも、一体性や持続性を形成するためにそこから遊離した審級を必要とする。これによって、社会は自ら行動しうる集合的主体であるとみなすことができるようになるのである。権力と集合体との隔たり、支配する者とされるものの非対称性こそが社会的生を構成するものである。そしてまさにこの隔たりや非対称性の上にこそ、支配という現象が接ぎ木されるわけである。[8]

人間社会が有するこうした次元は、多様な歴史的・社会的形態をとる。民主主義というのは、そのなかでも、許されていることと禁じられていること、合法的なことと非合法的なことの根拠

について の問いかけや討議へと開かれた社会である。それは万人に知られた規則を打ち立て、自由専横を予防し、個人的、集団的自由を保証するものである。しかし、だからといって、この社会は、それ自体として——ニヒリズムに陥るのでないのなら——自らの人間学的次元に対する問いなおしを含むわけではない。この次元こそが共に生きることの条件をなしているのであり、——何人かの左翼の批判者が暗黙的にしろ明示的にしろ言うような——支配の関係のなかに組み込まれることはないものなのである。もちろん、こうした人間学的次元をかつて肯定していた古いモデルを単に再生することはできまい。しかし、ヨーロッパの民主主義は、自らのやましい意識ゆえに、議論をぼかし、極端な立場への反動的退却と否認とのあいだで絶えず揺れ動いてしまっているのである。

最後に、民主主義社会は、もはや超越的な土台や究極の保証を有しないとしても、それでもやはり一つの歴史を有している。この次元が忘却されてしまうと、クロード・ルフォールの言うところの「民主主義の不確定化」が宙を漂い、周囲をとり巻く相対主義を正当なものとしてしまうおそれがある。諸々の利害、信仰、観念、意見等々の多元主義は、まさにこの多元主義が——それに内属するもろもろの矛盾や抗争も含めて——意味を有するようになるための共通の素地を含んでいる。各人の立場やその特異性、矛盾や抗争などを承認することは、共通の帰属を前提にしているのである。

さらに、民主主義においては何も自明ではなく、あらゆることが批判的問いかけに服するというのが正しいとしても、このことは相対主義の全般化を含むのではない。活動の麻痺や共生の解体を避けるためには、あらゆることをあらゆるときに問いなおすことはできないだろう。社会や世界を脱人間化する永続的な変化とは逆に、何か新しいことを創造するということが、過去の諸世代から引き継いだ共通世界を承認する条件となっているのである。

他者への開放性とは何か

世界への開放性、交流の進展が、現代の民主主義社会にとって根本的な与件である。自己同一化のための後退は他者への恐怖をさらけ出し、自分の内的な弱さへと送り返され、袋小路にいたるだろう。われわれは、「各々の文化が他の文化のうちで引き起こす共鳴のなかでの、相互の文化の並行的関係[9]」のうちでこそ共通の帰属を経験するのであり、同時に、世界との関わり方、共に生きる仕方の複数性を意識するのである。とはいえ、周囲をとり巻く混乱のなかで、個々人は、自らをいまだ思春期にあるつねにさまよう「他者のなかの他者」とみなしがちである。もし人が自分自身が誰であるかをわからないのだとすれば、他者への開放性とは意味を持ちうるのか。こうした姿勢は際限なく延長されてしまうのではないのか。

自民族中心主義の問いなおしは、他者のうちに救済を求めたり、そこに自分自身の考えを投影したりすることに存するのではない。これは「他者による自己の試練と自己による他者の試練[10]」を経るものである。この試練によって、われわれは自分自身の文化に対してある種の距離をとらざるをえなくなり、他者によって「教えられる」ことができるようになる。こうした試練を受けることやこれによって豊かになることが意味を持ち、実効的なものになるためには、一方も他方も自分自身の内実を有している必要があるだろう。

今日広まっている幻想によれば、われわれは、他者との出会いにおいて、自らの文化を完全に捨象することができ、自分自身を純粋に形式的なコミュニケーションの世界においてアトム化された個体とみなしうる。だが、ここでもまた、インターネットや市場によって骨組みができあった無脊柱の「世界市民」という文化折衷主義と、自己同一化のための後退のいずれかを選択すべきなのではない。ほかの諸文化との出会いや交流によってこそ、自らの遺産が獲得してきたもの、そこに欠けているものについて、さらには他者の文化が与えてくれたものについてよりよく意識するにいたる。このようにして進められる対話は、差異や矛盾をも避けない寛容な知的衝突から切り離すことができない。ヨーロッパの民主主義は、そこにおけるエリートたちが自らの歴史の両義性を受け入れつつ、さらに自己の尊重を押しつぶし批判精神や他者への開放性を攪乱させる不健全な有責性と手を切るのであれば、好ましい枠組みを提示するだろう。

人間主義的で民主主義的な文化は、世界大戦、植民地戦争、大量虐殺、全体主義などによって転覆された。こうした現実がわれわれの歴史の暗黒面をなしており、われわれの文化が有する解放の力に対して深い疑念をもたらした。しかし、人類の歴史という規模で見れば、いかなる文明もいかなる民族も、白紙委任状を要求することはできない。われわれが知らなければならないことは、良かれ悪しかれ多くの世界を通じてわれわれに遺贈された遺産のなかでわれわれは何に結びついているのかということである。われわれの遺産が含み持っている人間性という原理は、その潜在的な力を汲みつくしたというにはほど遠いだろう。民主主義、両性の平等、個人の尊重、表現の自由への渇望は、今日世界のいたるところで共有されているのである(11)。

われわれの民主主義的な文化は、すべては理性に照らして検討され議論されうるという常なる問いかけと批判的能力によって特徴づけられる。この原理こそ、公的事柄に対する市民の参加としての民主主義を基礎づけるものである。政治的なものと宗教的なものとの分離もまた、われわれの文化の根本的な獲得物である。法治国家が設立する公的空間においては、万人に知られた規則に基づいて討議や抗争の正当性が承認され、統治者の正当性は自由選挙に結びつけられる。そしてわれわれが生きる世界は、もはや自らを押しつけてくる伝統によって構造化されているのではないがゆえに、われわれは過去に対するいっそう自由かついっそう明晰な関係を保つことができるのである。ただし、われわれ自身の有する価値についてのこのような問いなおしや理性的な討議が世界のあらゆる人々に共有されていると考えることにはなにがしかの夢想があるかもしれないのだが。

誤ったジレンマから逃れること

社会や世界の進化を前にして、後ろ向きの退却はすべて不可能となり、あらゆる反動的で硬直した姿勢は、無謀な打開策と同じように、袋小路にいたることとなる。そして文化的ないし政治的討議は次のようなしばしば誤った選択のうちに閉じ込められることとなる。すなわち、理想化された過去へと懐古趣味的に後退するか、あるいは進化を前にしてあらゆる批判感覚を失うかという選択がそれである。「〜への回帰」という選択は、新たな歴史的条件を誤認しているばかりか、いかに共感を与えるものであれ長期的に見れば現実に対してたいした効果をもたらさない諸々の原理の提唱と意志主義との寄せ集めにとどまっている。現代化論者の選択のほうは、より構造的な企図を欠きつつ、良かれ悪しかれ目下の状況を打開するために前へと突き進もうとする。

こうした誤ったジレンマを逃れることとは、過去、現在、未来を、それぞれ切り離された実体とするのではなく、識別可能な未来を素描し、いまここでわれわれにとって何が望ましく何が可能かを言い表すための常なる対話のもとに置くことによって、それらのあいだの糸を縫いあわせることを意味する。民主主義社会が苦しんでいる諸悪に対しても、また人類にとっての諸悪に対しても、根本的な政治的解決は存在しまい。ただしこのことはこうした諸悪と戦うことを断念しなければならないということを意味するのではない。さらに、確実性で満ちたイデオロギーの大きな体系の終焉は、良識的な確信の終焉ではない。このことが意味するのは、批判的感覚や公的討議、公的活動への情熱の喪失ではなく、多くの知識人らが担い手となってきた政治的なものの領域におけるある種の急進主義の終焉である。こうした急進主義は、個人的な反抗心と政治的な参加《アンガージュマン》との混合を土台に発展してきた。だがこれによって、公的空間において告げられたのは、彼らによる自分自身との、そしてまた望むと望むまいと自らの出自たる文化的・政治的遺産との実存的な総決算なのである。この総決算は、白紙状態とか、幸福な全体性において人類を自らと和解させる徹底的に他なる未来社会といった革命的な観念と交差してきた。この種の参加《アンガージュマン》こそ、今日われわれの背後にあり、ユートピアの孤児たる新たな左翼行動主義がそのさえない代用品となっているのである。

とは言うものの、民主主義における政治は、「可能なかぎり自由で正しい社会」[12]の探求を断念するわけにはいかない。この展望においてこそ、現在において討議し活動するための指標を言い表し、民主主義社会の新たな状況を考慮に入れた再構築の仕事の可能な軸を規定する必要があるように思われるのである。

市民の参加《アンガージュマン》は、一様のものでも連続的なものでもない。民主主義は、危機や脅威や危険が迫り、決定的な選択が求められるようなとき、あるいは市民の発言と活動が力強く求められるときなどの歴史における重大な契機のみを生きるのではない。近代人の自由は、バンジャマン・コンスタンを援用して言えば、古代人の自由ではないし、アテナイや革命のモデルから引き出し損ねた直接民主主義という理想は、先進民主主義社会においては代替策とはならない。このことは市民権という観点から民主主義を断念するということではない。そうではなく、こうした語句に続けて何が語られるかを知らねばならないのである。現在をとり巻く混乱のなかでは、発言権を有した犠牲者的な告発姿勢が一般化し、活動は不平不満や遺恨《ルサンチマン》というつもの論理へと向かうことになりかねないのである。

市民権が前提としているのは、権力についての幻想と手を切り、民主主義社会における国家や諸制度の中心的な重要性を認め、公的事柄にできるかぎり多くの人々が責任あるかたちで関わりあうように求めることである。ジャコバン主義の主要な限界の一つは、代表する者とされる者とのあいだにいかなる距離も認めない「同一化としての代表」という考え方にあるだろう(13)。民主主義を補強することは、したがって、できるかぎり多くの人々が公的事柄に参与できるような別のかたちの代表、別のかたちの関わりあいを考えることを必要とするのである。

いかなる民主主義か

協同組合や労働組合は、職種別の利益を擁護し、企業や役所、教育、病気、農業、環境等々のわれわれの共同的な生に関わる諸領域についての提案を練りあげるという役割を担っている。組合はまた、活発行動主義の危機の例に漏れず、しばしば狭い同業組合的利益という後ろへの後退と、現代化に突き進む無謀な打開策とのあいだで揺れ動いてもいる。組合運動は、自らの企図を練りあげることでこうした状況を乗り越えるべきだろう。しかし問いは残っている。いかに協議を推奨し、媒介者としての役割を強化するのか。また、経済社会評議会のような、単に政治的な事柄ばかりでなく公的な討議全体を明らかにするために重要な役を担っている諸制度をいかに評価するのか。さらには、かつての献身的で自己犠牲的な活発行動主義をなんとしても再生させるというよりもむしろ、現代社会における世論とは何を意味するのか、いかにこれは形成されるのか、これに情報を与え啓発するためにはどのように、何をもってすればよいのかについて熟考するべきではないだろうか。世論は、歯に衣着せぬ討論会で無造作にあらゆる種類の議題を混ぜあわせるテレビ放送が示すほど滑稽なものではないのである。

熟慮の感覚をとり戻すこと、これは、政治的領域やメディアが、直接的なアクチュアリティ、偽りの討論や流行から距離をとった自律した場を形成することを前提とする。書物、雑誌、サークルなどが、啓発された世論の形成や議論の場となる公的空間の創設において重要な役割を担っている。政党や組合などの領域の外部で、熟慮、意見交換、育成のための自由な場において、市民が、事実をふまえ、党派やしきたりにこだわることなく、自分自身の考えを形成できることが重要なのである。

この観点では、宗教を個人的な信仰行為へと還元したり、世紀初頭にそうされたように厳密に私的領域へと送り返したりすることはできまい。国家倫理諮問委員会が示すように、諸宗教の社会文化的遺産は、人間の生や生命倫理についての考えに関わる大問題についての現代的な公的討議において、その他の思想潮流と同じ資格で考慮すべきものである。寛容な知的対立と不可分の対話はこのようにしてなされるものだろう。

公的討議においては、活字メディアと視聴覚メディアは現代社会の生の中心的要素となっている。実際、社会や世界の事柄から身を引くのでないかぎり、いかにしてこれらなしで済ますことができようか。メディアの機能は、そもそも新たな情報技術やコミュニケーション技術、市場の法則に内属しているとされる運命論には結びついているわけではない。たとえ、これらの論理が今日あらゆる重みでもって圧しかかってきているとしてもである。世界的なマスメディアグループに対する必要な規制という問題を棚上げすることはできないが、とはいえ、このことと情報や討議の質の問題が機械的に関連しているわけではない。諸々の情報の選択、序列づけ、熟慮や批判のために距離をとることなどは、気晴らしや有益なユーモアなどと同じように、メディアにおいても可能である。公的権力、指導者、ジャーナリストらは、互いに責任を押しつけあって、結局「視聴率の強制」を確認しあうことで終わりにしてはなるまい。問題はむしろ、混乱した社会にあって、情報や文化についていかなる考えを擁護するかであろう。純粋かつ傲慢な姿勢でメディアを非難するよりもむしろ、メディアを飼いならし、われわれの現在やわれわれに共通した未来を規定する重要な問いについて市民をよりよく啓発するためにどのような対抗権力やどのような補完がありうるかについて熟慮することを探るべきであろう。

政治の無力、文化の危機によって、経済と技術があらゆることについて正しいと思われるようになったが、[14]しかし、これらの領域に構造的に属するものと、当惑した社会がそこに投影する射程とをそれぞれ分けて考慮できるようにしなければならないだろう。市場経済は民主主義とは混同されないが、それでも両者を分離することはできまい。さまざまな活動領域のメカニズムや目的の多様性を承認することが民主主義に固有のものなのであって、国家が市場を全体的に統御しようとする主張がどこに行きつくかは共産主義の経験が示したとおりである。問題はしたがって、市場やグローバル化にあるのではなく、政治的・文化的空虚さのなかで、市場を社会や世界の土台としたり、あらゆる活動の組織化の中心となるモデルないし極としたりする自由主義的イデオロギーにあるのである。規制は喫緊であろうが、問わねばならないのは、介入の境界線をどこに設定するのか、市場の支配的論理の外部にあるべき財や交換とはどのようなものかなのである。経済至上主義とその二つの極――理想化された市場と悪魔化された市場――が、政治と文化によって空虚となった場を占めている。したがって、市場モデルのヘゲモニーを砕くためにまずもって進むべきは、この政治と文化という二つの領域なのである。

「移りゆく現実に直面するためには、安定した概念が必要である。複雑な現実に直面するためには、単純な観念が必要である」[15]。大量かつ高速の情報を前にしてなすべきは、距離をとり、本質的なものと表層的なものを見分け、それらを分類し、階層づけることである。こうした能力は、根本的には道具立ての不足や方法論の不足に関わっているのではなく、自律した判断を可能にするような普遍的文化と人間的経験の骨組みを必要とする。一九八〇年代以降、学校や人材育成機関は無意味な適応競争にかかずらい、国家と社会はこれに対して自分たちが解決することのできない一群の問題を押しつけている。逆に、現在の進化が求めているのは、その根本的な使命を評価しなおすことである。もしわれわれが文化的遺産を救い、多くの領域における脱文化化や質の低下を避けようとするのであれば、教育や人材育成に関しては、その内容においても、その形態においても、その各々の領域の特殊な使命をはっきりさせる今日化《アッジョルナメント》が必要なのである。(16)

実のところ、ヨーロッパの民主主義社会は、経済、科学、技術の発展によって新たな歴史的局面に突入したのだが、こうした発展といまだ和解してはいない。ヨーロッパ社会がこの発展に対してどのように対処するのかを再検討し、(17) 民主主義的統制の新たな様態について熟考することは、糸を結びなおし、現代に対する反動的な批判を乗り越えることに貢献できるだろう。

いかなる政治か

政治的なものの刷新は、単に指導者らの道徳ないし倫理の問題に限られるものではなく、扇動家《デマゴーグ》と手を切り、また「社会的要求」や経済的強制に対する象徴的な依拠——これは非一貫性や将来的展望の不在を隠し通せていない——と手を切ることを含んでいる。政治が、破裂した社会の要請の背後に身を置き続けるとすれば、もしかすると良くも悪くもそのまま権力の座につき続けることはできるかもしれないが、しかしいずれにせよ自らの品位を下げ、社会との溝をいっそう深くするだろう。活力をとり戻すためには、政治は、社会に対する、ヨーロッパや世界の状態に対する自らの無力から逃れることをやめなければならず、また、八〇年代以降自らが行きづまっている引っ込み思案で管理的な後退から脱却しなければならないだろう。市民たちが必要としているのは、鍵となるプログラムを掌握したり、あらゆる主題についての提案のカタログを持ったりすることではなく、一国に供されるさまざまな可能性について、一国の、ヨーロッパの、そして世界の未来についての包括的な見地のなかに組み込まれた、明晰で、一貫した責任ある選択について、明白に語ることができるということなのである。

ここでもまた、合図をするのは歴史である。ヨーロッパ社会が解放という影響力を発揮できるのは、諸々の価値が、単に市場や、技術的・軍事的な力に関わるだけのものではなく、民主主義的な共生という考えの担い手となっていることを示すことによってなのである。全体主義の経験がわれわれに示したのは——示さねばならなかったとすれば——、歴史とは、つねにさらなる進歩に向かう抗いがたい過程の同義語ではないということである。逆に、先進社会における暗黒的、黙示録的な見地によって、われわれは何かを企図するということから顔をそむけてしまっている。結局のところ、ペギーが言ったように、「世界で希望が嘘をつかないかどうかはわれわれにかかっている」のである。だが、空虚と無意味さを覆い隠し、われわれに自己への信頼と尊重とを失わせているこの狂った競争を止めるには、もう少し熟慮と討議の時間が必要だろう。

(7) 違反という概念がまさに内包しているのは、この禁止という次元であり、また不安や有責性というかたちで払うべき代価である。違反とは弱体化の論理や欲望の「故障」の兆候であるのにもかかわらず、ポストモダン的な立場は誤ってこれを引きあいに出そうとしている。

(8) Marcel Gauchet, 《La dette du sens et les racines de l'État》, *Libre*, no. 2, Petite bibliothèque Payot, Paris, 1977.

(9) Maurice Merleau-Ponty, *Signes*, Gallimard, Paris, 1960, p. 175.〔モーリス・メルロー＝ポンティ『シーニュ』竹内芳郎ほか訳、みすず書房、1969−1970年〕

(10) *Ibid.*, p. 150.

(11) Jean-Claude Guillebaud, 《Quel héritage pour faire face aux défis du présent? Rencontre avec Jean-Claude Guillebaud》, *Cahiers de Politique Autrement*, no. 21, février 2001.

(12) Cornélius Castoriadis, *La montée de l'insignifiance. Les carrefours du labyrinthe IV, op. cit.*, p. 225.

(13) Marcel Gauchet, 《L'héritage jacobin et le problème de la représentation》, *Cahiers de Politique Autrement*, décembre 2000: *Le Débat*, no. 116, septembre-octobre 2001.

(14) Olivier Mongin, *L'après-1989. Les nouveaux langages du politique*, Hachette Littérature, Paris, 1998.

(15) Jean-Marie Domenach, *Ce qu'il faut enseigner*, Seuil, Paris, 1989.

(16) われわれはここでは、学校の再構築の軸としてどのようなものがありうるかについて論を展開することはしないが、この今日化《アッジョルナメント》は、悪環境の郊外出身の一部の若者の社会化という特殊な問題をあらかじめ十分検討することを含むということを強調しておくべきだろう。それなしには、教育の再評価、とりわけ職業教育の再評価は空虚な議論となってしまうだろう。

(17) われわれはこの点をめぐってこれから数年熟考するつもりである。問題となるのは、ヨーロッパのさまざまな国々における現代化の特殊な様態、現代化が二〇世紀の流れのなかで引き起こしてきた諸々の効果、批判、抵抗などである。

(20) *Ibid.*, p. 433.
(21) *Ibid.*, p. 434.
(22) *Ibid.*, p. 437.
(23) Claude Lefort, *Essais sur le poltique. XIXe-XXe siècles*, Seuil, Paris, 1986, p. 37.
(24) Cornélius Castoriadis, *La montée de l'insignifiance. Les carrefours du labyrinthe IV*, Seuil, Paris, 1996, p. 23.
(25) Jean-Claude Guillebaud, *La refondation du monde*, Seuil, Paris, 1999, p. 29−30.
(26) George Steiner, *Dans le château de Barbe-Bleue. Notes pour une redéfinition de la culture*, Seuil, Paris, 1973: Gallimard, coll.《Folio-Essais》, Paris, 1998, p. 90.〔ジョージ・スタイナー『青ひげの城にて　文化の再定義への覚書』桂田重利訳、みすず書房、2000 年〕
(27) Jean-François Mattéi, *La barbarie intérieure. Essai sur l'immonde moderne*, PUF, Paris, 1999, p. 25, 70.
(28) Friedrich Nietzsche, *Le nihilisme européen*, Kimé, Paris, 1997, p. 43.〔ニーチェ『権力への意志』原佑訳、ちくま学芸文庫、1993 年、上、第 1 章〕

結論

(1) Emmanuel Mounier,《La petite peur du XXe siècle》, 1949, *Œuvres de Mounier*, t. 3, Paris, 1962, p. 356.
(2) Tzvetan Todorov, *Mémoire du mal, tentation du bien*, Robert Laffont, Paris, 2000, p. 333.〔ツヴェタン・トドロフ『悪の記憶・善の誘惑　20 世紀から何を学ぶか』大谷尚文訳、法政大学出版局、2006 年〕
(3) Jean-Marie Domenach, *Une morale sans moralisme*, Flammarion, Paris, 1992.
(4) Jean-Michel Bersnier, *L'humanisme déchiré*, Descartes & Cie, Paris, 1993.
(5) Benjamin Constant,《De la liberté des anciens comparée à celle des modernes. Discours prononcé à l'Athénée royal de Paris en 1819》, *Écrits politiques*, Gallimard, coll.《Folio-Essais》, Paris, 1997, p. 617.
(6) Jürgen Habermas, *Théorie de l'agir communicationnel*, Fayard, Paris, 1987.〔ユルゲン・ハーバーマス『コミュニケイション的行為の理論』河上倫逸ほか訳、未来社、1985−1987 年〕

(6) *Ibid.*, p. 17.
(7) *Ibid.*, p. 51.
(8) Jean Baudrillard, *L'échange impossible*, Galilée, Paris, 1999, p. 51.〔ジャン・ボードリヤール『不可能な交換』塚原史訳、紀伊國屋書店、2002年〕
(9) Jean Baudrillard, *La pensée radicale*, Sens & Tonka, Paris, 1994, p. 23.
(10) Cornélius Castoriadis,《Les crises d'Althusser. De la langue de bois à la langue caoutchouc》, *Libre*, no. 4, Petite bibliothèque Payot, Paris, 1978.
(11) *Ibid.*
(12) Jean Baudrillard, *La société de consommation*, Denoël, Paris, 1970.〔ジャン・ボードリヤール『消費社会の神話と構造』今村仁司・塚原史訳、紀伊國屋書店、1995年〕
(13) この意味で、この現象は、ジャン・ボードリヤールが一九七〇年にその著書『消費社会』で明らかにした現象とは異なる。ボードリヤールは、差異化された諸々の価値の一般化されたコードに基づくものとして消費を分析する。そこでは個々人は同一のコードをつねに共有しており、そこから出発して自分を他人との関係で位置づけるようになる。ここでは、識別記号が意味を有するのは、「統合および規制のシステム」としての消費プロセスの内部においてである。われわれの分析している現象がこれと異なるのは、承認のための識別記号の介入は、あらゆる共通のコードに対する不信を意味するためになされるという点である。このかぎりでは、厳密に言うと差異の交換があるのではなく、細分化された社会における差異の共存があるのである。三〇年以上を経て、ボードリヤールの解釈はさらに進展している（*L'échange impossible, op. cit.* を参照)。
(14) この表現は以下から借用した。Philippe Breton, *L'utopie de la communication*, La Découverte, Paris, 1986/1995.
(15) Alexis de Tocqueville, *De la démocratie en Amérique*, t. 2, Gallimard, Paris, 1961/1986, p. 455.〔トクヴィル『アメリカのデモクラシー』松本礼二訳、岩波文庫、2005-2008年〕
(16) *Ibid.*, p. 432.
(17) *Ibid.*, p. 435.
(18) *Ibid.*, p. 434.
(19) *Ibid.*, p. 435.

(35) George Orwell, *1984, op. cit.*, p. 435–436.
(36) Jacques Dewitte, 《Le pouvoir du langage et la liberté de l'esprit》, *loc. cit.*
(37) George Orwell, *1984, op. cit.*, p. 301.
(38) *Ibid.*, p. 303–304.
(39) *Ibid.*, p. 55.
(40) *Ibid.*, p. 301.
(41) *Ibid.*, p. 303.
(42) *Ibid.*, p. 372–373.
(43) この点は、クロード・ルフォールが論文「あいだに置れた肉体」においてとりわけ明らかにしている。「ビッグ・ブラザーの身体は不死であり、時間のなかにも、空間のなかにも存在しない。この他者はそれを自分自身から奪い取り、〈党〉の集合存在のなかに飲み込む」(*Écrire à l'épreuve du politique,* Calmann-Lévy, Paris, 1992, p. 34)。〔クロード・ルフォール『エクリール　政治的なるものに耐えて』宇京頼三訳、法政大学出版局、1995 年〕
(44) Jacques Dewitte, 《Le pouvoir du langage et la liberté de l'esprit》, *loc. cit.*

第 16 章

(1) Philippe Breton, *La parole manipulée,* La Découverte, Paris, 1997, p. 27.
(2) 類似の現象は、即座の返答を求めるような連絡のやり取りや、あるいはとくにインターネット上の多くのチャットで見ることができる。ここではみながどんな話題についても自分の意見を発するよう促されるのである。ここではパッチワークがその極みに達する。
(3) この点については、以下の特筆すべき論文を参照。Jean-Michel Hirt, 《Le cinéma de la mise à nu》, *Nouvelle revue de psychanalyse*, no. 29, printemps 1984.
(4) Paul Ricœur, *Soi-même comme un autre*, Seuil, Paris, 1990.〔ポール・リクール『他者のような自己自身』久米博訳、法政大学出版局、1996 年〕
(5) Guy Debord, *La société du spectacle*, Buchet-Chastel, Paris, 1967, p. 9.〔ギー・ドゥボール『スペクタクルの社会』木下誠訳、ちくま学芸文庫、2003 年〕

modernes, no. 538, mai 1991.

(12) Ignacio Ramonet, 《Tous fliqués !》, *loc. cit.*

(13) George Orwell, *1984, op. cit.*, p. 371–372.

(14) *Ibid.*, p. 295.

(15) *Ibid.*, p. 376.

(16) *Ibid.*, p. 362.

(17) *Ibid.*, p. 118.

(18) *Ibid.*, p. 360.

(19) *Ibid.*, p. 417.

(20) フランソワ・ブリュヌがその著書『ビッグ・ブラザーの太陽の下で』(François Brune, *Sous le soleil de Big Brother*, L'Harmattan, Paris, 2000) および以下の論文で強調しているのはこの次元である(《Combattre l'esprit de 1984》, in *Manière de voir/Le Monde diplomatique*, mars-avril 2001)。彼は言う。「オーウェルは、あらゆるかたちの内的な共犯関係を見抜くようわれわれを促すのである」。とはいえ、この著者にとって、ビッグ・ブラザーの権力は、その超自由主義およびメディアの規範化を通じて、まったく現代的なものとして現れる。「消費社会の悦楽のもとに隠されていても、軍靴はもうここまで来ている」。

(21) この表現はアントン・シリガの以下の著作から借用した。Anton Ciliga, *Au pays du mensonge déconcertant. Dix ans derrière le rideau de fer*, Gallimard, Paris, 1938.

(22) George Orwell, *1984, op. cit.*, p. 364.

(23) *Ibid.*, p. 15.

(24) *Ibid.*, p. 301.

(25) *Ibid.*

(26) *Ibid.*, p. 352.

(27) *Ibid.*, p. 64

(28) *Ibid.*

(29) *Ibid.*, p. 111.

(30) *Ibid.*, p. 54.

(31) *Ibid.*, p. 44.

(32) *Ibid.*, p. 437.

(33) *Ibid.*, p. 78.

(34) Jacques Dewitte, 《Le pouvoir du langage et la liberté de l'esprit》, *loc. cit.*

うる展開を検討しつつ次のように書いている。「すでにアメリカでは、離婚数が結婚数と同じだけあるという都市がいくつかある。あと何年かすると、おそらく、一二ヵ月間有効で、犬を売ったり一匹以上の動物を一度に所有したりすることを禁ずる規則もない飼い犬の許可証を売買できるのと同じように、婚姻許可証を売買できるようになるだろう」(*ibid.*, p. 17)。
(20) *Ibid.*, p. 160.
(21) Ignacio Ramonet, *Propagandes silencieuses, op. cit.*, p. 31.
(22) Aldous Huxley, *Le meilleur des mondes, op. cit.*, p. 47.
(23) *Ibid.*, p. 251.
(24) *Ibid.*, p. 93.
(25) *Ibid.*, p. 61.
(26) *Ibid.*, p. 262.
(27) *Ibid.*, p. 16.
(28) *Ibid.*, p. 18.
(29) *Ibid.*, p. 25.

第15章

(1)『一九八四年』およびジョージ・オーウェルの著作については、以下がその射程と現代性について力強く強調している。Cf. Jean-Claude Michéa, *Orwell, anarchiste tory*, Climats, Castelnau-le-Lez, 2001.
(2) George Orwell, *1984*, Gallimard, coll.《Folio》, Paris, 1984, p. 191.〔ジョージ・オーウェル『一九八四年』高橋和久訳、早川書房、2009年〕
(3) *Ibid.*, p. 190. オーウェルはここでヴィルヘルム・ライヒが同時代に展開していた分析を用いている。Cf. Wilhelm Reich, *La psychologie de masse du fascisme, op. cit.*
(4) *Ibid.*, p. 376.
(5) *Ibid.*, p. 299.
(6) *Ibid.*
(7) *Ibid.*, p. 292.
(8) Pierre Bourdieu, *Contre-feux* 2, *op. cit.*, p. 89.
(9) Ignacio Ramonet,《Tous fliqués !》, in《Sociétés sous contrôle》, *Manière de voir/Le Monde diplomatique*, mars-avril 2001.
(10) George Orwell, *1984, op. cit.*, p. 140.
(11) Jacques Dewitte,《Le pouvoir du langage et la liberté de l'esprit. Réflexions sur l'utopie linguistique de George Orwell》, *Les temps*

「政治における嘘　国防総省秘密報告書についての省察」『暴力について』山田正行訳、みすず書房、2000年〕
（30）*Ibid.*, p. 39.
（31）*Ibid.*, p. 38.
（32）Ignacio Ramonet, *Propagandes silencieuses, op. cit.*, p. 34-35.
（33）*Ibid.*, p. 31.
（34）Ignacio Ramonet, *La tyrannie de la communication, op. cit.*, p. 31-32.

第14章
（1）Aldous Huxley, *Le meilleur des mondes*, Pocket, Paris, 1999, p. 15.〔オルダス・ハックスリー『すばらしい新世界』松村達雄訳、講談社文庫、1974年〕
（2）Ignacio Ramonet,《La prophétie du *Meilleur des mondes*》, in *Manière de voir/Le Monde diplomatique*, mars-avril 2001.
（3）Jean-Claude Guillebaud, *Le principe d'humanité*, Seuil, Paris, 2001, p. 35.
（4）*Ibid.*
（5）Ignacio Ramonet, *Propagandes silencieuses, op. cit.*, p. 31.
（6）Aldous Huxley, *Le meilleur des mondes, op. cit.*, p. 37.
（7）*Ibid.*, p. 35.
（8）*Ibid.*, p. 259.
（9）*Ibid.*, p. 65é
（10）Ignacio Ramonet,《Spots publicitaires》, *Propagandes silencieuses, op. cit.*, p. 33.
（11）*Ibid.*, p. 53.
（12）Aldous Huxley, *Le meilleur des mondes, op. cit.* 特に第三章（とりわけ p. 66-76）。
（13）*Ibid.*, p. 262.
（14）*Ibid.*, p. 114.
（15）*Ibid.*, p. 262.
（16）*Ibid.*, p. 76.
（17）*Ibid.*
（18）*Ibid.*, p. 74.
（19）1946年の後記において、ハックスリーはこうした側面の実際にあり

Paris, 1997.
(3) Ignacio Ramonet, *La tyrannie de la communication, op. cit.*, p. 58 に引用。
(4) Serge Halimi, *Les Nouveaux Chiens de garde, op. cit.*, p. 49.
(5) Ignacio Ramonet, *La tyrannie de la communication, op. cit.*, p. 28.
(6) *Ibid.*, p. 56.
(7) Pierre Bourdieu, *Sur la télévision*, Liber-Raisons d'agir, Paris, 1996.〔ピエール・ブルデュー『メディア批判』櫻本陽一訳、藤原書店、2000 年〕
(8) *Ibid.*, p. 24.
(9) Ignacio Ramonet, *La tyrannie de la communication, op. cit.*, p. 28.
(10) *Ibid.*, p. 45.
(11) *Ibid.*, p. 37.
(12) *Ibid.*, p. 46.
(13) Ignacio Ramonet, *Propagandes silencieuses. Masses, télévision, cinéma*, Galilée, Paris, 2000, p. 15.
(14) *Ibid.*, p. 27.
(15) *Ibid.*, p. 31.
(16) *Ibid.*, p. 103.
(17) *Ibid.*, p. 120.
(18) *Ibid.*
(19) *Ibid.*, p. 109.
(20) *Ibid.*
(21) *Ibid.*, p. 22.
(22) *Ibid.*, p. 53.
(23) Frédéric Beigbeder, *99 F*, Grasset, Paris, 2000.〔フレデリック・ベグベデ『¥999』中村佳子訳、角川書店、2002 年〕
(24) *Ibid.*, p. 32, 37.
(25) *Ibid.*, p. 21.
(26) *Ibid.*, p. 49.
(27) *Ibid.*, p. 139.
(28) Gaetano Guagliariello, 《Forza Italia, une dynamique de fond》, *Le Monde des débats. Le Nouvel Observateur*, no. 25, mai 2001.
(29) Hannah Arendt, 《Du mensonge en politique. Réflexions sur les documents du Pentagone》, in *Du mensonge à la violence*, Calmann-Lévy, Paris, 1972: coll. 《Pocket/Agora》, Paris, 1994, p. 22.〔ハンナ・アーレント

界の未来をいっしょに取り戻そう」、『反グローバリゼーション民衆運動アタックの挑戦』杉村昌昭訳、柘植書房新社、2001 年〕
(2) *Ibid.*, p. 22-23.
(3) Ignacio Ramonet, *Géopolitique du chaos*, Gallimard, coll. 《Folio/Actuel》, Paris, 2000.
(4) *Ibid.*, p. 7.
(5) *Ibid.*, p. 7-8.
(6) *Ibid.*, p. 10.
(7) *Ibid.*, p. 104.
(8) *Ibid.*, p. 260.
(9) *Ibid.*, p. 117.
(10) Martin Vanier, 《Avant-propos》, in Attac, *Agir local, penser global. Les citoyens face à a mondialisation*, Mille et une nuits, Paris, 2001, p. 7.
(11) Bernard Cassen, 《Comprendre et agir avec Attac》, in Attac, *Contre la dictature des marchés*, La Dispute/Syllepse/VO éditions, Paris, 1999, p. 11.
(12) Ignacio Ramonet, *Géopolitique du chaos, op. cit.*, p. 222.
(13) *Ibid.*, p. 40.
(14) *Ibid.*, p. 262.
(15) *Ibid.*, p. 87-88.
(16) Pierre Bourdieu, *Contre-feux* 2, Éditions Raisons d'agir, Paris, 2001, p. 20.
(17) *Ibid.*, p. 72.
(18) *Ibid.*, p. 89.
(19) Ignacio Ramonet, *Géopolitique du chaos, op. cit.*, p. 215.
(20) *Ibid.*, p. 14.
(21) *Ibid.*, p. 107.
(22) *Ibid.*, p. 173.
(23) *Ibid.*, p. 231.
(24) *Ibid.*, p. 81-82.

第 13 章

(1) Ignacio Ramonet, *La tyrannie de la communication*, Galilée, Paris, 1999.
(2) Serge Halimi, *Les Nouveaux Chiens de garde*, Liber-Raisons d'agir,

(18) *Ibid.*, p. 244.
(19) *Ibid.*, p. 149.
(20) *Ibid.*, p. 65.
(21) ドジュールの問題系のなかで、苦痛に与えられた中心的な位置については、以下を参照。Jean-Pierre Durand,《Combien y a-t-il de souffrance au travail ?》, *Sociologie du travail*, avril-juin 2000. この著者は、ドジュールの著書が「苦痛の文化、ひいては苦痛の崇拝に基づいている」ことを強調している。
(22) Christophe Dejours, *Souffrance en France, op. cit.*, p. 158 et p. 179.
(23) *Ibid.*, p. 181.
(24) Hannah Arendt, *Eichmann à Jérusalem. Rapport sur la banalité du mal*, Gallimard, Paris, 1966 et 1991.〔ハンナ・アーレント『イェルサレムのアイヒマン　悪の陳腐さについての報告』大久保和郎訳、みすず書房、1994 年〕
(25) Christophe Dejours, *Souffrance en France, op. cit.*, p. 137.
(26) *Ibid.*, p. 460−461.
(27) *Ibid.*, p. 129.
(28) *Ibid.*, p. 149.
(29) *Ibid.*, p. 134.
(30) *Ibid.*, p. 174−175.
(31) *Ibid.*, p. 68.
(32) さらに、アレントの問題系のなかで、次のようなことも考えることができよう。すなわち、目的や特定の目標とは断絶した、プロセスそのものという考え方は、近代的人間の条件および労働の支配に固有のアプローチの典型をなすものである、と。この労働というのは、活動的生のヒエラルキーの頂点に置かれ、そのメカニズムは、あらゆる活動にとってのモデルとみなされるようになるのである。この点については、以下を参照。Hannah Arendt,《La *vita activa* et le monde moderne》, *Condition de l'homme moderne*, Chap. VI, Calmann-Lévy, Paris, 1961 et 1983.〔ハンナ・アレント『人間の条件』、前掲、第 6 章〕

〔第 3 部〕
第 12 章

(1)《Plate-forme d'Attac adoptée par l'Assemblée constitutive du 3 juin 1998》, *Tout sur Attac*, Mille et une nuits, Paris, 2000, p. 16.〔ATTAC「世

Débat, n. 89, mars-avril 1996.

第 11 章

(1) Luc Boltanski et Ève Chiapello, *Le Nouvel esprit du capitalisme*, Gallimard, Paris, 1999.

(2) Christophe Dejours, *Souffrance en France, La banalisation de l'injustice sociale*, Seuil, Paris, 1998.

(3) こうしたテーマに基づいて、二人の著者は、正義が適応する新たな形態をコード化する「計画型の市民体」の理念型を構築している。この特殊なテーマについて、われわれはここで扱うことはできない。これは、以下の著書で示される「市民体の文法」と名づけられたものに組み込まれるものである。Luc Boltanski et Laurent Thévenot, *De la justification. Les économies de la grandeur*, Gallimard, Paris, 1991.〔リュック・ボルタンスキー、ローラン・テヴノー『正当化の理論　偉大さのエコノミー』三浦直希訳、新曜社、2007 年〕

(4) Luc Boltanski et Ève Chiapello, *Le Nouvel esprit du capitalisme, op. cit.*, p. 207.

(5) *Ibid.*, p. 109−110.

(6) *Ibid.*, p. 283.

(7) *Ibid.*

(8) *Ibid.*, p. 35.

(9) *Ibid.*, p. 94.

(10) *Ibid.*, p. 37.

(11) *Ibid.*

(12) *Ibid.*, p. 42.

(13) *Ibid.*, p. 46.

(14) *Ibid.*, p. 66.

(15) Karl Polanyi, *La Grande Transformation*, Gallimard, Paris, 1983.〔カール・ポラニー『大転換　市場社会の形成と崩壊』野口建彦・栖原学訳、東洋経済新報社、2009 年〕

(16) こうした区別は、次の拙書のなかで提案した、政治的左翼行動主義と文化的左翼行動主義の区別と重なりあうものである。とはいえ、まったく同じというわけではない。*Mai 68, l'héritage impossible, op. cit.*

(17) Luc Boltanski et Ève Chiapello, *Le Nouvel esprit du capitalisme, op. cit.*, p. 289.

(2) Raymond Aron, *L'Opium des intellectuels*, Calmann-Lévy, Paris, 1955.〔レイモン・アロン『知識人とマルキシズム』小谷秀二郎訳、荒地出版社、1970 年〕
(3) Raymond Aron, *Démocratie et totalitarisme*, Gallimard, Paris, 1965.
(4) Claude Lefort, *Un Homme en trop, op. cit.*, p. 10.
(5) *Esprit*, janvier 1977.
(6) *Ibid.*
(7) Bernard-Henri Lévy, *La Barbarie à visage humain*, Grasset, Paris, 1977, p. 154.〔ベルナール＝アンリ・レヴィ『人間の顔をした野蛮』西永良成訳、早川書房、1978 年〕
(8) Marcel Gauchet, 《Les droits de l'homme ne sont pas une politique》, *Le Débat*, n. 3, juillet-août 1980.
(9) *Ibid.*
(10) *Ibid.*
(11) Serge July, 《Les rendez-vous polonais》, *Libération*, 23 décembre 1981.

第 10 章

(1) Christopher Lasch, *La Culture du narcissisme, op. cit.*
(2) Gilles Lipovetsky, *L'Ère du vide*, Gallimard, Paris, 1983.〔ジル・リポヴェツキー『空虚の時代　現代個人主義論考』大谷尚文・佐藤竜二訳、法政大学出版局、2003 年〕
(3) Christopher Lasch, *La Culture du narcissisme, op. cit.*, p. 296.
(4) Cornélius Castoriadis, *La Montée de l'insignifiance. Les carrefours du labyrinthe IV*, Seuil, Paris, 1996, p. 134.
(5) Marcel Gauchet, 《Essai de psychologique contemporaine. I. Un nouvel âge de la personnalité》, *Le Débat*, n. 99, mars-avril 1998.
(6) Alain Ehrenberg, *La Fatigue d'être soi, op. cit.*
(7) *Ibid.*, p. 234.
(8) *Ibid.*, p. 18.
(9) *Ibid.*, p. 18.
(10) *Ibid.*, p. 236.
(11) *Ibid.*, p. 244.
(12) *Ibid.*
(13) Dany-Robert Dufour, 《Sur le devenir fou des démocraties》, *Le*

Pauvert, Paris, 1978, p. 108.

(17) Ivan Illich, *La Convivialité*, Seuil, Paris, 1973, p. 145.〔イヴァン・イリイチ『コンヴィヴィアリティのための道具』渡辺京二・渡辺梨佐訳、日本エディタースクール出版部、1989年〕

(18) *Ibid.*

(19) この点については、次の著作の女性解放運動(MLF)に割かれた二つの章を参照。Jean-Pierre Le Goff, *Mai 68, l'héritage impossible,* La Découverte, paris, 1998/2002, p. 297 et p. 317. そこで私はMLFを、袋小路に迷い込んだり、ときに実存的な悲劇を起こしながらも、個人の自立の要求をとことんまで推し進める文化的左翼行動主義の一種の「証言者としての集団」として分析している。

(20)《Cause toujours》, *Le Torchon Brûle*, n° 4.

(21) Wilhelm Reich, *La Psychologie de masse du fascisme, op. cit.*, p. 69.

(22) Pierre Bourdieu et Jean-Claude Passeron, *Les Héritiers. Les étudiants et la culture*, Minuit, Paris, 1964; et *La Reproduction*, Minuit, Paris, 1970.〔ピエール・ブルデュー、ジャン=クロード・パスロン『遺産相続者たち』戸田清ほか訳、藤原書店、1997年、『再生産』宮島喬訳、藤原書店、1991年〕

(23) Louis Althusser,《Idéologie et appareils idéologiques d'État》, *La Pensée*, n° 151, juin 1970.〔ルイ・アルチュセール『再生産について　イデオロギーと国家のイデオロギー諸装置』西川長夫ほか訳、平凡社、2005年〕

(24) Christian Baudelot, Roger Establet, *L'École capitaliste en France*, François Maspero, Paris, 1971.

(25) Alexander S. Neil, *Libre Enfants de Summerhill*, François Maspero, Paris, 1970.

(26) Ivan Illich, *Une Société sans école*, Seuil, Paris, 1971.〔イヴァン・イリッチ『脱学校の社会』東洋ほか訳、東京創元社、1977年〕

(27) *Ibid.*, p. 132.

(28) この点については、次を参照。Jean-Pierre Le Goff, *Le Mythe de l'entreprise*, chap. 9:《Saint-Simon le prophète》, *op. cit.*, p. 206.

第9章

(1) Alexandre Soljenitsyne, *L'Archipel du Goulag*, Seuil, Paris, 1974.〔ソルジェニーツィン『収容所群島』木村浩訳、ブッキング、2006-2007年〕

Lefort, Jean-Marc Coudray, *Mai 1968: la brèche. Premières réflexions sur les événements*, Fayard, Paris, 1968.〔エドガール・モランほか『学生コミューン』西川一郎訳、合同出版、1969 年〕

(2) Cf. Jean-Pierre Le Goff, 《Aux origines de l'idéologie managériale》, *Le Mythe de l'entreprise, op. cit.*

(3) Raymond Aron, *Les Désillusions du progrès. Essai sur la dialectique de la modernité*, Gallimard, Paris, 1969, p. 175.

(4) この表現は、フィリップ・ガヴィから借用した。Philippe Gavi, Jean-Paul Sartre, Pierre Victor, *On a raison de se révolter*, Gallimard, Paris, 1974, p. 241.

(5) *Ibid.*, p. 242.

(6) Susan Sontag, 《Réflexions sur la lutte des femmes》, *Les Temps Modernes*, n. 317, décembre 1972.

(7) FHAR, *Rapport contre la normalité*, Champ libre, Paris, 1971, p. 14.

(8) *Ibid.*, p. 11.

(9) Michel Foucault, 《La vérité et les formes juridiques》, conférences à l'Université pontificale catholique de Rio de Janeiro, mai 1973, *Dits et écrits 1954–1988*, Gallimard, Paris, 1994, p. 618.〔ミシェル・フーコー「真理と裁判形態」、『フーコー・コレクション　6　生政治・統治』ちくま学芸文庫、2006 年〕

(10) Wilhelm Reich, *La Psychologie de masse du fascisme*, Petite bibliothèque Payot, Paris, 1972, p. 106.〔ヴィルヘルム・ライヒ『ファシズムの大衆心理』平田武靖訳、せりか書房、1986 年〕

(11) *Ibid.*, p. 11.

(12) Gilles Deleuze et Félix Guattari, *L'Anti-Œdipe*, Minuit, Paris, 1972, p. 329.〔ジル・ドゥルーズ、フェリックス・ガタリ『アンチ・オイディプス』宇野邦一訳、河出文庫、2006 年〕

(13) Gilles Deleuze 《Les intellectuels et le pouvoir》, entretien Michel Foucault-Gilles Deleuze, *L'Arc*, n° 49, 2e trimestre, 1972.〔ジル・ドゥルーズ、ミシェル・フーコー「知識人と権力」、『フーコー・コレクション 4　権力・監禁』ちくま学芸文庫、2006 年〕

(14) Michel Bosquet, 《De l'électro-nucléaire à l'électro-fascisme》, *Le Sauvage*, n. 20, avril 1975.

(15) *Ibid.*

(16) Brice Lalonde et Dominique Simonnet, *Quand vous voudrez*,

(17) Claude Lefort, *Éléments d'une critique de la bureaucratie*, Gallimard, Paris, 1979, p. 23–24.
(18) Claude Lefort, *L'invention démocratique, op. cit.*, p. 174.
(19) *Ibid.*, p. 174–175.
(20) Claude Lefort, *Éléments d'une critique de la bureaucratie, op. cit.*, p. 24.
(21) Claude Lefort, *L'invention démocratique, op. cit.*, p. 101.
(22) Claude Lefort, *Les formes de l'histoire, op. cit.*, p. 306.
(23) *Ibid.*
(24) Claude Lefort, *Un homme en trop, op. cit.*, p. 202.

第7章

(1) これは、以下の論文のある段落のタイトルである。Claude Lefort, 《Esquisse d'une genèse de l'idéologie》(1974), in *Les formes de l'histoire, op. cit.* これは読解が困難なテクストである。著者の考えを説明するのをいっそう難しくする文体でもって、さまざまな考えが凝縮され、重なりあっているからである。
(2) *Ibid.*, p. 318.
(3) *Ibid.*, p. 318–319.
(4) *Ibid.*, p. 321.
(5) *Ibid.*, p. 320.
(6) *Ibid.*
(7) *Ibid.*, p. 321.
(8) *Ibid.*, p. 322.
(9) *Ibid.*, p. 323.
(10) *Ibid.*
(11) *Ibid.*, p. 327.
(12) *Ibid.*, p. 324.
(13) *Ibid.*, p. 326.
(14) *Ibid.*
(15) *Ibid.*, p. 327.

〔第2部〕

第8章

(1) この表現は、エドガール・モランから借用した。Edgar Morin, Claude

訳、創文社、1970 年〕

（10） *Ibid.*; et Max Weber, 《Le métier et la vocation d'homme politique》, in *Le savant et le politique*, Plon, Paris, 1959.〔マックス・ヴェーバー『職業としての政治』脇圭平訳、岩波文庫、1980 年〕

（11） Émile Durkheim, *De la division sociale du travail*, Félix Alcan, Paris, 1893: PUF, Paris, 1950, 1963; *Le suicide. Étude sociologique*, Félix Alcan, Paris, 1897: PUF, Paris, 1980.〔デュルケーム『社会分業論』田原音和訳、青木書店、2005 年。デュルケーム『自殺論』宮島喬訳、中公文庫、1985 年〕

第 6 章

（1） Hannah Arendt, *Système totalitaire, op. cit.*

（2） *Ibid.*, p. 39.

（3） *Ibid.*, p. 37.

（4） *Ibid.*, p. 32.

（5） *Ibid.*, p. 226.

（6） *Ibid.*, p. 39.

（7） *Ibid.*, p. 224.

（8） *Ibid.*, p. 32.

（9） *Ibid.*, p. 23.

（10） Christopher Lasch, *La culture du narcissisme*, Climats, Castenau-le-Lez, 2000, p. 68–69.〔クリストファー・ラッシュ『ナルシシズムの時代』石川弘義訳、ナツメ社、1981 年〕

（11） Alain Ehrenberg, *La fatigue d'être soi*, Odile Jacob, Paris, 1998.

（12） Cornélius Castoriadis, *La montée de l'insignifiance. Les carrefours du labyrinthe IV*, Seuil, Paris, 1996, p. 125 *sq*.〔コルネリュウス・カストリアディス『意味を見失った時代』江口幹訳、法政大学出版局、1999 年〕

（13） Christopher Lasch, *La culture du narcissisme, op. cit.*, p. 72.

（14） Alain Ehrenberg, *La fatigue d'être soi, op. cit.*

（15） *Ibid.*, p. 15.

（16） フランスにおけるルペン現象については、これは、かつてペタン主義が具現化していた、反共和国、外国人嫌悪、人種主義という古い反動的な潮流に部分的に根を持つものである。ただし、ペタン主義について「フランス流のファシズム」と呼ぶことができるにせよ、これはいずれにせよ全体主義的な現象と混同してはならないだろう。

(3) *Ibid.*, p. 198.
(4) *Ibid.*, p. 80.
(5) Claude Lefort, *Un homme en trop, op. cit.*, p. 167.
(6) *Ibid.*, p. 170-171.
(7) Hannah Arendt, *Système totalitaire, op. cit.*, p. 116.
(8) *Ibid.*, p. 216.
(9) *Ibid.*, p. 219-220.
(10) *Ibid.*, p. 218.
(11) *Ibid.*, p. 219.
(12) Claude Lefort, *La complication, op. cit.*, p. 160.
(13) Claude Lefort, *Un homme en trop, op. cit.*, p. 68.
(14) Claude Lefort, *L'invention démocratique, op. cit.*, p. 125.
(15) Claude Lefort, *Un homme en trop, op. cit.*, p. 159.
(16) *Ibid.*, p. 68-69.
(17) Yolande Benarrosh, 《La notion de compétences à l'épreuve de l'observation》, *Travail et Emploi*, no. 78, janvier 1999.

第5章

(1) Claude Lefort, *L'invention démocratique, op. cit.*, p. 126.
(2) *Ibid.*, p. 101 *sq.*
(3) Cf. Claude Lefort, 《Staline et le stalinisme》, in *L'invention démocratique, op. cit.*; et 《L'égocrate》, in *Un homme en trop, op. cit.*, chap. 3.
(4) Sigmund Freud, *Malaise dans la civilisation*, PUF, Paris, 1971, p. 104.〔フロイト「文化の中の居心地悪さ」、『フロイト全集　20』高田珠樹ほか訳、岩波書店、2011年〕
(5) Claude Lefort, *Un homme en trop, op. cit.*, p. 170.
(6) *Ibid.*, p. 123.
(7) ピエール・ルジャンドルの著作のなかでも、次を参照。Pierre Legendre, *Le désir politique de Dieu. Étude sur les montages de l'État et du droit*, Fayard, Paris, 1988; *Dieu au miroir. Étude sur l'institution des images*, Fayard, Paris, 1994.
(8) Claude Lefort, *L'invention démocratique, op. cit.*, p. 175,
(9) Max Weber, *Économie et société*, t. 1, chap. 3, Plon, Paris, 1971: Pocket, Paris, 1995.〔マックス・ウェーバー『支配の諸類型』世良晃志郎

27.
(22) Alfred Binet, *Étude expérimentale de l'intelligence*. 以下に引用。Maurice Reuchlin, *Histoire de la psychologie*, PUF, Paris, 1967, p. 25.
(23) Claude Lefort, *L'invention démocratique, op. cit.*, p. 102.
(24) *Ibid.*
(25) *Ibid.*
(26) Sumantra Ghoshal, Christopher Bartlett, *L'entreprise individualisée*, Maxima-Laurent du Mesnil éditeur, coll.《Institut du management d'EDF et de GDF》, Paris, 1998, p. 21.
(27) *Ibid.*, p. 123.
(28) *Ibid.*, p. 111.

第3章
(1) Hannah Arendt, *Système totalitaire, op. cit.*, p. 206.
(2) *Ibid.*, p. 212–213.
(3) *Ibid.*, p. 205.
(4) Claude Lefort, *L'invention démocratique, op. cit.*, p. 103.
(5) Pierre-André Taguieff, *L'effacement de l'avenir*, Galilée, Paris, 2000.
(6) Claude Lefort, *Un homme en trop, op. cit.*, p. 174–175.
(7) *Ibid.*, p. 159.
(8) *Ibid.*
(9) フランス共産党は、マルクスに依拠しつつ、多様性に開かれたものであろうとし、自ら変化というレトリックを繰り返している、このことは、九〇年代から共産党を主導してきたロベール・ユーが「真の変化は、一過的なものであってはならない」といやというほど繰り返していることである。
(10) Claude Lefort, *Un homme en trop, op. cit.*, p. 119.
(11) Hannah Arendt, *Système totalitaire, op. cit.*, p. 200.
(12) *Ibid.*, p. 173.
(13) *Ibid.*, p. 171.
(14) *Ibid.*

第4章
(1) Hannah Arendt, *Système totalitaire, op. cit.*, p. 198.
(2) *Ibid.*, p. 199.

と政治』齋藤純一ほか訳、みすず書房、2002年〕
（24）Hannah Arendt, *Système totalitaire, op. cit.*, p. 121.
（25）*Ibid.*, p. 80.
（26）*Ibid.*, p. 199.
（27）*Ibid.*, p. 88–89.
（28）*Ibid.*, p. 114.
（29）*Ibid.*, p. 93.
（30）*Ibid.*, p. 95.
（31）*Ibid.*, p. 121.

第2章
（1）Hannah Arendt, *Système totalitaire, op. cit.*, p. 134.
（2）*Ibid.*
（3）*Ibid.*, p. 133.
（4）*Ibid.*, p. 139.
（5）Claude Lefort, *L'invention démocratique, op. cit.*, p. 104.
（6）Claude Lefort, *Un homme en trop, op. cit.*, p. 72.
（7）*Ibid.*, p. 118.
（8）Claude Lefort, *La complication*, Fayard, Paris, 1999, p. 11.
（9）Claude Lefort, *Un homme en trop, op. cit.*, p. 76.
（10）*Ibid.*, p. 75.
（11）*Ibid.*, p. 123.
（12）*Ibid.*, p. 51.
（13）Claude Lefort, *L'invention démocratique, op. cit.*, p. 99.
（14）Claude Lefort, *Un homme en trop, op. cit.*, p. 51.
（15）Claude Lefort, *La complication, op. cit.*, p. 11–12.
（16）Cf. Jean-Pierre Le Goff, 《L'incroyable logomachie de la compétence》, *La barbarie douce, op. cit.*, p. 28.
（17）Cf. Jean-Pierre Le Goff, 《Le savoir-être à tout faire》, *ibid.*, p. 14.
（18）Cf. Jean-Pierre Le Goff, *Le mythe de l'entreprise*, chap. I, *op. cit.*
（19）Hannah Arendt, *Système totalitaire, op. cit.*, p. 173.
（20）*Ibid.*, p. 174.
（21）John B. Watson, *Behaviorism*, t. VII, New York, 1930.〔J. B. ワトソン『行動主義の心理学』安田一郎訳、河出書房新社、1980年〕以下に引用。Paul Foulquié, *Vocabulaire des sciences sociales*, PUF, Paris, 1978, p.

ト〕が狙っているものは、単に全体主義的な企て、あるいはそれを超えてマルクス主義の（ないしダーウィン主義の）教義ばかりではなく、現代社会を特徴づける新たな時間性の様態なのである」（*ibid.*, p. 204）。

(6) Hannah Arendt, *Système totalitaire, op. cit.*, p. 210.

(7) Hannah Arendt, *La condition de l'homme moderne*, Calmann-Lévy, Paris, 1961, p. 43.〔ハンナ・アレント『人間の条件』志水速雄訳、ちくま学芸文庫、1994 年〕

(8) *Ibid.*

(9) *Ibid.*, p. 43.

(10) Hannah Arendt, *Système totalitaire, op. cit.*, p. 213.

(11) *Ibid.*, p. 211.

(12) Claude Lefort,《L'image du corps et le totalitarisme》, in *L'invention démocratique*, Fayard, Paris, 1981, p. 101 *sq.* このテクストにおいて、ルフォールは、想像界から生じる論理に従って組み合わされる次のような諸々の表象のもつれ合いを明らかにしている。すなわち、人民／権力、〈一者〉／敵、組織／怠業《サボタージュ》、永続的な社会的・歴史的創造／固定した歴史、社会の自己透明性／不透明性である。各々の表象は、その裏側のものも合わせて提示され、対立したイメージでもって二重化される。肯定的なものと否定的なものが緊密に重なりあうかたちで共存しているのである。

(13) *Ibid.*, p. 103.

(14) *Ibid.*

(15) *Ibid.*

(16) Claude Lefort, *Les formes de l'histoire*, Gallimard, Paris, 1978, p. 310.

(17) Claude Lefort, *Un homme en trop. Réflexion sur l'Archipel du Goulag*, Seuil, Paris, 1976, p. 174.〔クロード・ルフォール『余分な人間『収容所群島』をめぐる考察』宇京頼三訳、未来社、1991 年〕

(18) Claude Lefort, *Les formes de l'histoire, op. cit.*, 1978, p. 310.

(19) *Ibid.*

(20) Claude Lefort, *Un homme en trop. Réflexion sur l'Archipel du Goulag, op. cit.*, p. 171.

(21) *Ibid.*, p. 171–172,

(22) Hannah Arendt, *Système totalitaire, op. cit.*, p. 151.

(23) Hannah Arendt,《Compréhension et politique》, *Esprit*, juin 1980.〔ハンナ・アーレント「理解と政治」『アーレント政治思想集成　2　理解

Barbarie douce. La modernisation aveugle de l'entreprise et de l'école, La Découverte, Paris, 1999）を参照。

（12）歴史学者のフランソワ・フュレが、その著書『幻想の過去』（*Le passé d'une illusion*, Robert Laffont/Calmann-Lévy, Paris, 1995〔楠瀬正浩訳、バジリコ、2007年〕）で採っている方法は、「二〇世紀の共産主義の理念の想像的な行程」、ソ連での悲劇的な経験にもかかわらず、それが東側諸国やその他の国々で有していた求心力を説明する理由および情勢を理解しようとするものだけに、特異なものである。さまざまな分野の歴史家がこの著作については自らの考えを述べている（Cf.《Communisme et fascisme au XXe siècle》, *Le Débat*, no. 89）。

（13）レイモン・アロンがその著書『民主主義と全体主義』で行なっているのがこうした分析である。この著者は、マックス・ウェーバーの理念型という方法に基づき、二種類の理念的な体制を区別している。多元的制度体制と唯一党体制である。全体主義という事象は後者に当てはまり、五つの根本的特徴を有するとされる（同書第15章「全体主義について」を参照）。

（14）Luc Boltanski et Ève Chiapello, *Le Nouvel Esprit du capitalisme*, Gallimard, Paris, 1999.

（15）Christophe Dejours, *Souffrance en France. La banalisation de l'injustice sociale*, Seuil, Paris, 1998.

（16）Alain Caillé, *La démission des clercs. La crise des sciences sociales et l'oubli du politique*, La Découverte, Paris, 1992, p. 36.

〔第1部〕

第1章

（1）Hannah Arendt, *Système totalitaire, op. cit.*, p. 120.〔ハナ・アーレント『全体主義の起原　3　全体主義』、前掲〕

（2）*Ibid.*, p. 124.

（3）*Ibid.*, p. 224.

（4）*Ibid.*, p. 217.

（5）ハンナ・アレントにおける歴史および運動の概念については、クロード・ルフォールの批判的指摘を参照。C. Lefort,《Loi de mouvement et idéologie selon Hannah Arendt》, *La complication. Retour sur le communisme*, Fayard, Paris, 1999, p. 193 *sq.* ルフォールはとりわけ次のように強調している。「運動の法則を告発することで彼女［ハンナ・アレン

原注

はじめに

(1) Ian Kershaw, 《Nazisme et stalinisme. Limites d'une comparaison》, *Le Débat*, n. 89, mars-avril 1996.

(2) この最後の点は目新しいものではない。たとえば、レイモン・アロンはその著書『民主主義と全体主義』(*Démocratie et Totalitarisme*, Paris, Gallimard, 1965) において、ナチスとソヴィエトという二つの事象についての自身の比較分析を締めくくるために、各々の企てを推進してきた諸々の観念の差異について触れている。アラン・ブザンソンがその著書『この世紀の不幸』(Alain Besançon, *Le Malheur du siècle*, Fayard, Paris, 1998) で反駁するのはこの点である。ブザンソンによれば、共産主義は善を捏造しており、これがそのもっとも暗黒面をなすものである。フランスにおいては、もっとも最近のものとしては、『共産主義黒書』(Stéphane Courtois, Nicolas Werth, Jean-Louis Panné, Andrzej Paczkowski, Karel Bartosek, Jean-Louis Margolin, *Livre noir du communisme*, Robert Laffont, Paris, 1997〔ステファヌ・クルトワほか『共産主義黒書』外川継男訳、恵雅堂出版、2001年〕) の公刊によって論争が引き起こされた。

(3) Hannah Arendt, *The Origines of Totalitarianism*, New York, 1951. 前二巻は反ユダヤ主義と帝国主義についてである。この著作の仏訳は、それぞれ別の三冊として出版されている。*Sur l'antisémitisme*, Calmann-Lévy, Paris, 1973 (第一巻); *L'impérialisme*, Fayard, Paris, 1982 (第二巻); *Le Système totalitaire*, Seuil, Paris, 1972 (第三巻)。〔ハナ・アーレント『全体主義の起原』大久保和郎ほか訳、みすず書房、1〜3、1972−1974年〕

(4) *Ibid.*, p. 210.〔ハナ・アーレント『全体主義の起原　3　全体主義』、前掲〕

(5) *Ibid.*, p. 174.

(6) *Ibid.*

(7) *Ibid.*

(8) *Ibid.*, p. 180.

(9) *Ibid.*

(10) *Ibid.*, p. 201.

(11) とりわけ拙著『企業の神話　マネジメント的イデオロギー批判』(*Le mythe de l'entreprise. Critique de l'idéologie managériale*, La Découverte, Paris, 1992/1995)、『穏やかな野蛮　企業と学校の盲目的な現代化』(*La*

訳者解説

二〇〇七年五月一日のことだった。そのころ訳者の一人が留学生活をおくっていたパリ南部の寄宿舎のすぐ近くにあるスタジアムは、午前中からにぎやかな音楽と歓声を響かせていた。外に出てみると、普段は何の飾り気もない道路に面した壁には、一夜にしてポスターが途切れることなく張り巡らされていた。フランスの大統領選の決選投票を五日後に控えた社会党の候補者セゴレーヌ・ロワイヤルの、長かった選挙戦を締めくくる大集会が、その前座と言ってよいのか、ロックやヒップホップのアーティストらのステージとともに開催されていたのである。あまりの音量に部屋でじっと本でも読むわけにはいかない。メーデーには多くの店や、少なくとも図書館などの公共の施設は閉まるために、どこかに出ていくわけにもいかない。普段は古物展示即売会のようなイベントを開いている記憶しかない近所のスタッド・シャルレティの風景が一変し、野外フェスティヴァルのような賑やかな祭りのようになっていたので、何かの記念にと、友人たちとともにスタジアムまで足をのばしてみたのである。とくにチェックも受けずに、満員のスタジアムの真ん中付近に足を進めると、ステージでは、ヤニック・ノア、ベナバール、グラン・コール・マラッドなど有名なアーティストたちが立て続けにコンサートを行なっていた。なかでも、

「六八年の歌を歌おう」と言いながら登場したミシェル・デルペシュは大歓声で迎えられ、いまや定年を迎えたように思われるかつての活動家たちはもとより、その子の世代にあたる若き学生たち――その多くは前年の反ＣＰＥ（初期雇用契約）デモに参加し大学の「封鎖」に関わったのだろう――もともに声をそろえて「マリアンヌはなんて美しかったのか」と歌っていたのは印象的だった。その二日前、パリの別のところで行われた集会で「六八年五月の遺産を生きながらえさせるのか、清算するのか」という選択肢を掲げたもう一人の候補者ニコラ・サルコジに対するあてつけもあったのだろうが、いずれにせよフランスでは一九六八年の五月の記憶が確かに生きられているかのようだった。

こうした、職業的な活動家の積極的な行動ばかりではなく、多くの、しかも若年層からも集会に動員をかけられるようないまだ熱きフランスの政治文化は、しかし、これまでのような理解の枠組を寄せつけないものになってきているのだろう。当選したサルコジは、逆説的にも六八年五月という選択肢などもはや無効であることを自ら認めるかのごとく、かつて六八年五月の闘士でありその後国境なき医師団に携わったベルナール・クシュネルを外務大臣として入閣させる。ミッテラン社会党政権のブレーンを務めたジャック・アタリはと言えば、サルコジ政権の構造改革のための諮問委員会の委員長を任されることになった。あるいはまた、往時の毛沢東主義者で「新哲学者」として名をはせたアンドレ・グリュックスマンもまたサルコジ支持を公言するにいたったのである。こうした推移は、左派系知識人の変節とか右傾化といったことで話が済むものではなかろう。そもそも、セゴレーヌ・ロワイヤルが打ち出していた政策のほとんどは、サルコジのそれとそれほど変わるものではなかったのではないか。

いずれにせよ、フランスの政治社会においては、右／左、保守／革新といった区別の一切を無効にするような、大きな波がすでに押し寄せていたのではないか。おそらく六八年五月を転機として、フランスの社会では、何かがもはや押し戻すことができないもののように変わってしまったのではないか。この大きなうねりをもたらしたものは本当に「グローバリゼーション」なのか。そしてそれは、現在しばしば言われるところの「経済至上主義」や「市場独裁」を特徴とした「新自由主義のイデオロギー」なのか。そうでないなら、われわれが現在生きる「ポスト全体主義」時代の「民主主義」はいかなる姿をしているのか。

＊

本書はJean-Pierre Le Goff, *La démocratie post-totalitaire*, La Découverte & Syros, Paris, 2002の全訳であるが、この本はこうした問いに正面から取り組んだものだと言えるだろう。

著者のジャン＝ピエール・ルゴフは、一九四九年生まれ、フランスで活躍する社会学者である。政治社会学を専門とし、フランス国立科学研究センター（CNRS）研究員としてパリ第一大学付属のジョルジュ・フリードマン研究所に所属している。また、研究活動のほか、「別の仕方での政治（Politique autrement）」という「クラブ」を主宰している。これはいかなる党派にも属さず、「先進社会における民主主義の刷新の条件についての省察」をめぐり、著名な社会学者、政治学者、哲学者などを招き継続的に討論会やセミナーなどを行なう組織である。

ルゴフのこれまでの著作としては以下がある。

・*Le Mythe de l'entreprise. Critique de l'idéologie managériale*, La Découverte, Paris, 1992/1995.〔『企業の神話　マネジメント的イデオロギー批判』〕
・*Les Illusions du management. Pour le retour du bon sens*, La Découverte, Paris, 1996/2000.〔『マネジメントの幻想　良識の回帰のために』〕
・*Le Tournant de décembre*, avec Alain Caillé, La Découverte, Paris, 1996.〔『一二月の転換』アラン・カイエとの共著〕
・*Mai 68. L'héritage impossible*, La Découverte, Paris, 1998/2002/2006.〔『六八年五月　不可能な遺産』〕
・*La Barbarie douce. La Modernisation aveugle des entreprises et de l'école*, La Découverte, Paris, 1999/2003.〔『穏やかな野蛮　企業と学校の盲目的な現代化』〕
・*La France morcelée*, Gallimard, Paris, 2008.〔『細分化されたフランス』〕
・*La Gauche à l'épreuve 1968–2011*, Perrin, Paris, 2011.〔『左翼の試練　一九六八年–二〇一一年』〕

これらのタイトルからも推察できるように、ルゴフの関心は、現代社会における企業の役割、とりわけ彼が「マネジメント的イデオロギー」と呼ぶものについての批判的検討から、「六八年五月」の左翼運動がフランスの現代社会に対していかなる帰結をもたらしたのかという問いを経て、二〇世紀後半のフランスの政治文化全体に関わっていると言えよう。これらの主題は、本書で示されるようにきわめて有機的に結びついているのだが、それについては後述しよう。

これらの著書のほかに、多くの論文を執筆している。特筆すべきは、フランスにおける社会科学分野の著名な学術誌『ル・デバ』に継続的に論稿を載せていることであろう。ちなみに、『細分化されたフランス』は、本書公刊以降の二〇〇三年から二〇〇七年にかけて、同誌に掲載された著者の論文を編みなおしたものであり、現代のマネジメント、六八年五月といった主題はもとより、二〇〇七年の大統領選挙、ヨーロッパ統合の問題、モラル・ハラスメントなどの問題に焦点を当てており、ここでもルゴフの関心の射程の広さがうかがえる。また、近著『左翼の試練』も、類似のテーマについて、ここ数年に書きためた雑誌論文をまとめたものとなっている。なお、『ル・デバ』誌二〇〇三年三 - 四月号に掲載された、ルゴフ、元『エスプリ』編集長のポール・ティボー、社会党上院議員のアンリ・ヴェベールの三名による鼎談についてはすでに邦訳がある。以下のフランスの社会民主主義を特集した興味深い論集に収められている。

・ジャン＝ピエール・ル・ゴフ、ポール・ティボー、アンリ・ヴェベール「フランス左翼はどこに向かうのか」高津洋平訳、『フランス左翼　敗北から再生へ』（ヨーロッパ社会民主主義論集6）、生活経済政策研究所、二〇〇三年所収。

＊

このように、ルゴフは左翼関連の一種の専門家として論壇に登場することが多いが、彼自身は何らかの政党や労働組合に与してその主張を代弁したりといった活動を行なっているわけではない。また、本書からも読み取れるように、ルゴフの議論は六八年五月の遺産に対してはかなり批判的なものだが、これは右派ないし保守派の立場からなされるものでもない。

学問・思想的にも、ルゴフはとりたてて何らかの学派に属しているわけではない。ただし、さしあたり指摘するとすれば、本書第1部で集中的に論じられるクロード・ルフォール、あるいはかつて「社会主義か野蛮か」でルフォールと共闘したコルネリュウス・カストリアディスに連なる路線において、現代のフランスにおいて「政治的なもの」の刷新を、歴史学や社会学といった社会科学的視座から進めている研究者や思想家たちと比較的近い場所にいると言うことができるだろう。具体的に名を挙げれば、現在社会科学高等研究院で政治哲学を教えるマルセル・ゴーシェおよび西パリ大学（パリ第一〇大学）の社会学教授で「ＭＡＵＳＳ（社会科学における反功利主義運動）」を主宰するアラン・カイエである。本書でもゴーシェの議論は随所に引用されているし、また「はじめに」で明言されているように本書の方法論はカイエの考えに近しいとされている。ルフォールやカストリアディスについては日本においてもかねてよりある程度知られているが、この二名についても近年注目が集まりつつある。ゴーシェは邦訳が二冊ある（『代表制の政治哲学』富永茂樹ほか訳、みすず書房、二〇〇〇年。『民主主義と宗教』伊達・藤田訳、トランスビュー、二〇一〇年）が、ルフォールとの関連も含めて、とりわけ宇野重規『政治哲学へ』（東京大学出版会、二〇〇四年）が有益である。カイエについては、『功利主義的理性批判』（藤岡俊博訳、以文社、二〇一一年）および共著『〝経済〟を審問する　人間社会は〝経済的〟なのか？』（せりか書房、二〇一一年）を参照されたい。ここで指摘しておくべきは、ルゴフを含め、彼らが登場してくる文脈は、一九七〇年代以降、とりわけ本書でも取り上げられる「ソルジェニーツィン事件」などを背景に、これまでマルクス主義を一つの確固たる参照項としてきていた知的枠組みが瓦解しはじめる時期と重なるということである。この時期から、一方ではかつて反共の保守思想家とされほとんど読まれなかったハンナ・アレントが評価されはじめ、他方では新哲学者（nouveaux philosophes）と呼ばれる新たなメディア型知識人が登場してくることになる。そのなかにあって、カーン大学にいたルフォールのもとで学んだアラン・カイエ、マルセル・ゴーシェ、そしてルゴフなどが、『ル・デバ』誌、『ＭＡＵＳＳ』誌などを結節点としつつ、それぞれ独自の仕方で「政治的なもの」を問い直す作業を進めることになるのである。

＊

さて、本書の内容を概観する前に、ルゴフのこれまでの研究の内容を簡単に確認しておこう。

本書に限らず、ルゴフの現代社会論は二つの歴史的な出来事に対する注目を特徴としている。その第一は、本書第2部の主題ともなっている「六八年五月」である。周知のように、大学における自治と民主化を求めパリ大学ナンテール校ではじまった抗議運動は、一九六八年五月、左翼系の学生や労働者を中心にゼネストへと発展し、一種の「革命」をもたらすことになった。これは大学再編や民主化を可能にしただけではなく、一九七〇年代に興隆をむかえるフェミニズム、エコロジー、マイノリティの問題など新たな政治運動の端緒ともなった。それだけにフランスでは六八年五月に関する研究は各テーマでかなりの進展を見せ、また、当時学生だった世代（六八年世代）が自らの経験を語った証言も相当な数に上っている。そのなかにあって、『六八年五月　不可能な遺産』を中心としたルゴフの六八年論の特徴は、本書第2部からも推察されるように、一九六八年の学生運動をノスタルジックに振り返りつつその意義を強弁するのでも、それに影響を与えた思想家の言説をまとめ直すのでもない。かといって、今日的視点からアナクロニックな糾弾を行なったり、あるいは「六八年の思想」に批判的な立場からそこに何らかの「反人間主義」の発端を読みとったりしようとするものでもない。ルゴフの研究は、政党史や労働運動史といったテーマ史に回収されずに、六八年五月を軸にフランス社会の本質的な問題を抽出するというものであり、この点でフランスの現代史研究において高い評価を受けている。特に、ルゴフは広く神話化されている六八年をむしろ脱神話化し、その否定的な側面を一九七〇年代以降の社会との関連で描き出したことで、六八年研究に一石を投じたと言えるだろう。

まさに『六八年五月　不可能な遺産』においてルゴフは、「学生コミューン」の言説に注目し、五月以降どのようにさまざまな分派が分かれていったのかといった内部抗争の過程に注意を払う一方で、それがフランス社会にもたらした負の遺産、「五月に由来する運動がたどり着いた袋小路」を強調している。六八年五月は、伝統的な道徳秩序やそれが含み持つ不正義・抑圧に対して異議を申立て、女性解放運動やエコロジー運動など新たな可能性を開いたが、しかし、ルゴフによれば、それ以降一つの文化的・社会的な危機が現れることになった。本書第2部でも詳述されるように、一九七〇年代以降、欲望の解放、自律した主体が過度に肯定され、社会学者のリポヴェツキーが「空虚の時代」と呼んだものが現れる一方で、あらゆる権威的なもの、必要な権力、安定的な制度などは「全体主義」や「ファシズム」の嫌疑をかけられ、積極的な政治参加や主張が抑制されるようになる。六八年五月は、一つの革命として新たな政治文化を創設したというよりは、社会や文化の「解体」をもたらすことになった。これこそが、ルゴフが六八年五月の「不可能な遺産」と呼ぶものである。

そして、こうした流れを決定づけたものこそ、ルゴフが一貫して注目する第二の出来事である、一九八〇年代にミッテラン政権が選択した「現代化」路線である。この「現代化」の議論は、本書でもたびたび言及されているが、本書はとりわけ前著『穏やかな野蛮』で細かくなされた議論を前提としているために、若干の説明不足のきらいがある。それを補うためにも、この

「現代化」がいかなるものであったのか簡単に確認しておこう。

一九八一年に誕生したミッテランの社会党政権は、当初は従来の社会主義路線に基づきつつ主要企業の国有化などの政策を実行した。しかしすぐさま物価上昇、貿易赤字の拡大等の行きづまりを見せ、八三年に緊縮財政に転換する。これを受けて、技術革新、産業の再編、合理化の促進などのいわば「構造改革」を委ねられて首相の座についたローラン・ファビウスが推し進めた新自由主義的政策こそ、フランスの産業の「現代化」を旗印にしたものだったのだ。本書第10章で語られるように、まさに一九八〇年代において、六八年五月に起因する「社会的・文化的解体の過程と自由主義的イデオロギーが手を結ぶことになる」（一四三頁）のである。

ルゴフが「現代化のイデオロギー」と呼ぶものは、しかし単に八〇年代にファビウス政権が推し進めた左翼政権の現実路線への転換というだけにとどまらない。これが一つのきっかけになっていたとはいえ、しかし問題は、こうした具体的な政策の転換もそのなかに包み込んでしまうような、大きな社会変動のうねりである。ただし、これは、フランスの社会党政権もまた同時代に英米ではじまっていた新自由主義の流れに身を任せねばならなかったという認識に還元されるものではない。ルゴフは、経済政策の変化そのものよりも、そこから生じてくる「新たな統治様式」に注意を向けるのである。本書第1部でやや抽象的なかたちではあるが詳述されるように、この現代化とは、人が生き延びるためには適応しなければならない、つねに無定形で混沌としたうねり、「誰も道端で突っ立っていてはいけない」大きな流れである。人々の共生の場である社会そのものがこの流れのなかで抗いがたく変質し、それを構造化していた諸々の象徴的意義連関が解体していくこと――単純化して言えば、これが「現代化のイデオロギー」の問題である。

ルゴフによれば、この「現代化」のうねりが具体的に現れる舞台となったのは、第一に「企業」であり、その理論的な後ろ盾が「マネジメント的イデオロギー」である。実際、ファビウス改革によって、これまで搾取や疎外の中心的場とみなされていた企業こそが、フランスの躍進を担うべき立役者とみなされることになる。ルゴフはこうした観点から、初期の著作の『企業の神話』や『マネジメントの幻想』において、現代における「マネジメント」の言説の分析を行ない、「マネジメント的イデオロギー」の批判を展開していく。さまざまな企業の「憲章」の言説分析や、実際の労働者へのインタヴューなどの調査などを通じてルゴフが浮かび上がらせるのは、「マネジメント」における新たな統治の形態の具体像なのである。「マネジメント」が担う役割については、たとえばピエール・ルジャンドルなども注目しているが、ルゴフとの関連では、フランスの社会学者リュック・ボルタンスキーが『管理職　ある社会集団の形成』（一九八二年、未邦訳）や、本書第11章でも取り上げられている『新たな資本主義の精神』のなかで、「マネジメント」が誕生し形成されていく様を幅広く描いている。特に『管理職』においては、商業学校の浸透、アメリカ式マネジメントの導入、経済誌の普及など、具体的なかたちでフランスにおけるマネジメントの様相が考察されており、ルゴフがボルタンスキーの議論を参照していることは間違いない。

ところで、ルゴフによれば、この「イデオロギー」は見たところとても「穏やか」な表情をしている。それが要求するのは、権威的な関係のもはやない「透明」な関係性のなかで、「自律」し、お互いが自分に「責任」を持ち、積極的に参加するような人物像である。おそらく、「労使は危機感を共有し、イノベーションの創出やグローバル経営の加速など、一体となって新たな成長への道を切り拓いていかなければならない」(『経済トレンド』二〇一一年三月号)とする日本の経営者の中心的な要請もここから遠くはあるまい。しかし、このような社会は、同時に、永続的な変化を特徴とした流動的で不安定な状態を作りだす。本書冒頭では毛沢東やトロツキーをもじって「永続文化革命」と言われているが、何も共産主義者にのみ依拠しなくともよい。ルゴフ自身が『細分化されたフランス』序文において引くように、現代の経営理論の泰斗たるピーター・ドラッカーもまた、そのマネジメント理論のなかで「われわれが生きている時代のような革命的な時代においては、変化こそがノルマである」と喝破していたのであった。このような社会では、「自律性」や「自己責任」が強調されつつも、逆説的にも、各個人はこうした無定形の永続的な変化の流れに「適応」することが求められる。「能力」や「適性」、しかも特殊技能ばかりではなく生活様式全般を含む「ライフスキル」にいたるまで、人間の「生」全体が「評価」の対象となり、要求される最大限のパフォーマンスを発揮することを求められる。かつてのように権威的に「指導」したり「監督」したりするのではなく、「合意」に基づいた「人的資源(ヒューマン・リソース)の管理」が要請されることになる。この流れに適応できないものは「負け組」

であり、そしてそうなったのは、「自己責任」である――本書第1部で繰り返される「現代化の言説」の具体例は、近年の日本ではほぼ日常的に耳にすることができるだろう。

さらに、ルゴフによれば、「現代化」を担うのは企業だけではない。「学校」や「人材育成」といった学校教育、社会教育の場においても「現代化」の流れへの「適応」が要求される。ここでもまた、かつての権威的制度観にとって代わり、「自発性」、「自律性」、「透明性」が確固たる価値となり、各人は責任を担う活発な主体となることが要求される。幼少期から、諸々の適性リストのどの段階まで習熟したのかが逐一評価される。「現代社会が必要としているとみなされている新たな人間を形づくろうとしているのである」(五三頁)。

「こうして現代化の鍵となる要素として人的資源を重視することには、「人間は最も貴重な資本である」というスターリンの文句が響いているのだろう」(五四頁)とするルゴフの分析は、「現代化」におけるマネジメントや教育のイデオロギーを、「市場原理主義」、「新自由主義」といった言葉で説明されるような経済的な事象に還元するのではなく、「六八年五月の不可能な遺産」の延長線上で、社会的言説の問題として問い直すというきわめて興味深い観点を提供するものであろう。すなわち、ルゴフが明るみに出そうとするのは、「六八年五月」の「不可能な遺産」を引き継ぎ、一九八〇年代の現代化政策によって加速した、フランス現代社会における一種の脱人間化プロセス――すなわち「社会における人間の生に意味を与えていたものを攻撃し、言語や意味、世代間で継承されてきた文化的遺産を解体する」プロセスなのである。そして、これこそが、「企業と学校における盲目的な現代化」という副題が付けられた著作『穏やかな野蛮』において、まさしく「穏やかな野蛮」として描かれる事態にほかならない。

＊

本書『ポスト全体主義時代の民主主義』は、以上のような議論を踏まえ、ところどころ反復しつつも、こうしたフランスという事例を通じて明らかになる現代の高度民主主義社会の病理を「全体主義」という角度から理論的に考察したものであると言うことができるだろう。

本書は三部構成をとっているが、この順序ははじめてルゴフの考え方に触れた読者には少しとっつきにくいものとなっているかもしれない。理解しやすい順序に並び替えるとすれば、まず第2部において「六八年五月」以降、一九八〇年代の現代化を経たフランスの状況をどのように捉えるべきかという問題が、幾人かのフランスの社会学者の言説の批判的検討を通じて取り扱われている。時系列的に言えば、その後に来るのは第3部である。ここでは、とりわけ一九九〇年代後半以降のフランスにおける反グローバリゼーションの言説――とりわけ『ル・モンド・ディプロマティーク』のイグナシオ・ラモネやピエール・ブルデュー――が批判的に検討される。これらに対し第1部は、具体的な対象に即した分析というよりは、上述の「現代化」の言説によって特徴づけられる現代社会のあり方が、いわゆる「全体主義」とどのような相違を有しているかということについて、ハンナ・アレントやクロード・ルフォールの議論に基づきながら理論的に検討するものである。第1部を除き、各章のあいだにはそれほど強い連関があるわけではなく、それぞれ独立した考察として読むことができるため、あまり順序にこだわることなく、たとえばフランスの現代社会論に関心のある方はまず第2部、第3部を、「全体主義」をめぐる理論的考察に関心のある方は第1部、第3部を、「グローバリゼーション」批判に関心のある方はまず第3部を、というかたちで読み進めていただきたい。

ここで強調しておかなければならないのは、本書の公刊以降に寄せられたいくつかの指摘が誤解して言うように、本書は現代民主主義社会を、「ポスト全体主義」という名の一種の「全体主義」として捉えるものではないということである。ルゴフの言う「穏やかな野蛮」ないし「ポスト全体主義時代の民主主義」という表現からは、かつて藤田省三が『全体主義の時代経験』（みすず書房、一九九七年）において「現在進行中の「安楽への全体主義」ないし「市場経済への全体主義」」と呼んだものや、斎藤貴男が二〇〇〇年代初頭の日本の状況を念頭に『安心のファシズム』と呼んだものが想起されるかもしれない（岩波新書、二〇〇四年）。ルゴフの議論をこのように日本の現況と重ねて読むことは十分可能だと思われるが、本書の眼目は、「現代化」や「自由主義的イデオロギー」を、たとえばグローバリゼーションの流れに棹差す「市場独裁」、あるいは「新たな全体主義」と呼んで告発することにはない。むしろ、本書の冒頭で述べられているように、こうした「犠牲者的な告発姿勢」は結局のところ自らが告発するものと同じような社会観を裏側からなぞっているのにすぎないのではないかという確信に基づき、こうした不毛な対決姿勢からは距離をとった、「社会的事象そのもの、さらにはその根底にある論理」の検討をめざすものなのである。

こうした観点から、とりわけ本書第3部においては、近年のフランスにおける反グローバリゼーションの言説が批判的に検討され、現在の状況を「全体主義」とみなすことに強い疑義が唱えられるのだが、とはいえ、このことは決して現在の状況を安易に肯定し、全体主義亡き後の民主主義の良き側面を称揚するということには帰着しない。新自由主義的な「現代化」のうねりに対する批判的視座を共有しつつも、ルゴフは、仔細な検討なしにこれを「全体主義」と呼ぶことが逆に批判の対象を曇らせてしまうのではないかと問い、いっそう厳密かつ実効的な批判的分析の必要性を説くのである。全体主義の亡霊を葬り去っていない現代民主主義社会において、この亡霊はいかなる姿をしているのか。それを正確に描き出すためにこそ、本書第1部において「現代化」と狭義の「全体主義」の比較検討が綿密に進められるのである。さらには、本書の原題は、直訳すれば『ポスト全体主義的な民主主義』であるが、その意図するところもここにあると言えるだろう(ただし、本訳書ではもう少し日本語としてふさわしく思われた『ポスト全体主義時代の民主主義』とした)。

各章の内容について簡単に紹介しておこう。

第1部では、まず第1章、第2章において、ハンナ・アレントやクロード・ルフォールの全体主義論に基づきながら、「不安定性」、「透明性」、「虚構」、「無定形の権力」等々といった両者に共通する特徴が分析される。だがその目的は、両者が同じであるということを言わんがためではなく、その境界線を明確に引き直し、各々の輪郭を鮮明にさせることにある。続く第3章から第5章で細かく検討されるように、全体主義が無謬の法則性に従い「輝かしい未来」を構想するのに対し、現代化においては歴史も未来も不確実性に満ちている。前者が「大いなる知」でもって全体支配を狙うのに対し、後者は流動的で混沌とした世界を、せいぜいのところ「管理」するくらいであり、逆に個々人の自律に訴えかける。そこでは権力は「ますます見えなくなる」のである。これこそが「穏やかな野蛮」の姿なのだ。ただし、ここで注意すべきことは――そしてこの点でルゴフはルフォールの乗り越えをはかる――、現代化はもはや単に「イデオロギー」として特徴づけるのでは十分ではないということだ（第6章、第7章）。「イデオロギー」がいまだ何らかの大きな観念に依拠し権力の再編成を志向するのに対し、現代化は、不確実性を徹底的に推し進め、あらゆる権力やイデオロギーの解体を誘うのである。

第2部は、この解体の起源を六八年五月およびそれ以降の歴史的・社会的な情勢の変化に標定する試みと言えるだろう。その基本的な考えは、前著『六八年五月　不可能な遺産』と重なるところが多く、その骨子はわれわれも上で確認したため、ここでは各章について簡単に触れるだけにしておこう。第8章では六八年五月以降生じた新たな政治運動の立役者たる「左翼行動主義（gauchisme）」が取り上げられる。女性解放運動、エコロジー運動などに積極的に関与するこの運動は、しかし欲望する主体の肯定、その裏返しであるあらゆる権威的制度の否定などといった道具立てでもって、社会的・政治的解体を促進する帰結をともなったというのがルゴフの見立てである。第9章においては、上述のソルジェニーツィン事件および「新哲学者」の誕生が取り上げられる。スターリン主義に一つの全体主義を見るという点では、ルフォールに連なるルゴフも新哲学者も異ならないが、ルゴフによれば、後者は、人々に歴史に対する「有責感」を抱かせ、逆に「脱政治化」の流れのなかであらゆる政治的な活動は「全体主義的」との嫌疑をかけられることになるとされる。第10章では、「六八年五月の遺産」と「現代化」が手を結んだ一九八〇年代の社会が、ジル・リポヴェツキー、クリストファー・ラッシュやアラン・エランベールといった社会学者の分析とともに検討されている。第11章においては、さらに本書と同様の関心に基づきつつも異なったアプローチをとる二つの著作の方法論との分節化がはかられる。その第一はリュック・ボルタンスキーとエヴ・シアペロの大著『新たな資本主義の精神』であり、第二はクリストフ・ドジュールの心理学的分析『フランスの苦しみ』である。とりわけ、ボルタンスキーの議論は、先述のように現代の「マネジメント的イデオロギー」の分析としてもきわめて興味深いものがある。すでに、ローラン・テヴノーとの共著『正当化の理論　偉大さのエコノミー』の邦訳がある（三浦直希訳、新曜社、二〇〇七年）。また、樫村愛子『ネオリベラリズムの精神分析』（光文社新書、二〇〇七年）は、ボルタンスキーとシアペロの議論をルゴフの本書の議論と関連づけて紹介している。こちらもあわせて参照されたい。

第3部は、九〇年代以降の言説に焦点をあて、「現代化」や「新たな資本主義の精神」あるいは「新自由主義的イデオロギー」等々さまざまなかたちで特徴づけられる現代社会とは、反グローバリゼーション運動を担う一部の理論家たちが言うように、「新たな全体主義」として理解しうるのか、という問いをめぐるものであると言える。ここで検討されるのは、アタックに代表される反グローバリゼーション運動、あるいはむしろフランスにおいてこうした運動を理論的に主導してきたジャーナリストや学者（とりわけイグナシオ・ラモネやピエール・ブルデュー）の言説である。ルゴフが問題にするのは、アタックをはじめとした「もう一つのグローバリゼーション」を志向する運動がめざす方向性そのものというよりは、その周辺から漏れてくる、自らの「敵」に対する過度に誇張された権力観およびそうした理解の枠組の行きつく袋小路であると言えるだろう。とりわけ、現代社会は「市場独裁」や「自由主義的グローバル化」の時代であり、多国籍企業、大金融グループ、「全能のメディアたち」など「新たな世界の支配者」に支配された時代であるとする告発は、第12章の章題が言うように「権力についての幻想」を抱いているのではないか。そればかりか、そうした権力観は、結局、現代社会の諸々の問題を経済的次元に還元してしまい、自らの「敵」たる資本家、政治家、「番犬」経済学者と同じ「経済至上主義」にとらわれたままなのではないか。この観点からさらに、ルゴフは、こうした反グローバリゼーションの言説において現代の「市場全体主義」を言い当てるものとしてしばしば持ち出されるオルダス・ハックスリーの『すばらしい新世界』およびジョージ・オーウェルの『一九八四年』の再読を行ない、これらの著作を、単に現代の予言として読むのではない、新たな読み方を提示する。こうした批判的読解を経て、最終章および結論において、ギー・ドゥボールやジャン・ボードリヤールの議論を乗り越えるかたちで本書全体の主張がもう一度整理される。

ただし、本書の主張の要点は、すでに見たように、第1部の現代化の言説のあぶり出しおよびそれと「全体主義」との比較検討、さらに第2部の現代史的・社会学的分析にあるために、最終部の議論は、新たな提言というよりも、「意味」の解体、積極的な主張や活動の抑制といった現代における「穏やかな野蛮」の進行を確認することに向けられ、いささか歯切れが悪い印象も与えるかもしれない。特に、ルゴフの議論は、グローバリゼーションの進展を現代フランスにおける社会情勢の変化となぞらえながら批判的に捉えつつ、直接的な「反」グローバリゼーションの言説の行き過ぎについても警鐘を鳴らすという両面作戦であるために、つねに微妙な立場にとどまらざるをえなくなっているようにも思われる。「六八年五月」や「現代化」の「不可能な遺産」を強調しつつ、これと新自由主義的イデオロギーがもたらす社会的変容とを重ねあわせ、さらに両者が引き起こす社会的・文化的解体や「脱人間化」のプロセスを描きだすという議論は、――実際ルゴフも結論で漏らすように――それに対する防衛策として、過去の遺産なり共同体的(この場合はヨーロッパの)価値への依拠なりを持ち出すことに帰着せざるをえないのか。ルゴフは本書以降、ここに「民主主義的エートス」の意義を見定めるようになるのだが、この「エートス」が容易な伝統への回帰やナショナリズムへと反転する回路を断ち切るような、新たな発想は示しえていないのではないかという観も否めない。だがこうした課題は本書がわれわれに投げかけるものだろう。本書の眼目は、何らかの観念の提示であるよりもまず、「誰も道端で突っ立っていてはいけない」ように見えるほどの「現代化」のイデオロギーのうねりから一歩外に抜け出し、道端でこのうねりを問いただす「反省的かつ批判的な距離」(二〇頁)をとることを説くもののようにも思えるのである。

*

翻訳にあたっては、第2部を中村が、それ以外の部分を渡名喜が担当した。訳文はそれぞれ読みあわせを行ない、可能なかぎり誤りを減らそうとつとめたが、専門的な術語や訳文に不十分なところも残るかもしれない。読者のご叱正をお願いする次第である。

最後になるが、日本ではほとんどルゴフについて知られていないなか本書の意義にいち早く注目し、邦訳の機会を作ってくださった青灯社の辻一三氏、まだ若輩の訳者に声をかけてくださった早稲田大学の藤本一勇氏にはとりわけ記して謝辞を表したい。

訳者

二〇一一年九月　東京/パリにて

〔著者〕ジャン＝ピエール・ルゴフ　フランス国立科学研究センター（CNRS）研究員としてパリ第一大学付属のジョルジュ・フリードマン研究所に所属。一九四九年生まれ。専門は政治社会学。著書 *Mai 68. L'héritage impossible, La Barbarie douce. La Modernisation aveugle des entreprises et de l'école* ほか。

〔訳者〕渡名喜庸哲（となき・ようてつ）　日本学術振興会特別研究員。一九八〇年生まれ。東京大学総合文化研究科博士課程単位取得退学。パリ第七大学博士課程修了（博士・政治哲学）。専門はフランス哲学・社会思想史。

中村督（なかむら・ただし）　東京大学大学院総合文化研究科博士課程在籍、フランス社会科学高等研究院留学中。一九八一年生まれ。専門は近現代史（特に知識人史とジャーナリズム史を中心にした社会史）。

ポスト全体主義時代の民主主義

2011 年 11 月 20 日　第 1 刷発行

著者　ジャン＝ピエール・ルゴフ

訳者　渡名喜 庸哲／中村 督

発行者　辻一三

発行所　株式会社青灯社

東京都新宿区新宿 1－4－13

郵便番号 160－0022

電話 03－5368－6923（編集）

03－5368－6550（販売）

URL http://www.seitosha-p.co.jp

振替　00120－8－260856

印刷・製本　株式会社シナノ

Printed in Japan

ISBN978－4－86228－056－5 C1031

小社ロゴは、田中恭吉「ろうそく」（和歌山県立近代美術館所蔵）をもとに、菊地信義氏が作成

●青灯社の本●

「二重言語国家・日本」の歴史　石川九楊　定価2200円+税

脳は出会いで育つ
――「脳科学と教育」入門　小泉英明　定価2000円+税

高齢者の喪失体験と再生　竹中星郎　定価1600円+税

知・情・意の神経心理学　山鳥　重　定価1800円+税

16歳からの〈こころ〉学
――「あなた」と「わたし」と「世界」をめぐって　高岡　健　定価1600円+税

万葉集百歌　古橋信孝／森　朝男　定価1800円+税

日本経済　見捨てられる私たち　山家悠紀夫　定価1400円+税

軍産複合体のアメリカ
――戦争をやめられない理由　宮田　律　定価1800円+税

9条がつくる脱アメリカ型国家
――財界リーダーの提言　品川正治　定価1500円+税

新・学歴社会がはじまる
――分断される子どもたち　尾木直樹　定価1800円+税

「よい子」が人を殺す
――なぜ「家庭内殺人」「無差別殺人」が続発するのか　尾木直樹　定価1800円+税

子どもが自立する学校
――奇跡を生んだ実践の秘密　尾木直樹　編著　定価2000円+税

拉致問題を考えなおす　蓮池　透／和田春樹　菅沼光弘／青木　理／東海林勤　定価1500円+税

北朝鮮「偉大な愛」の幻（上・下）　ブラッドレー・マーティン　朝倉和子　訳　定価各2800円+税

毛沢東　最後の革命（上・下）　ロデリック・マクファーカー　マイケル・シェーンハルス　朝倉和子　訳　定価各3800円+税

「うたかたの恋」の真実
――ハプスブルク皇太子心中事件　仲　晃　定価2000円+税

ナチと民族原理主義　クローディア・クーンズ　滝川義人　訳　定価3800円+税

なぜ自爆攻撃なのか
――イスラムの新しい殉教者たち　ファルハド・ホスロハヴァル　早良哲夫　訳　定価2500円+税

マキャベリアンのサル　ダリオ・マエストリピエリ　木村光伸　訳　定価2800円+税

知をひらく
――「図書館の自由」を求めて　西河内靖泰　定価2800円+税